Lambacher Schweizer 7

Mathematik für Gymnasien

Baden-Württemberg

herausgegeben von
Matthias Janssen

erarbeitet von
Ilona Bernhard
Wiebke Bucholzki
Petra Hillebrand
Klaus-Peter Jungmann
Karen Kaps
Joachim Krick
Emilie Scholl-Molter
Colette Simon

Ernst Klett Verlag
Stuttgart · Leipzig

Inhalt

Training Grundwissen 3

Rationale Zahlen 3
Rationale Zahlen addieren und subtrahieren 4
Rationale Zahlen multiplizieren und dividieren 5
Winkel messen und zeichnen 6
Flächeninhalte von Dreiecken, Vierecken, Kreisen 7
Dreisatzrechnung – Abhängigkeiten beschreiben 8
Daten darstellen und interpretieren 9

I Zahlterme – Terme mit einer Variablen 10

Mit rationalen Zahlen rechnen (1) 10
Mit rationalen Zahlen rechnen (2) 11
Rechenregeln 12
Regeln zum geschickten Rechnen (1) 13
Regeln zum geschickten Rechnen (2) 14
Terme mit einer Variablen 15
Terme umformen 16
Distributivgesetz 17
Training 18

II Geometrische Figuren konstruieren – Ortslinien 20

Abstände von Punkten und Geraden – Ortslinien 20
Die Mittelsenkrechte 21
Die Winkelhalbierende 22
Dreiecke konstruieren 23
Bestimmen von Größen durch Konstruieren (1) 24
Bestimmen von Größen durch Konstruieren (2) 25
Training 26

III Lineare Funktionen 28

Graphen im Koordinatensystem 28
Funktionen 29
Funktionen der Form $y = m \cdot x$ 30
Lineare Funktionen (1) 31
Lineare Funktionen (2) 32
Proportionalität – Antiproportionalität 33
Training 34

IV Lineare Gleichungen 36

Lösung einer Gleichung 36
Äquivalenzumformungen von Gleichungen (1) 37
Äquivalenzumformungen von Gleichungen (2) 38
Gleichungen – Geometrische Interpretation 39
Lineare Gleichungen mit Termumformungen und Brüchen 40
Lineare Ungleichungen 41
Training 42

V Geometrische Sätze – Begründen in der Geometrie 44

Mit Winkeln begründen 44
Winkelsumme im Dreieck 45
Mit gleichschenkligen Dreiecken begründen 46
Der Satz des Thales 47
Der Umkreis 48
Der Inkreis 49
Geometrische Probleme lösen 50
Training 51

VI Prozentrechnung – Zinsrechnung 53

Anteile vergleichen – Prozente 53
Prozentsatz berechnen 54
Prozentwert berechnen 55
Grundwert berechnen 56
Zins und Zinseszins 57
Kredit und Tilgung 58
Training 59

VII Daten auswerten 61

Mittelwert und Median 61
Boxplots (1) 62
Boxplots (2) 63
Training 64

Rationale Zahlen

1 Welcher Bruchteil ist dargestellt?

a) 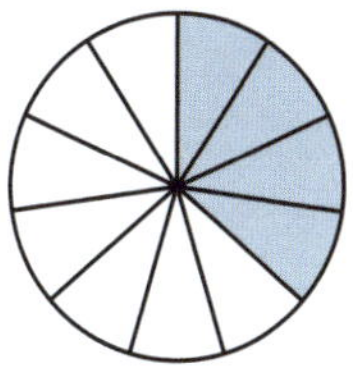

b) 

c) 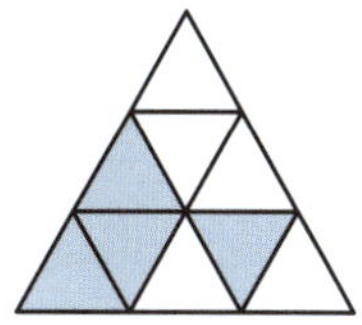

d) 

e) 

2 Ergänze die Brüche durch Kürzen oder Erweitern.

a) $\frac{8}{12} = \frac{}{3} = \frac{48}{}$ b) $\frac{}{5} = \frac{21}{35} = \frac{24}{}$ c) $\frac{63}{} = \frac{}{40} = \frac{7}{8} = \frac{}{96}$ d) $\frac{20}{} = \frac{}{27} = \frac{4}{} = \frac{16}{36}$

3 Zu Fuß muss Mara $\frac{7}{8}$ km (______ m) laufen, um ihre Freundin zu besuchen. Für die Strecke benötigt sie $\frac{1}{5}$ Stunde (______ min). Wenn sie sich beeilt, schafft sie die Strecke auch in $\frac{1}{12}$ Stunde (______ min), dann verliert sie aber mindestens $\frac{1}{4}$ Liter Körperflüssigkeit (______ ml).

4 Schreibe den Bruch als Dezimalbruch, indem du ihn zunächst so erweiterst oder kürzt, dass der Nenner eine Zehnerpotenz wird (10; 100; 1000; …).

a) $\frac{7}{20}$ = ―― = ______ b) $\frac{63}{300}$ = ―― = ______ c) $\frac{49}{50}$ = ―― = ______ d) $\frac{49}{700}$ = ―― = ______

5 Wandle den Bruch in einen Dezimalbruch um, indem du den Zähler durch den Nenner dividierst.

a) $\frac{31}{40} = 31 : 40 =$ ______ b) $\frac{7}{15} = 7 : 15 =$ ______

6 a) Färbe von dem Quadrat den Anteil $\frac{128}{400}$.

b) Kürze in zwei Schritten:

$\frac{128}{400} = \frac{}{100} = \frac{}{25}$

c) Gib als Dezimalbruch an: $\frac{128}{400} =$ ______

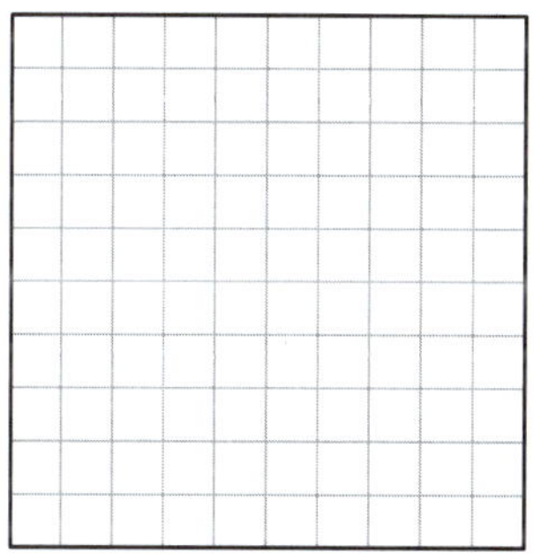

7 Finde eine geeignete Unterteilung, um alle Zahlen darzustellen. Markiere sie mit einem Pfeil und dem Buchstaben. Bei richtiger Reihenfolge erhältst du ein Lösungswort: ______

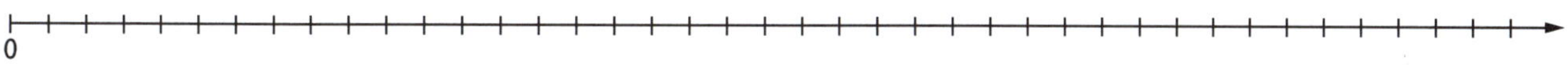

0

$\frac{2}{3}$ | A 0,8 | C 1,3 | N $\frac{7}{6}$ | O $\frac{3}{5}$ | F 0,3 | T $\frac{5}{6}$ | T $\frac{11}{10}$ | I 0,2 | A $\frac{1}{10}$ | S $\frac{1}{2}$ | S $\frac{13}{30}$ | I

8 Gib eine passende Zahl an.

a) 5,7 < ______ < 5,8 b) 5,0 < ______ < 5,001 c) $\frac{2}{3}$ < ______ < $\frac{7}{8}$ d) $\frac{1}{3}$ < ______ < $\frac{1}{2}$

1 Berechne.

a) $1{,}3 + 12{,}4 =$ ______ b) $7{,}44 - 3{,}4 =$ ______ c) $3{,}97 - 2{,}68 =$ ______

d) $\frac{2}{3} + \frac{1}{9} =$ ______ e) $\frac{7}{8} - \frac{3}{4} =$ ______ f) $5 - \frac{5}{7} =$ ______

g) $\frac{5}{12} + \frac{3}{8} =$ ______ h) $\frac{4}{5} - \frac{1}{2} =$ ______ i) $\frac{5}{6} + \frac{7}{9} =$ ______

2 Ergänze die Zahlenmauer.

a) Addiere benachbarte Zahlen.

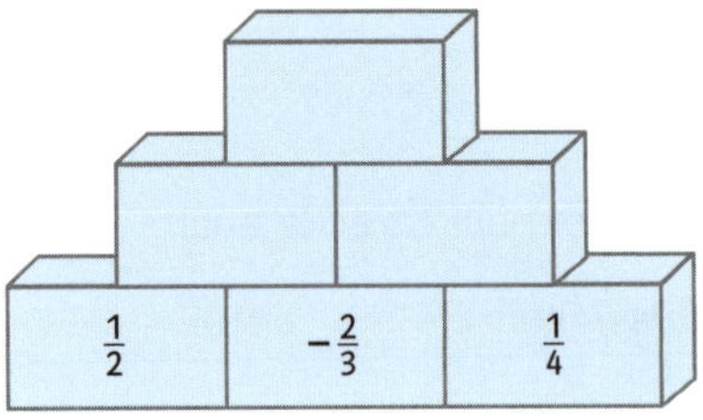

b) Subtrahiere benachbarte Zahlen.

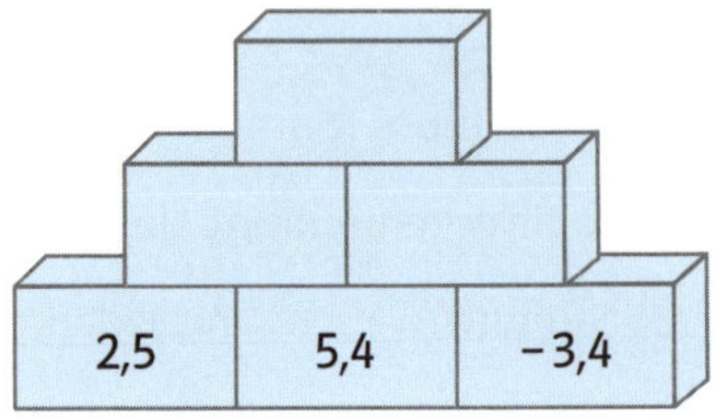

3 Sven hat alle Aufgaben falsch gerechnet. Markiere den Fehler und korrigiere daneben.

a)

	4	5,	6	5
+		6,	3	8
+		0,	3	8
	1	1	1	
	4	2,	3	1

b)

	1	0,	6	2	8
−		4,	7	9	5
	1	4,	1	7	3

c)

	3	8,	1	9	7
+				7	9
+			7,	8	6
		1	2	2	
	3	9,	0	6	2

4 Entscheide, ob ◯ jeweils für ein Plus- oder Minuszeichen steht. Berechne anschließend.

a) $2{,}3 + 4{,}8 - 7{,}3 = 2{,}3$ ◯ $7{,}3$ ◯ $4{,}8$

= ______

b) $-5{,}2 - 4{,}2 + 2{,}2 - 1{,}8 = -5{,}2$ ◯ $2{,}2$ ◯ $4{,}2$ ◯ $1{,}8$

= ______

c) $3\frac{4}{5} + \left(-\frac{2}{3} + \frac{1}{5}\right) = 3\frac{4}{5}$ ◯ $\frac{2}{3}$ ◯ $\frac{1}{5}$

= ______

d) $(5{,}2 - 7{,}8) - (8{,}2 - 2{,}8) = 5{,}2$ ◯ $7{,}8$ ◯ $8{,}2$ ◯ $2{,}8$

= ______

5 Beim Weitsprung dürfen Janik und Paul jeweils dreimal springen. Den Wettkampf gewinnt derjenige, der bei den drei Sprüngen insgesamt die größte Weite erzielt hat.

a) Überschlage, wie weit Janik und wie weit Paul gesprungen ist.

Janik: ______

Paul: ______

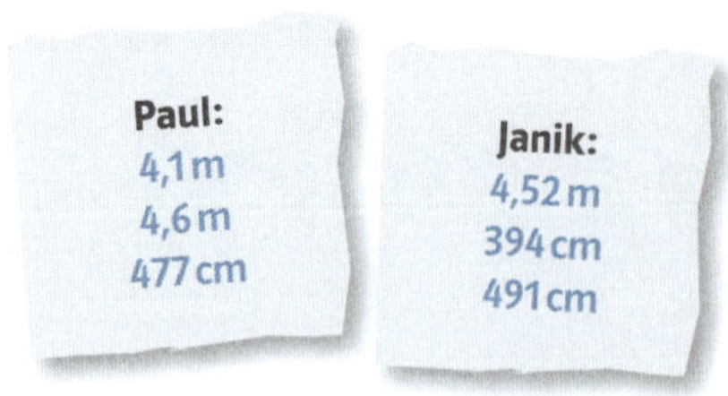

b) Berechne die Gesamtweite ihrer Sprünge. Runde die Ergebnisse anschließend sinnvoll.

Rationale Zahlen multiplizieren und dividieren

1 Berechne. Kürze vor dem Multiplizieren.

Kärtchen: 1 | $\frac{9}{4}$ | $\frac{1}{5}$ | $\frac{5}{8}$ | 2 | $\frac{3}{5}$

a) $\frac{1}{2} \cdot \frac{2}{5} =$ ____________ b) $-\frac{2}{3} \cdot \left(-\frac{9}{10}\right) =$ ____________ c) $\frac{9}{2} \cdot \frac{2}{9} =$ ____________

d) $\frac{3}{4} : \frac{3}{8} =$ ____________ e) $2 : \frac{8}{9} =$ ____________ f) $-\frac{3}{2} : \left(-\frac{12}{5}\right) =$ ____________

2 Je drei Kärtchen gehören zu einer Rechnung (z. B. 70 : 1000 = 0,07). Färbe sie in derselben Farbe.

0,5 | 70 | 2,8 | : 10 | · 1000 | : 100 | · 100 | 0,27

0,19 | 27 | 0,59 | : 1000 | · 10 | 0,07 | 190 | 0,05 | 280 | 5,9

3 Berechne.

Beim Dividieren von Dezimalzahlen verschiebt man das Komma bei beiden Zahlen um so viele Stellen nach rechts, bis die Zahl, durch die dividiert wird, eine ganze Zahl ist.

a) 2,613 : 1,3 =

b) 5,436 : ______ =
543,6 : 12 =

c) ______ : 0,19 =
1,292 : 19 =

4 Welche Ziffern gehören in die Lücken? Vergiss nicht, im Ergebnis das Komma zu setzen.

a) 3,89 · 5,4

b) 3,8__ · 0,6__
328
16

c) 0,__ __ · 9,__8
57
36

d) 2,54 · __ __ __
76
24
937,26

5 Je zwei Zahlen haben denselben Wert. Verbinde. [T1]

$\frac{3}{5}$ | $\frac{5}{18}$ | $\frac{2}{9}$ | $\frac{7}{11}$

0,6 | $0,\overline{63}$ | $0,\overline{2}$ | $0,2\overline{7}$

6 Berechne und gib das Ergebnis sowohl als Bruch als auch als Dezimalzahl an. [T2]

a) $(0,25 + 0,5) \cdot 0,1 =$ ____________ b) $\frac{1}{8} \cdot \frac{1}{4} \cdot \frac{8}{5} \cdot 4 =$ ____________

c) $-\frac{3}{5} \cdot \left(\frac{2}{4} + \frac{3}{4}\right) =$ ____________ d) $\frac{1}{5} + \frac{3}{25} \cdot \frac{5}{3} + \frac{3}{5} =$ ____________

e) $\frac{19}{8} \cdot \left(\frac{8}{2} - \frac{1}{19}\right) =$ ____________

[T1] Brüche kannst du als Divisionsaufgabe schreiben. [T2] Kürze zuerst, wenn möglich.

1 Trage die Winkel in die Figur ein.

a)
∢ lg = α
∢ kl = β
∢ gh = γ
∢ hl = δ

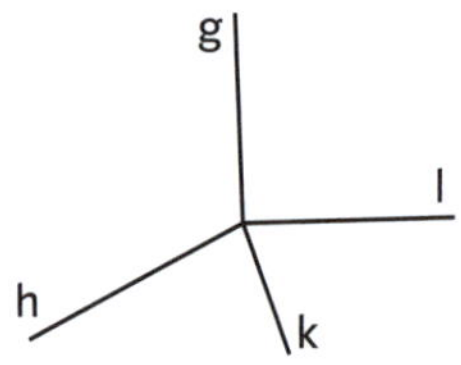

b)
∢ EDB = α
∢ ABC = β
∢ CBD = γ
∢ BAD = δ

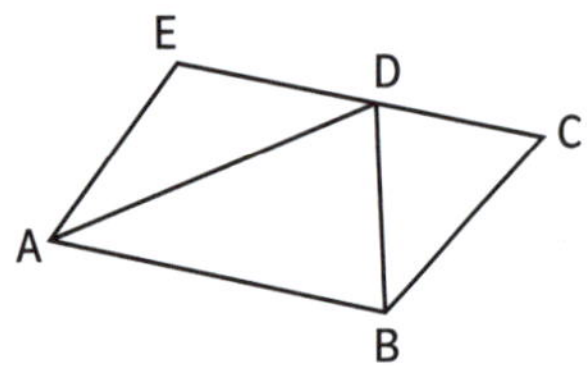

2 Verbinde passende Kärtchen.

spitzer Winkel	60°	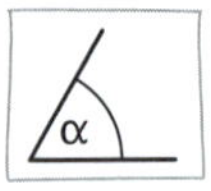
stumpfer Winkel	215°	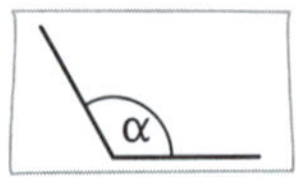
gestreckter Winkel	180°	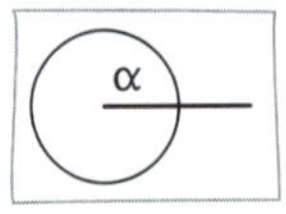
überstumpfer Winkel	360°	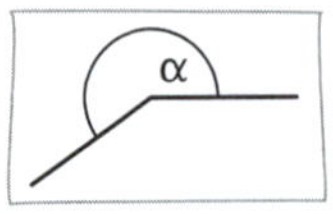
Vollwinkel	120°	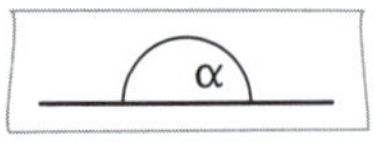

3 a) Zeichne den Koordinatenursprung O(0|0) und die Punkte A(2|0), B(1|4), C(4|0), D(6|4), E(6|0), F(9|4), G(8|0) und H(15|4) in das Koordinatensystem ein.

b) Schätze und miss die angegebenen Winkel.

Winkel	geschätzte Weite	gemessene Weite
∢ OAB		
∢ BAO		
∢ OCD		
∢ DCO		
∢ OEF		
∢ FEO		
∢ OGH		
∢ HGO		

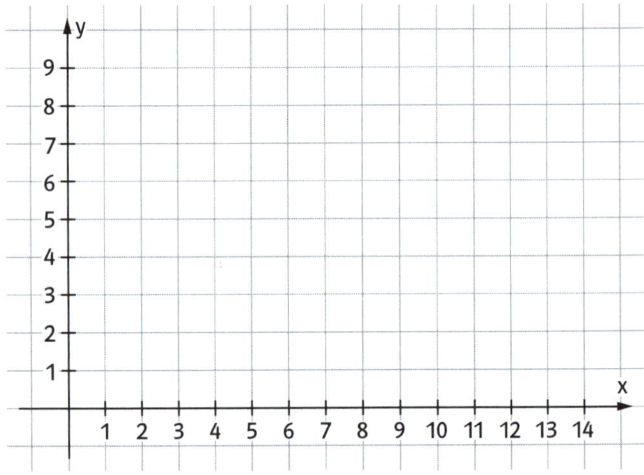

4 a) Zeichne den Fisch mit seinen Originalmaßen.

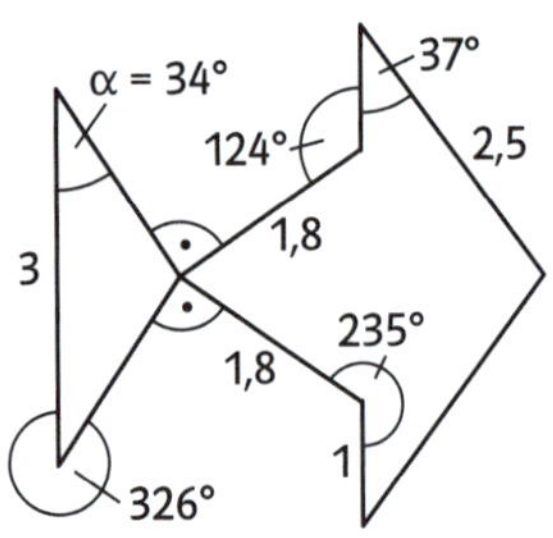

(Maße in cm)

3 cm

b) Beim Winkel α = ________ fehlen ____________________ zum Vollwinkel.

1 Markiere zusammengehörige Karten in derselben Farbe.

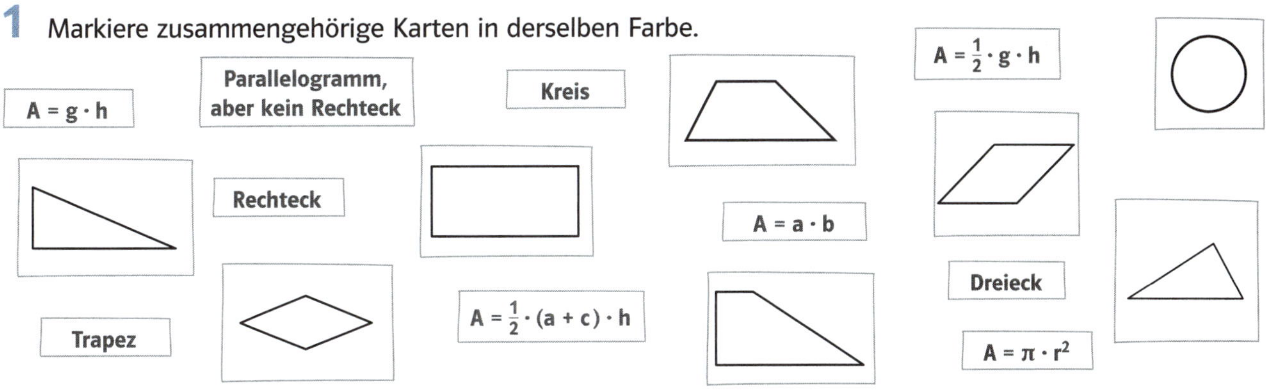

2 Berechne den Flächeninhalt. Miss dafür zuerst die notwendigen Längen und beschrifte sie.

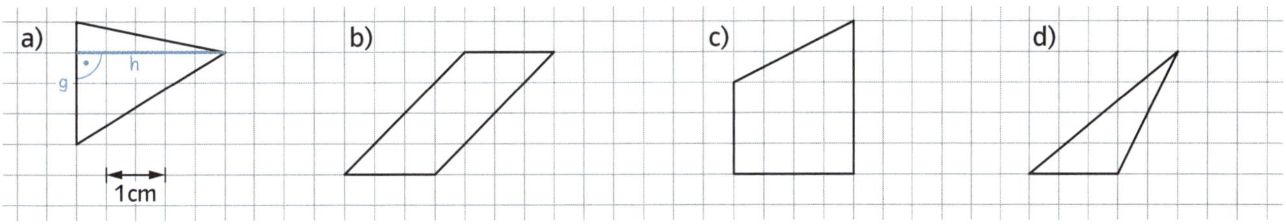

A = ______ = ______

A = ______ = ______

A = ______ = ______

A = ______ = ______

3 Tine und Mia wollen Drachen mit den angegebenen Maßen bauen.
Welcher Drachen hat die größere Fläche?

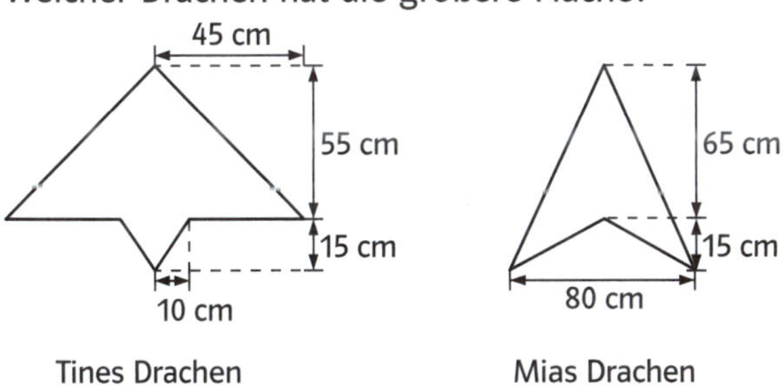

A_{Tine} = ______

= ______

A_{Mia} = ______

= ______

Antwort: ______

4 Auf einer Verkehrsinsel wird Rasen gesät. Wie groß wird die kreisförmige Rasenfläche?

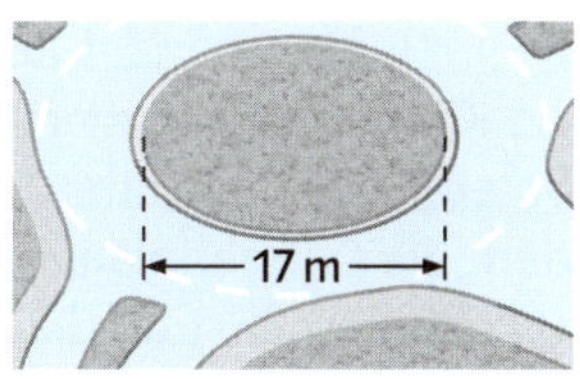

______

______

5 Zeichne zwei verschiedene Parallelogramme und zwei verschiedene Trapeze mit dem Flächeninhalt $6\,cm^2$.

1 Ergänze die Tabellen.

a) Die Größen sind proportional zueinander.

Nachhilfe in h	1	3		6	
Preis in €	7		28		63

b) Die Größen sind antiproportional zueinander.

Personenzahl		2	4		
Kosten pro Person in €	30		7,5	5	3

2 Liegt ein proportionaler oder ein antiproportionaler Zusammenhang vor? Ergänze den Dreisatz.

a) Trockenlegen eines Kellers:
☐ proportional
☐ antiproportional

Anzahl Pumpen	Dauer (in h)
8	6
5	

b) Erlös eines Losverkaufs:
☐ proportional
☐ antiproportional

Anzahl Lose	Einnahmen (in €)
20	15
55	

c) Gesamtgewicht von Keksen:
☐ proportional
☐ antiproportional

Anzahl Kekse	Gewicht (in g)
50	800
	240

3 Mit fünf Arbeitern benötigt die Firma 20 Tage für die Bauarbeiten. Wie lange dauern die Arbeiten, wenn nur vier Arbeiter zur Verfügung stehen? Löse mithilfe der Tabelle.

Anzahl der Arbeiter	Bauzeit (in Tagen)

4 Ein Handwerker berechnet für fünf Arbeitsstunden 297,50 € Lohnkosten. Wie hoch sind die Lohnkosten für zwölf Arbeitsstunden?

5 Im Internet findet Julia eine Regel, mit der man die Körpergröße vorhersagen kann, wenn man die Unterarmlänge kennt. Die Regel lautet: „Multipliziere die Unterarmlänge in cm mit 4 und ziehe 13 cm ab, dann erhältst du die Körpergröße in cm."

a) Fülle die Tabelle aus.

Unterarmlänge in cm	32	34	36
Körpergröße in cm			

38	40	42	44	46

b) Veranschauliche den Zusammenhang im Koordinatensystem.

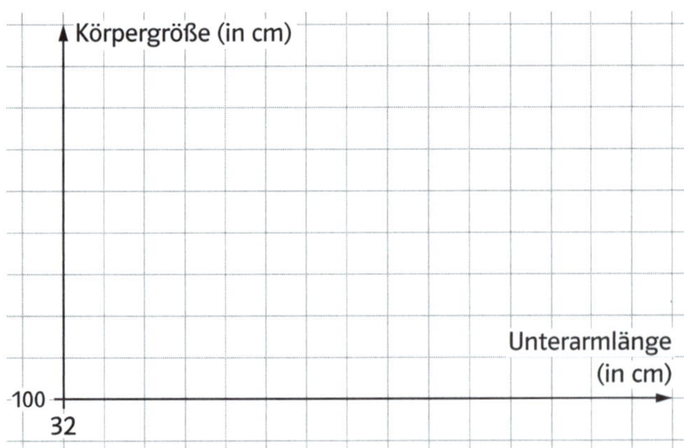

c) Ist der Zusammenhang proportional?

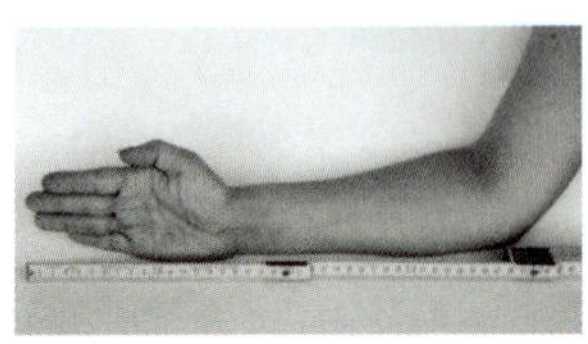

1 Eine Klassenarbeit hatte folgenden Zensurenspiegel. Bestimme die relativen Häufigkeiten der einzelnen Noten als Bruch und als prozentualen Wert. Zeichne anschließend ein Säulendiagramm.

Note	1	2	3	4	5	6
Anzahl	3	6	12	6	3	0
relative Häufigkeit	$\frac{3}{30} = \frac{1}{10}$					
in %						
als Dezimalbruch						

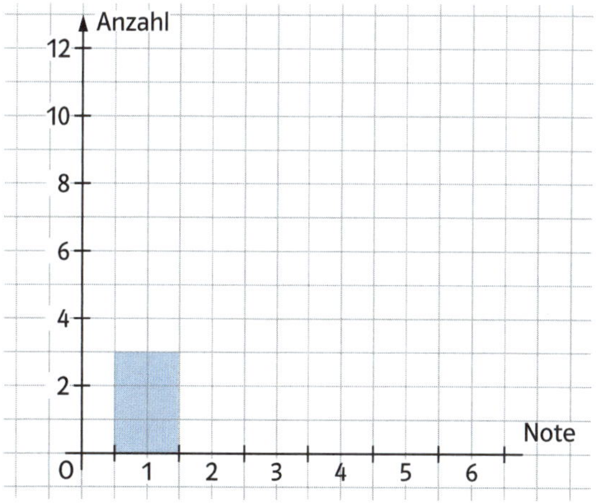

2 Den Notenspiegel aus Aufgabe 1 kannst du auch als Kreisdiagramm darstellen. Dazu musst du zunächst zu jeder relativen Häufigkeit den Winkel des „Tortenstücks" berechnen.

Beispiel: $\frac{1}{10}$ von 360° = 36°.

Fülle die Tabelle aus und vervollständige das Kreisdiagramm.

Note	1	2	3	4	5	6
Mittelpunktswinkel	36°					

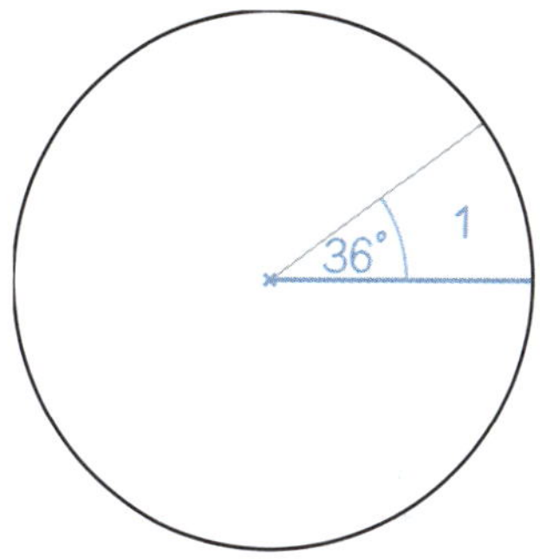

3 Fülle die Lücken.

a) 8; 4; 10; 4; 9: Mittelwert: (___ + ___ + ___ + ___ + ___) : ___ = ___ ; Spannweite: ___

b) 7; 3; 2,5; ___ ; 3,5 Mittelwert: 4; Spannweite: ___

4 In der Tabelle sieht man den Temperaturverlauf auf der Zugspitze und auf dem Brocken.

a) Bestimme jeweils den Mittelwert, das Minimum und das Maximum der Temperaturen.

Zugspitze:

Mittelwert: ___ °C : ___ = ___ °C;

Minimum: ___ Maximum: ___

Brocken:

Mittelwert: ___ °C : ___ = ___ °C;

Minimum: ___ Maximum: ___

	Zugspitze	Brocken
Januar	−11	−4
Februar	−12	−4
März	−10	−2
April	−9	1
Mai	−3	6
Juni	0	9
Juli	2	10
August	2	11
September	1	8
Oktober	−2	5
November	−7	−1
Dezember	−11	−3

b) Zeichne die mittlere Temperatur jeweils als waagerechte Linie in das Diagramm ein.

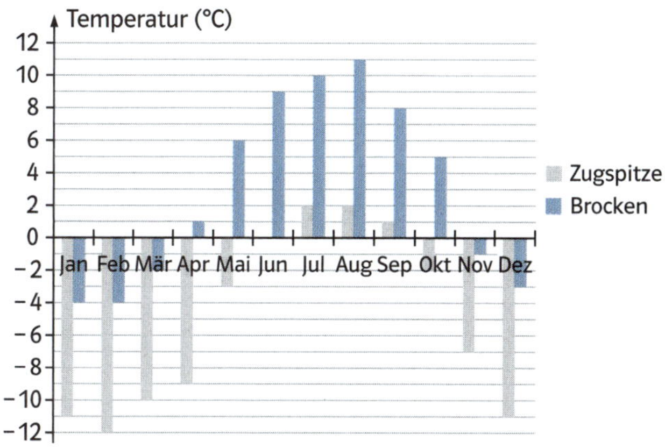

Mit rationalen Zahlen rechnen (1)

1 Beschrifte die Pfeile mit Dezimalzahlen und Brüchen.

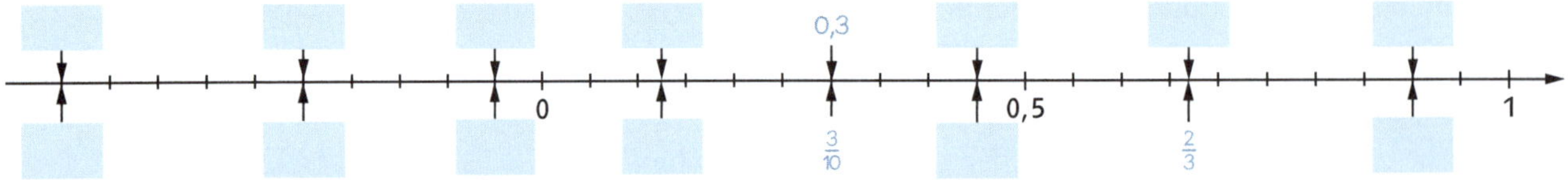

2 Schreibe den Bruch als Dezimalzahl.

a) $-\frac{3}{10}$ = ______ b) $\frac{4}{5}$ = ______
c) $\frac{1}{2}$ = ______ d) $-\frac{1}{4}$ = ______
e) $-\frac{3}{2}$ = ______ f) $\frac{3}{4}$ = ______
g) $\frac{1}{3}$ = ______ h) $-\frac{256}{200}$ = ______

3 Schreibe als vollständig gekürzten Bruch.

a) −1,2 = $-\frac{12}{10}$ = $-\frac{6}{5}$ b) 0,4 = ______ = ______
c) 1,8 = ______ = ______ d) −0,5 = ______ = ______
e) 0,15 = ______ = ______ f) 2,2 = ______ = ______

4 Schreibe für jede Zahl den Buchstaben an die zugehörige Stelle der Zahlengeraden. Es ergibt sich ein Lösungswort zum Thema Antarktis: ______

R | −0,1 E | $\frac{1}{4}$ E | −0,2 Ä | $-\frac{6}{8}$ R | 0,85 T | $-\frac{9}{20}$ K | $\frac{12}{40}$ K | −0,95 O | $\frac{21}{30}$ L | $-\frac{3}{5}$ D | $\frac{45}{50}$

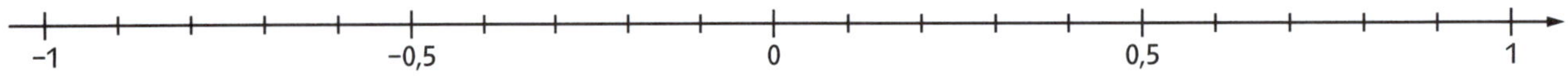

5 Notiere die Zahlen in der passenden Zahlenmenge.

1 $\frac{5}{1}$ −9 $-1\frac{1}{2}$ −3,63 0 $\frac{10}{11}$ $0,\overline{3}$ $-\frac{6}{2}$ −100

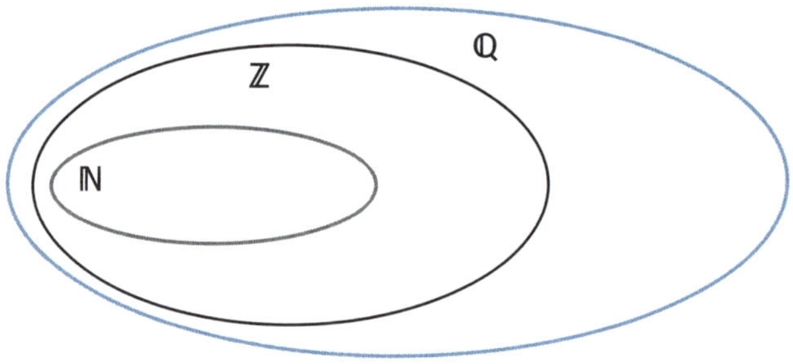

6 Berechne und kürze, wenn möglich.

a) $-\frac{4}{9}+\frac{5}{9}$ = ______ b) $-\frac{3}{4}-\frac{5}{8}$ = ______ c) $\frac{3}{4}-\frac{4}{3}$ = ______
d) $\frac{3}{5}\cdot\frac{15}{11}$ = ______ e) $-\frac{5}{6}\cdot\frac{3}{10}$ = ______ f) $\frac{4}{5}:\frac{8}{5}$ = ______

7 Fülle die Lücken.

a) 1,7 − ______ = −0,3 b) −1,5 + ______ = 4 c) ______ + 1,1 = −3,2 d) ______ − 2,3 = −5
e) 4,8 · ______ = 0,48 f) 0,24 : ______ = 2,4 g) 0,15 : 0,05 = ______ h) ______ · 6,4 = 1,28

8 Die Klasse 7a plant einen Klassenausflug. Jede Schülerin bzw. jeder Schüler hat eine Stimme. Ein Viertel aller Kinder möchte zum Schlittschuhlaufen. Ein Drittel ist dafür, einen Kinofilm zu sehen, und ein Achtel möchte zum Bogenschießen. Bestimme den Anteil an Schülerinnen und Schülern, die keine Meinung geäußert haben. [T1]

[T1] Alle Anteile zusammen ergeben 1.

9 Paula hat Aufgaben in verschiedenen Darstellungsweisen aufgeschrieben. Notiere vor den Termen, die zu einer Aufgabe gehören, den gleichen Buchstaben. Berechne anschließend zu jedem Buchstaben einen Term, den du geschickt auswählst.

A | $0{,}4 - 0{,}75$	| $\frac{35}{10} : \frac{7}{10}$	| $0{,}4 - \frac{7}{10}$
B | $\frac{2}{5} - 0{,}7$	| $3{,}5 : 0{,}4$	| $\frac{2}{5} - \frac{3}{4}$
C | $\frac{7}{2} : 0{,}7$	| $0{,}4 - \frac{3}{4}$	| $\frac{7}{2} \cdot \frac{5}{2}$
D | $3{,}5 : \frac{2}{5}$	| $3{,}5 : \frac{7}{10}$	| $0{,}4 - 0{,}7$

A: ______

B: ______

C: ______

D: ______

10 Entscheide zuerst, in welcher Darstellungsweise du die Aufgabe rechnen möchtest, und notiere B für Brüche oder D für Dezimalzahlen. Berechne dann. Die Lösungen findest du auf den Kärtchen.

	Aufgabe	B oder D	Berechnung
a)	$1{,}91 + \frac{9}{100}$		
b)	$-\frac{3}{4} \cdot 0{,}8$		
c)	$-\frac{3}{4} + 1{,}15$		
d)	$0{,}48 : \frac{8}{10}$		
c)	$0{,}5 : \left(-\frac{1}{4}\right)$		
f)	$\frac{19}{10} + 0{,}91$		
g)	$-\frac{4}{15} : 0{,}\overline{6}$		

2,81 | 2 | −0,4 | −2 | 0,4 | 0,6 | −0,6

11 Lara kauft zehn Bögen Tonkarton. Jeder Bogen kostet 0,89 € und sie bekommt 10 % Preisnachlass. Wie viel muss Lara bezahlen?

12 Mats' Schule veranstaltet ein Schulfest mit Flohmarkt. Mats verkauft nicht mehr genutzte Spielsachen, Leo hat einen Waffelstand. Die Schule bekommt ein Fünftel aller Einnahmen als Spende für ein Hilfsprojekt.

a) Leo benötigt 15 % seiner Einnahmen für die eingekauften Waren. Wie groß ist der Anteil seines Gewinns an seinen Einnahmen? [T1]

b) Wie viel Geld ist das, wenn Leo 70 € einnimmt?

c) Mats nimmt nur 50 € ein. Wie viel Geld darf er behalten?

[T1] Denk an die Spende für die Schule.

1 Berechne schrittweise.

a) $\frac{5}{7} - \frac{6}{7} + \frac{1}{7}$

b) $\frac{5}{12} + \frac{1}{4} \cdot \frac{5}{3}$

c) $\frac{3}{4} - \left(\frac{1}{2}\right)^2 - \frac{1}{4}$

d) $3 - 2 \cdot 1{,}25$

e) $0{,}4 - (3{,}3 - 4{,}5)$

f) $(-2{,}1 - 0{,}9) : (3{,}7 - 3{,}2)$

g) $\left(-\frac{3}{7}\right) \cdot \frac{14}{5} + \frac{5}{9} : \frac{2}{9}$

h) $2{,}5 - \left(0{,}6 + \frac{6}{10}\right)$

i) $\left(\frac{1}{3}\right)^2 : \left(-\frac{4}{18}\right) + 4{,}2 : 7$

2 Schreibe als Term und berechne.

a) Dividiere die Differenz aus 15,4 und 3,3 durch 11.

b) Subtrahiere den Quotienten aus $\frac{3}{5}$ und $-\frac{2}{5}$ vom Produkt der beiden Zahlen.

c) Dividiere die Summe aus 0,7 und $\left(-\frac{3}{5}\right)$ durch die Differenz aus 0,3 und $\left(-\frac{7}{5}\right)$.

3 Florian fährt Rad. Wie viele Kilometer fährt Florian durchschnittlich an einem Tag? Wähle den passenden Term aus und berechne. Markiere die Terme farbig, mit denen sich die Lösung berechnen lässt. Berechne mithilfe eines Terms.

5-mal pro Woche zu seiner Omi: hin und zurück 0,9 km

5-mal pro Woche in die Schule: hin und zurück 3,2 km

Wochenendtour mit seinem Vater: 35 km

2-mal pro Woche zum Judo-Training: 2,05 km einfacher Weg

$(5 \cdot 3{,}2 + 0{,}9 + 2 \cdot 2 \cdot 2{,}05 + 35) : 7$	$(5 \cdot 3{,}2 + 0{,}9 + 2 \cdot 4{,}1 + 35) : 7$	$(5 \cdot 3{,}2 + 5 \cdot 0{,}9 + 2 \cdot 4{,}1 + 35) : 7$
$(5 \cdot (3{,}2 + 0{,}9) + 2 \cdot 2 \cdot 2{,}05 + 35) : 7$	$(5 \cdot 3{,}2 + 0{,}9 + 2 \cdot 2{,}05 + 35) : 5$	$(5 \cdot (3{,}2 + 0{,}9) + 2 \cdot 2 \cdot 2{,}05 + 35) : 5$

4 Setze die vier Zahlen so in die Lücken ein, dass die Lösung korrekt ist.

4   1,2 $\frac{3}{4}$ $\frac{1}{2}$

a) $\frac{3}{4} \cdot (4 + \_\_\_) - \_\_\_ = 3{,}4$

b) $\frac{3}{4} \cdot \_\_\_ + \_\_\_ : \frac{1}{2} = 5{,}4$

c) $\frac{1}{2} - \_\_\_ + \_\_\_ \cdot \_\_\_ = 4{,}55$

d) $\frac{3}{4} : (\_\_\_)^2 - \_\_\_ \cdot \_\_\_ = -1{,}8$

Regeln zum geschickten Rechnen (1)

1 Leon stellt die Rechnung um, damit sie leichter zu lösen ist. Das Rechenzeichen vor der Zahl, die er umstellt, wird dabei mit verschoben. Ergänze die Lücken und berechne dann im Kopf.

a) $27 \boxed{+13} \boxed{-7} = 27 \boxed{\ \ 7} \boxed{\ \ 13} =$ ____

b) $\boxed{-5{,}3} + 8{,}6 \boxed{+15{,}3} = 8{,}6 \boxed{\ \ 15{,}3} \boxed{\ \ 5{,}3} =$ ____

c) $1\frac{2}{9} \boxed{-0{,}4} - \frac{2}{9} \boxed{+2{,}4} = 1\frac{2}{9}$ ____ $\boxed{\ \ 0{,}4} \boxed{\quad} =$ ____

d) $4{,}9 - \frac{2}{3} + 2{,}1 - \frac{2}{3} = 4{,}9$ ____ $=$ ____

2 Berechne geschickt durch Vertauschen.

a) $\frac{3}{7} \cdot 4 \cdot \frac{7}{6} =$ ____

b) $0{,}25 - 0{,}7 + 3{,}75 =$ ____

c) $-3{,}4 + 9{,}2 - 0{,}6 =$ ____

d) $0{,}\overline{6} \cdot 5 \cdot \frac{3}{2} =$ ____

3 Philine hat Plus- und Minusklammern aufgelöst. Kreise die Fehler ein. Notiere die richtige Umformung.

a) $2{,}5 - (1{,}5 + 1{,}3) = 2{,}5 - 1{,}5 + 1{,}3$ falsch — $2{,}5 - 1{,}5$ ____

b) $\frac{1}{4} + \left(\frac{3}{4} - \frac{2}{3}\right) = \frac{1}{4} + \frac{3}{4} + \frac{2}{3}$ falsch — ____

c) $\left(\frac{7}{8} - 2{,}7\right) - \left(\frac{1}{8} - 1{,}3\right) = \frac{7}{8} - 2{,}7 + \frac{1}{8} - 1{,}3$ falsch — ____

4 Rechne auf zwei Arten. Entscheide anschließend, welcher Weg geschickter ist.

	Klammer zuerst	Ausmultiplizieren
a)	$(-1{,}6 - 0{,}4) \cdot 5 =$	$(-1{,}6 - 0{,}4) \cdot 5 =$
b)	$\frac{5}{6} \cdot \left(\frac{3}{5} - 12\right) =$	$\frac{5}{6} \cdot \left(\frac{3}{5} - 12\right) =$
c)	$3 \cdot \left(\frac{2}{5} - 4{,}4\right) =$	$3 \cdot \left(\frac{2}{5} - 4{,}4\right) =$
d)	$\left(\frac{5}{12} - \frac{5}{8}\right) \cdot \left(-\frac{6}{5}\right) =$	$\left(\frac{5}{12} - \frac{5}{8}\right) \cdot \left(-\frac{6}{5}\right) =$

Den Weg „Klammer zuerst" finde ich in den Aufgabenteilen ____ geschickter, weil ____ . Das „Ausmultiplizieren" ist in den Aufgabenteilen ____ geschickter, da ____

5 Kennzeichne zuerst gemeinsame Faktoren. Berechne dann durch Ausklammern.

a) $\frac{2}{5} \cdot \frac{3}{4} - \frac{2}{5} \cdot \frac{1}{3} =$ ____ $\cdot$ (____) = ____

b) $\frac{6}{7} \cdot \frac{7}{12} + \frac{6}{7} \cdot \frac{1}{3} =$ ____ $\cdot$ (____) = ____

c) $6 \cdot 1{,}1 + 6 \cdot 0{,}4 =$ ____ $\cdot$ (____) = ____

d) $5{,}3 \cdot 4 - 3{,}8 \cdot 4 =$ (____) $\cdot$ ____ = ____

e) $-2 \cdot \frac{23}{10} + 2 \cdot 1{,}8 =$ ____ $\cdot$ (____) = ____

f) $-\frac{1}{4} \cdot 5{,}25 - \frac{1}{4} \cdot 2{,}75 =$ ____ $\cdot$ (____) = ____

6 Welchen Rechenvorteil würdest du aus dem Angebot wählen? Kannst du die Aufgaben dann im Kopf rechnen? Die Buchstaben in der Reihenfolge der Aufgaben ergeben ein Lösungswort.

a) $4 \cdot (2{,}5 + 1{,}1) =$ ______

b) $12{,}25 + (-3{,}17) + (-2{,}83) =$ ______

c) $0{,}25 \cdot 0{,}29 \cdot 4 =$ ______

d) $80 \cdot 1{,}5 \cdot 0{,}125 =$ ______

e) $63{,}7 + (-12{,}8) + (-13{,}7)$
$=$ ______

f) $2{,}3 \cdot 7 + 2{,}3 \cdot 3 =$ ______

g) $2{,}4 \cdot 0{,}5 \cdot 2 =$ ______

h) $\left(\frac{11}{3} - \frac{7}{6}\right) \cdot 6 =$ ______

- Berechne zuerst das letzte Produkt. **I**
- Vertausche erst die Summanden. **H**
- Multipliziere aus. **M**
- Klammere zuerst einen gemeinsamen Faktor aus. **E**
- Vertausche erst die Faktoren. **N**
- Berechne zuerst die letzte Summe. **A**

7 Rechne vorteilhaft.

a) $6{,}3 - (3{,}3 - 1{,}5) =$ ______

b) $4 \cdot \left(2{,}5 - \frac{3}{4}\right) =$ ______

c) $-0{,}18 + 0{,}3 - 0{,}82 + 0{,}7 =$ ______

d) $0{,}14 \cdot 0{,}4 - 0{,}24 \cdot 0{,}4 =$ ______

e) $0{,}3 \cdot (-0{,}125) \cdot 0{,}8 \cdot (-30) =$ ______

8 Erkläre, was Karla falsch gemacht hat. Rechne daneben richtig.

a)
$14 - 8{,}3 - 1{,}3$
$= 14 - 7$ falsch
$= 7$

$14 - 8{,}3 - 1{,}3$ ______

b)
$-\frac{5}{3} \cdot \left(-\frac{3}{2} + \frac{3}{4}\right)$
$= -\frac{5}{3} \cdot \frac{3}{2} + \frac{5}{3} \cdot \frac{3}{4}$ falsch
$= -\frac{5}{2} + \frac{5}{4} = -\frac{5}{4}$

Karla ______

9 Berechne und gib das Ergebnis sowohl als Bruch als auch als Dezimalzahl an. Korrigiere das falsche Ergebniskärtchen [T1].

a) $\left(\frac{1}{4} - 0{,}5\right) \cdot \left(0{,}3 - \frac{1}{5}\right) =$ ______

b) $\left(-\frac{1}{8}\right) \cdot (-0{,}25) \cdot (-1{,}6) \cdot (-4) =$ ______

c) $\frac{2}{3} - \frac{1}{6} - \frac{1}{9} + \frac{2}{18} =$ ______

d) $\frac{1}{5} - 0{,}12 \cdot \frac{5}{3} - 0{,}6 =$ ______

e) $0{,}125 : \left(-\frac{3}{8}\right) + \frac{8}{3} \cdot \left(-\frac{1}{2}\right) =$ ______

0,025	$-\frac{25}{1000}$
0,25	$\frac{1}{5}$
0,5	$\frac{1}{9}$
0,6	$-\frac{3}{5}$
1	$-\frac{5}{3}$

[T1] Entscheide zuerst, ob du mit Brüchen oder mit Dezimalzahlen rechnen möchtest.

1 Maria hat bei jedem der drei Terme für x nacheinander die Zahlen 4, 15, −3 und −5,5 eingesetzt. Umrande alle Wertkärtchen mit der gleichen Farbe, die zu einem Term gehören. Es ergeben sich drei Lösungswörter.

Term 1: $2 \cdot x - 4$ Term 2: $-2 \cdot x + 7$ Term 3: $13 + 3 \cdot (x - 1)$

T | 18 E | 55 H | −10 R | 19 Z | 4 E | −23 R | 1

R | 13 M | 26,5 L | −15 W | −1 A | 26 T | 22 M | −6,5

Lösungswörter: Term 1: ________ Term 2: ________ Term 3: ________

2 Schreibe zu der dargestellten Situation zunächst zwei Beispiele auf und finde dann einen passenden Term. Wie du die Variablen nennst, kannst du selbst bestimmen.

	Beispiel 1	Beispiel 2	Term
a) Vervierfache eine Zahl und ziehe vom Ergebnis 12 ab.	Zahl ist 2 $4 \cdot 2 - 12$		
b) Ein Elefantenbaby wiegt bei der Geburt 90 kg. Es nimmt in den ersten vier Wochen etwa 1,5 kg pro Tag zu.	Nach 2 Tagen:		
c) Die Maschine verbraucht 4,5 Liter Diesel in der Stunde. Im Tank befinden sich 270 Liter Diesel.			
d) Addiere zu einer Zahl −3 und multipliziere das Ergebnis mit 5.			

3 Bert legt mit Streichhölzern Muster, indem er Dreiecke hintereinander legt.
a) Zeichne drei weitere Muster.

b) Fülle die Tabelle aus, mit der man die Anzahl der Streichhölzer in den ersten Mustern bestimmt. Gib den jeweiligen Term für die Anzahl der Streichhölzer an.

Anzahl der Dreiecke	Anzahl der Streichhölzer	Term
1	3	$1 + 2 = 1 + 1 \cdot 2$
2	5	$1 + 2 + 2 = 1 + 2 \cdot 2$
3		
4		
5		
6		
7		

c) n sei die Anzahl der Dreiecke. Kreuze die Terme an, mit welchen man dann die Anzahl der Streichhölzer berechnen kann:

☐ $n \cdot 2$ ☐ $1 + n \cdot 2$ ☐ $n \cdot 2 - 1$ ☐ $3 + 2 \cdot n$ ☐ $2 \cdot n + 1$ ☐ $1 + 2 + 2 \cdot n$

4 Stelle für die Figur jeweils einen Term für den Umfang und den Flächeninhalt auf (Maße in m). Berechne dann den Umfang und den Flächeninhalt für x = 8 und y = 13.

a)

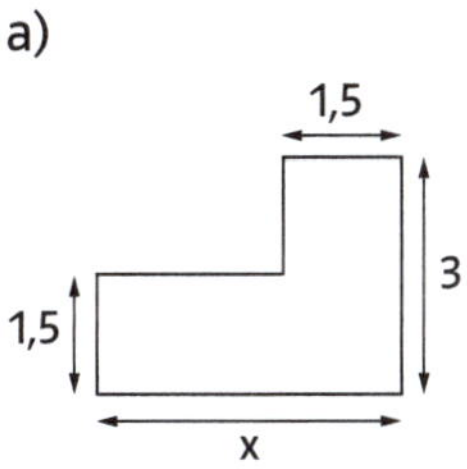

Umfang $U = x + x + 2 \cdot 3$

Für $x = 8$ gilt: $U =$

Flächeninhalt

$A =$

b)

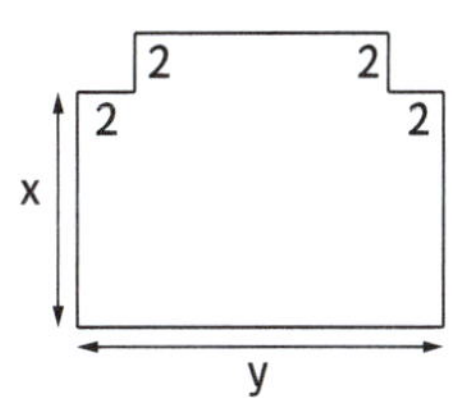

1 Vereinfache den Term. [T1]

a) $3t - 5t + t - 4t =$ ______

b) $2{,}5 \cdot p + 0{,}3p + 3 \cdot p - 2{,}7p =$ ______

c) $-\frac{5}{2}s + \frac{1}{2}s + 5s =$ ______

d) $3 \cdot x - 5x + 7 \cdot x - x =$ ______

e) $-5{,}5y + 3 \cdot y - y \cdot 2 + 1{,}5 \cdot y =$ ______

f) $-\frac{3}{4}a + 2a - \frac{1}{4} + \frac{1}{2}a =$ ______

2 Die folgenden Terme wurden mithilfe des Kommutativgesetzes (KG) und des Assoziativgesetzes (AG) in einen gleichwertigen Term umgeformt. Gib das verwendete Gesetz im blauen Feld an und vereinfache.

a) $(z \cdot 5) \cdot 5 = z \cdot (5 \cdot 5) =$ ______ [ ]

b) $(x \cdot 3) \cdot (-2) = x \cdot (3 \cdot (-2)) =$ ______ [ ]

c) $4 \cdot (-2) \cdot (7x) = (4 \cdot (-2) \cdot 7) \cdot x =$ ______ [ ]

d) $-3 \cdot a \cdot 4 = (-3) \cdot 4 \cdot a =$ ______ [ ]

3 a) Addiere und trage die vereinfachten Terme ein.

+	2x + 5	−4x + 2	3x − 2	$\frac{3}{2}x - 5{,}2 + x$
3x + 5			6x + 3	
−4x − 2				

b) Multipliziere und trage die vereinfachten Terme ein.

·	5	−2	4,5	$-\frac{2}{9}$
3x				
−0,5 · (4x)			−9x	

4 Vervollständige das magische Quadrat. Die Summen der Zeilen, Spalten und der Diagonalen müssen gleich sein.

Summe: ______

2a + 2	a	1,5a + 4
		a + 2

5 Zu jedem Term auf der linken Seite gehört ein gleichwertiger auf der rechten. Notiere in die mittleren Kästchen die vereinfachten Terme und verbinde diese dann wie im Beispiel.

Term	vereinfacht	gleichwertiger Term
0,5x − 2 + 2x + 12	2,5x + 10	**−5 · x + 6 + 11x − 6**
3 · (x · 5) − 4,5 · 2x		**4 + (4x) : 5 − 3,5**
4x + 9 − 3x + 5 − 2x − 12 − x		**−3 · (x · 6) + 7 + 4x · 4 − 5**
$1{,}7x - \frac{1}{5} - \frac{9}{10}x + \frac{7}{10}$		**0,5x · 5 + 5 · 2**

6 a) Bestimme einen Term für den Umfang des Dreiecks und vereinfache ihn. Berechne den Umfang für a = 7.

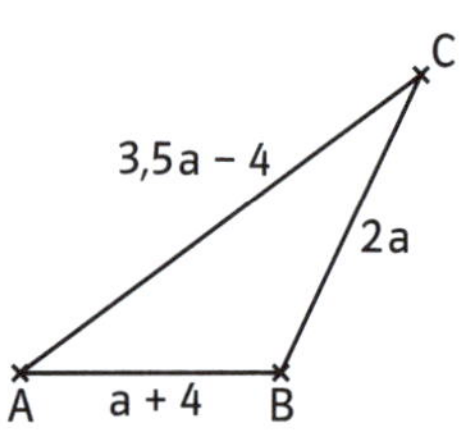

b) Bestimme einen Term für das Volumen des Quaders und vereinfache ihn. Berechne das Volumen für y = 1,5.

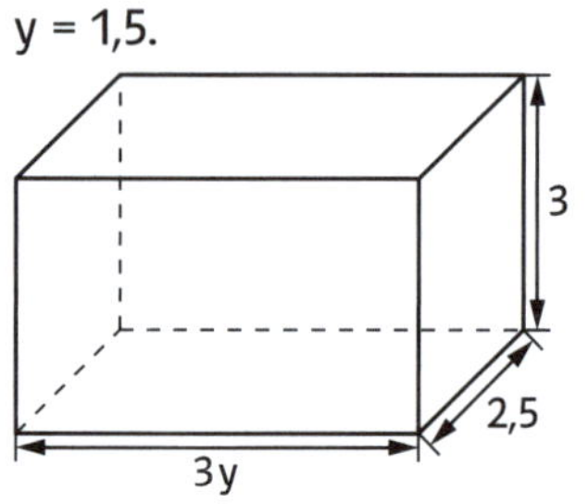

[T1] $3t = 3 \cdot t$. Das Malzeichen · wird zwischen einer Zahl und einer Variablen oft weggelassen.

1 Multipliziere aus.

a) $5 \cdot (x + 2) =$ ______ b) $0{,}5 \cdot (2 - 2x) =$ ______

c) $-2 \cdot (3 + x) =$ ______ d) $(4x - 2{,}4) \cdot \left(-\frac{1}{2}\right) =$ ______

e) $(-x + 2) \cdot (-4) =$ ______ f) $(3y - 4{,}2) \cdot (-1) =$ ______

2 Lisa hat zwei Lernplakate für die Klasse vorbereitet. Setze die Zettel passend in die Lücken ein.

______klammerregel:
$7 + (2 - 3x) = 7 + 2 - 3x$
Steht ein ______ direkt vor der ______, kannst du sie ______.

Klammer | „–" | Plus | Minus | änderst | weglassen | „+"

______klammerregel:
$7 - (2 - 3x) = 7 - 2 + 3x$
Steht ein ______ direkt vor der ______, kannst du sie weggelassen, wenn du alle Plus- und ______-zeichen in der Klammer ______.

3 Finde zu dem Term einen gleichwertigen Term auf den blauen Kärtchen. Achte auf das Vorzeichen vor der Klammer. Notiere den jeweiligen Buchstaben.

a) $5 + (-2x - 7)$ ☐ b) $7 - (5 - 2x)$ ☐

c) $\frac{4}{3} - \left(2x - \frac{2}{3}\right)$ ☐ d) $\left(\frac{3}{2}x - 5\right) + \left(\frac{5}{2}x + 2\right)$ ☐

e) $(1 - 7x) - (4 - 3x)$ ☐ f) $3x - (9x - 3 - 2x)$ ☐

$-4x - 3$ | M $2x + 2$ | R $4x - 3$ | S $-2x - 2$ | P $-4x + 3$ | A $-2x + 2$ | I

4 Es soll ein Kantenmodell eines Quaders aus Draht hergestellt werden. Fülle die Lücken in der Tabelle.

	Länge	Breite	Höhe	Kantenlänge (vereinfachter Term)
Quader 1	a	2a	a + 1	
Quader 2	5	5 + a	5 − a	
Quader 3	2a	a + 1		16a + 4

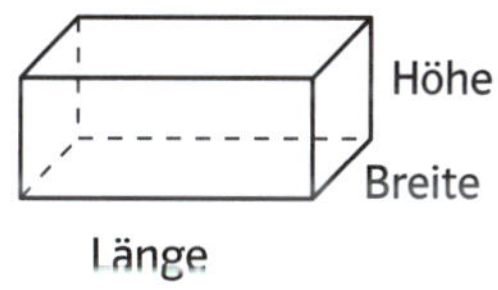

Die Kantenlänge ist die Gesamtlänge aller Drahtstücke.

5 Klammere den angegebenen Faktor aus.

Faktor	Term	Ergebnis
3	$3x - 6$	$3 \cdot (x - 2)$
$\frac{1}{3}$	$\frac{1}{3} - \frac{2}{3}x$	
−2	$8 - 4x$	
−1	$-3x - \frac{1}{2}$	
0,5	$2{,}5x - 4{,}5$	

6 Fülle die Lücken.

a) $(10x - \square) : 5 = \square - 3$

b) $(\square + 28) : \square = -4x + 7$

c) $-\frac{1}{3} \cdot (\square + \square) = -9x + 3$

d) $\frac{36 - \square}{6} = \square - 4x$

e) $\square \cdot (-24x + 6) = \square + 1{,}2$

7 Anna zeichnet ein Muster. Sie ergänzt die Startfigur (blau) mit „Häusern".

a) Stelle zwei verschiedene Terme zur Berechnung der Zahl der Striche bei x „Häusern" auf.

Term 1: ______ Term 2: ______

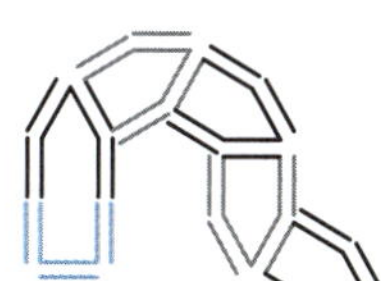

b) Zeige, dass beide Terme gleichwertig sind. ______

c) Berechne die Anzahl der Striche für ein Muster mit 7 und 11 „Häusern".

______

Training

○ **1** Schreibe zunächst alle Buchstaben (von links nach rechts) heraus, die den natürlichen Zahlen zugeordnet sind; danach die Buchstaben, die zu den negativen ganzen Zahlen gehören; dann die den Bruchzahlen und schließlich die den übrig gebliebenen Dezimalzahlen zugeordneten Buchstaben.

$\frac{1}{2}$	-1	6	$\frac{1}{3}$	$-0{,}2$	$-0{,}3$	0	-6	$\frac{5}{4}$	$-17{,}6$	$-4{,}4$	$\frac{5}{6}$	1	$-7{,}01$	$-0{,}6$
N	I	R	A	Z	A	A	O	L	H	L	E	T	E	N

Lösungswort: _ _ _ _ _ _ _ _ _   _ _ _ _ _ _

○ **2** Vereinfache den Term.

a) $-1{,}5x + 2x - 3 + 2{,}5x =$ __________

b) $3 - (4y + 5) =$ __________

c) $7p + (3 - 5p) - 6p =$ __________

d) $1{,}5 \cdot (6 - 5a) =$ __________

e) $-3 \cdot (0{,}4x - 0{,}2) =$ __________

f) $21 - 5 \cdot (b + 2) =$ __________

g) $(93x - 69) : 3 =$ __________

○ **3** Vereinfache und korrigiere falsche Werte.

Term	vereinfachter Term	Wert des Terms für		
		$x = 1$	$x = -2$	$x = \frac{1}{2}$
$2x - 4x - 1 + 5x$		2	7	0,5
$1 + 3{,}6 \cdot x - 2x$		2,6	−2,2	1,8
$\frac{1}{2} + 1{,}5x + 6 + 2{,}5x$		11,5	−1,5	8,5
$\frac{1}{2}x - 1{,}2 - \frac{3}{4}x$		−1,45	7	1,325

◒ **4** Berechne schrittweise.

a) $-\frac{2}{7} \cdot \frac{14}{3} - \frac{4}{15} : \frac{4}{5} =$ __________

b) $\frac{-3}{5} \cdot \left(\frac{13}{44} - \frac{6}{11}\right) \cdot \left(\frac{2}{3}\right)^2 =$ __________

c) $\frac{1}{4} - \frac{3}{8} \cdot \frac{4}{6} - \frac{5}{9} \cdot \frac{21}{20} \cdot \frac{2}{7} =$ __________

◒ **5** Stelle einen Term für den Gesamtumfang und einen Term für den Flächeninhalt auf und vereinfache diese. Berechne anschließend jeweils den Wert des Terms für $x = 2{,}5$.

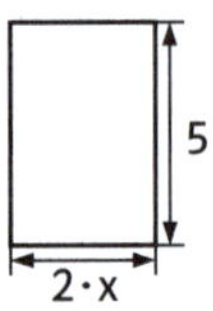

◒ **6** Ordne jeder Beschreibung den richtigen Term von den Kärtchen zu.

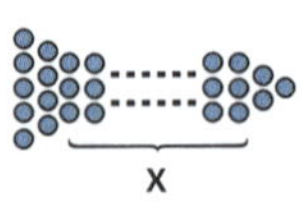

a) Gib die Anzahl der Perlen einer aus x Reihen bestehenden Rakete, wie in der Figur dargestellt, an. __________

b) Addiere zu einer Zahl −3 und multipliziere das Ergebnis mit 5. __________

c) Gib den Umfang der nebenstehenden Fläche an. __________

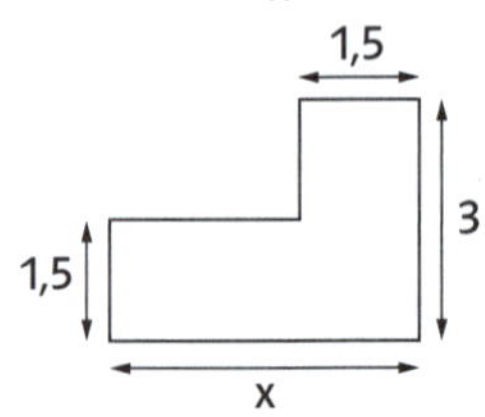

$(x + 3) \cdot 5$	$(x - 3) \cdot 5$	$2x + 6$	$3 \cdot x + 12$	$9 + 3x$	$x + 6$

7 Berechne. Die vollständig gekürzten Lösungen der Aufgaben in den Ballons ergeben in der richtigen Reihenfolge ein Lösungswort.

- A: $\frac{27}{4} - \frac{3}{8}$
- E: $2{,}25 \cdot \frac{7}{3}$
- C: $\frac{25}{8} : \frac{5}{8}$
- N: $10 - \frac{25}{8}$
- S: $0{,}65 : 0{,}1$
- H: $\frac{3}{4} : 0{,}2$
- R: $5 \cdot 1{,}25$
- E: $2{,}25 : \frac{1}{3}$
- S: $\frac{28}{3} : \frac{4}{3}$

Lösungswort:

$6\frac{1}{4}$	$5\frac{1}{4}$	5	$3\frac{3}{4}$	$6\frac{3}{4}$	$6\frac{7}{8}$	$6\frac{3}{8}$	7	$6\frac{1}{2}$

8 Rechne geschickt. Denke dabei auch an das Ausklammern oder das Ausmultiplizieren.

a) $-\frac{1}{3} \cdot \frac{8}{9} - \frac{1}{3} \cdot \frac{1}{9} =$

b) $-\frac{4}{7} \cdot \left(\frac{7}{12} - \frac{7}{8}\right) =$

c) $-0{,}8 \cdot (-0{,}3) - (-0{,}8) \cdot (-0{,}7) =$

d) $-\frac{5}{12} \cdot \left(48 + \frac{36}{25}\right) =$

e) $3{,}6 - (2{,}6 + 3{,}5) =$

f) $\frac{2}{3} + \left(1{,}2 - \frac{1}{6}\right) =$

9 Stelle zuerst einen Term für die Gesamtsumme der Kantenlängen auf. Vereinfache ihn dann und berechne den Wert des Terms.

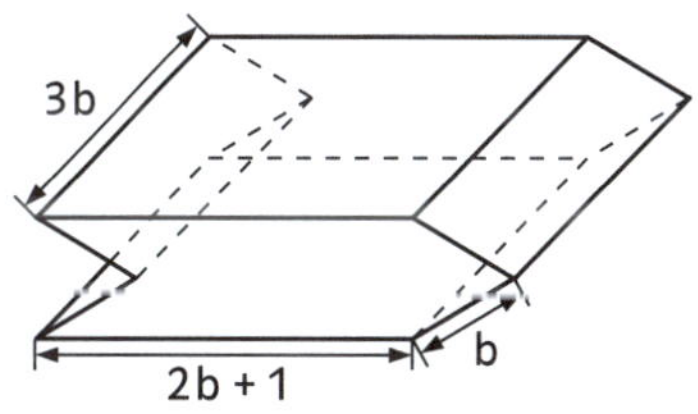

Term:

Wert für $b = \frac{3}{2}$:

10 Felix möchte seine Mutter überreden, sein monatliches Taschengeld von 11 € zu erhöhen. Die Mutter macht ihm einen ungewöhnlichen Vorschlag: „Am ersten Tag erhältst du das Dach und das 1. Stockwerk eines 10-Cent-Hauses und jeden Tag kommt ein Stockwerk hinzu".

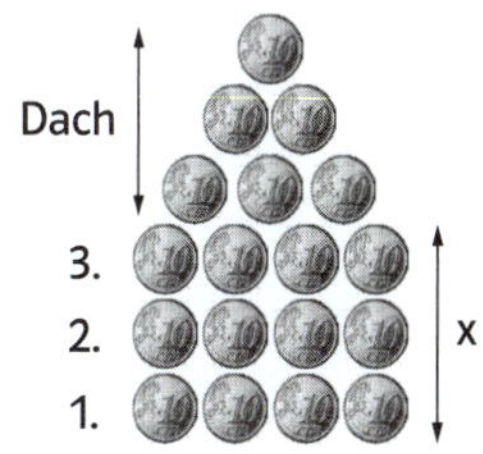

a) Stelle zwei verschiedene Terme für die Zahl der Münzen bei einem Haus mit x Stockwerken auf.

b) Berechne, wie viele 10-Cent-Münzen ein Haus mit 20 Stockwerken hat.

c) Wie viel Geld hat Felix' Mutter ihm nach 15 Tagen gegeben?

d) An welchem Tag würde Felix den Betrag von 11 € (sein bisheriges Taschengeld) erhalten? Sollte er auf den Vorschlag seiner Mutter eingehen?

Abstände von Punkten und Geraden – Ortslinien

1 Gegeben sind die beiden Punkte A und B. Konstruiere alle Punkte, die von A den Abstand 2 cm und von B den Abstand 3 cm haben. Gib die Koordinaten dieser Punkte näherungsweise auf eine Nachkommastelle gerundet an.

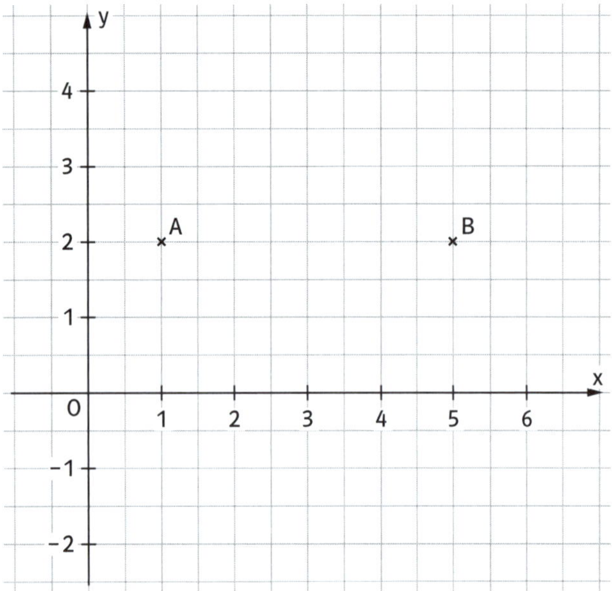

2 Gegeben ist der Punkt C und die Gerade g. Konstruiere alle Punkte, die von C den Abstand 4 cm und von g den Abstand 1 cm besitzen.

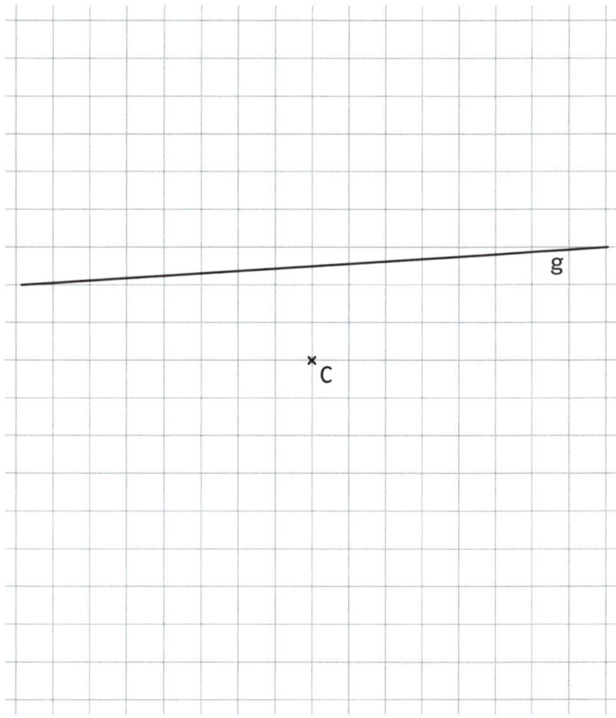

3 a) Zeichne die Ortslinie der Punkte, die von A den Abstand 2,5 cm haben. Diese Ortslinie ist ein ____________.

b) Zeichne die Ortslinie der Punkte, die von der Geraden g den Abstand 1 cm haben. Diese Ortslinie ist ein ____________.

c) Markiere alle Punkte, die auf beiden Ortslinien aus den Aufgabenteilen a) und b) liegen. Verbinde die gefundenen Punkte zu einem Viereck. Du erhältst ein spezielles Viereck, nämlich ein

____________.

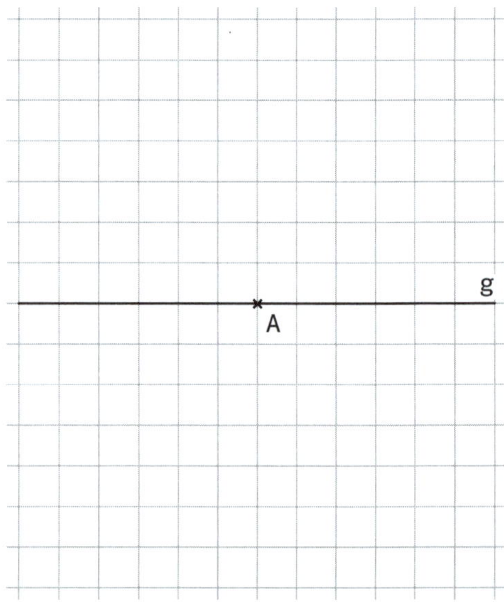

4 Auf der abgebildeten Straße ist ein Unfall passiert. Der Polizist befragt drei Zeugen, wo genau der Unfall stattgefunden hat.
Passant A: „Der Unfall passierte genau in der Mitte der Straße."
Passant B: „Der Unfall geschah exakt 6 m von der Ampel entfernt."
Kioskbesitzer C: „Er ist höchstens 5 m von meinem Kiosk entfernt passiert."
Finde nun den Ort des Geschehens durch eine Konstruktion heraus.

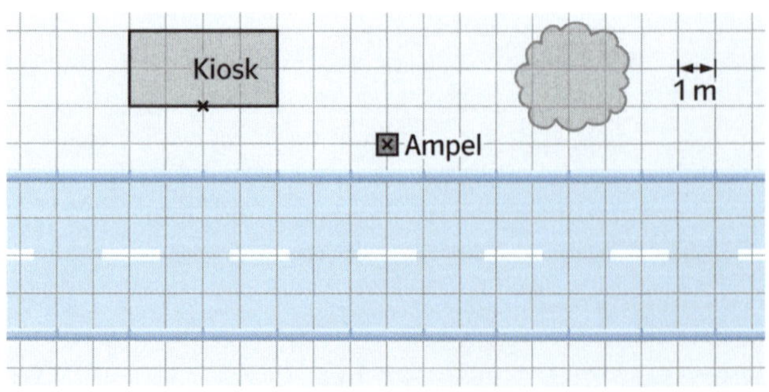

1 Claudia hat mit Zirkel und Lineal die Ortslinie aller Punkte, die von A und B gleich weit entfernt sind, konstruiert. Welchen Fehler hat sie dabei gemacht?

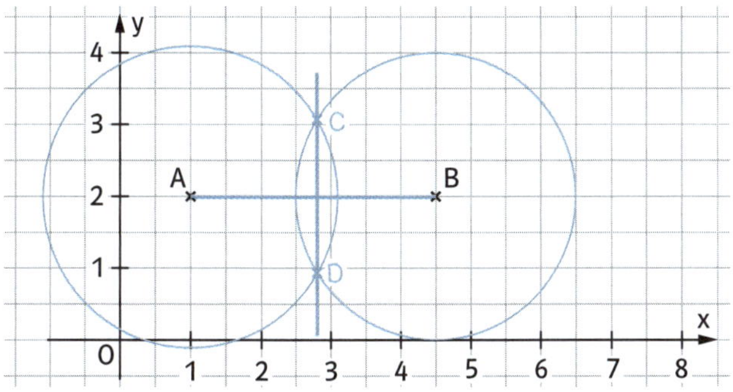

2 Konstruiere mit Zirkel und Lineal die Orthogonale zur Geraden g durch den Punkt P.

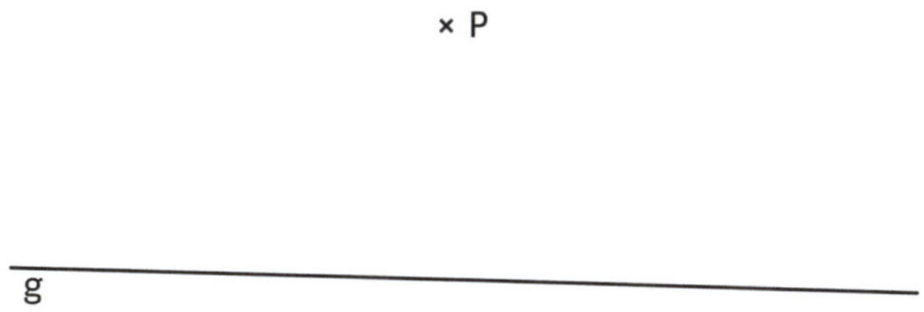

3 Carsten hat mit Zirkel und Lineal die Tangente an den Kreis im Berührpunkt C konstruiert. Bringe die Schritte in die richtige Reihenfolge.

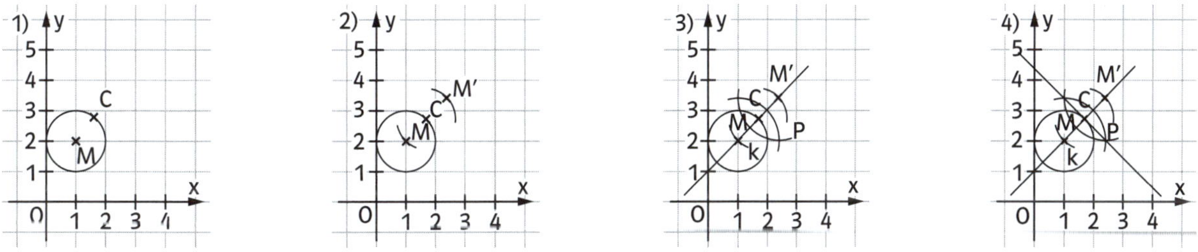

Die Mittelsenkrechte zur Strecke MM' ist die gesuchte Tangente.	Gegeben sind ein Kreis mit Mittelpunkt M und auf ihm ein Punkt C.	Konstruiere zwei Kreise mit gleichem Radius um M und M'.	Spiegele den Punkt M am Punkt C. Der Spiegelpunkt ist M'.

4 Finde durch Konstruktion diejenigen Punkte heraus, die von A und B gleich weit entfernt sind und deren Abstand zum Punkt A gleichzeitig 4 cm beträgt.

5 Begründe, dass bei jeder Raute die Mittelsenkrechte einer Diagonalen durch zwei Eckpunkte der Raute verläuft.

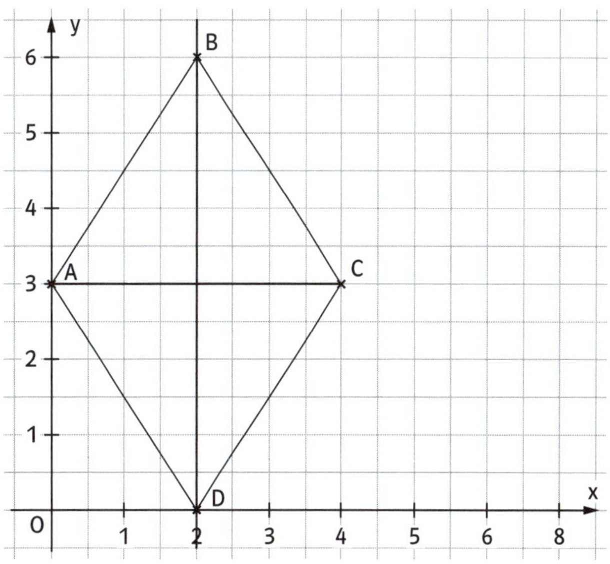

Die Winkelhalbierende

1 Zum Winkel α wurde die Winkelhalbierende w_α konstruiert. Bringe die Schritte in die richtige Reihenfolge.

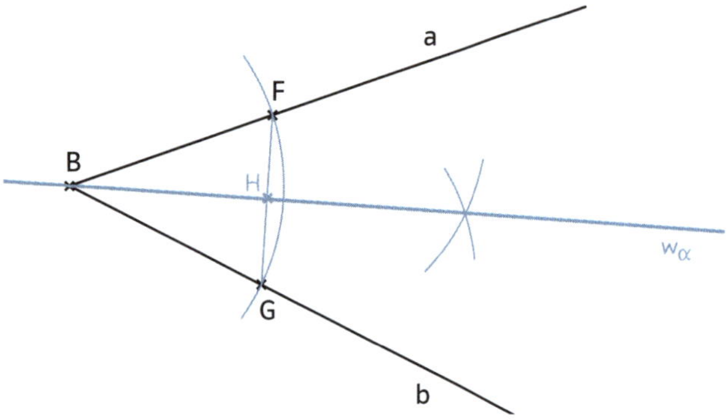

☐ Zeichne einen Kreisbogen um den Scheitelpunkt des Winkels.

☐ Die Mittelsenkrechte $m_{\overline{FG}}$. ist die gesuchte Winkelhalbierende.

☐ Die Schnittpunkte mit den Schenkeln sind die Punkte F und G.

2 Miss den den Abstand der Punkte A, B, C und D zu den Schenkeln des Winkels α. Umkreise die Punkte, die auf der Winkelhalbierenden w_α liegen.

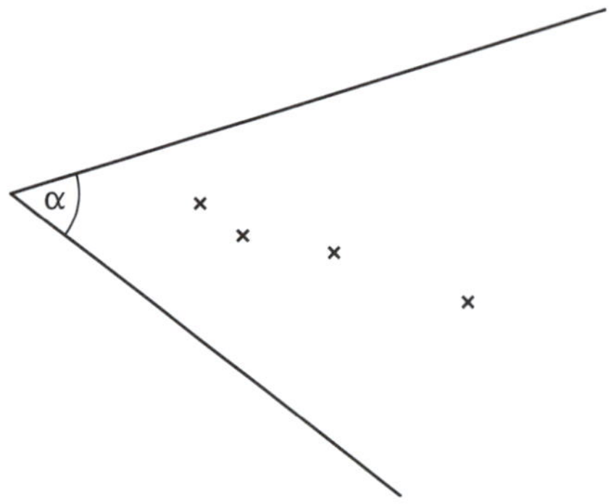

3 Zeichne die Ortslinien aller Punkte, die von g und h gleich weit entfernt sind. Diese Ortslinien heißen ______________________.

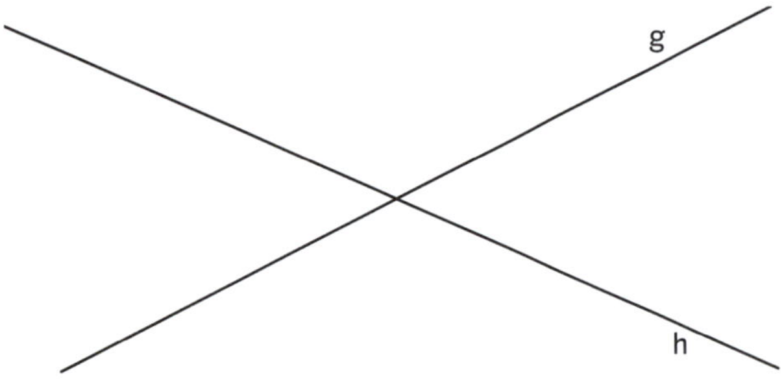

4 Finde den Punkt, der folgende Eigenschaften hat: Er ist gleich weit von den Schenkeln des Winkels α und gleichzeitig gleich weit von den Punkten P und Q entfernt.

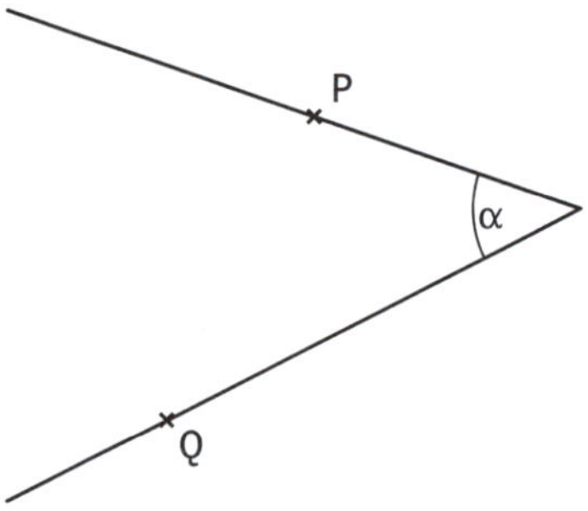

5 Finde durch Konstruktion mit Zirkel und Lineal diejenigen Punkte heraus, die von g und h gleich weit entfernt sind und deren Abstand zum Punkt A gleichzeitig 2,5 cm beträgt.

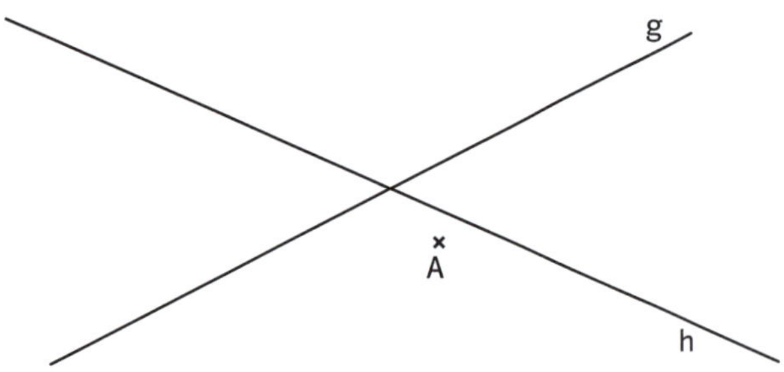

6 Gegeben ist der Winkel α und die Winkelhalbierende w_α mit den auf ihr liegenden Punkten A, B und C. Zeichne um diese Punkte jeweils einen Kreis, der die Schenkel des Winkels berührt.

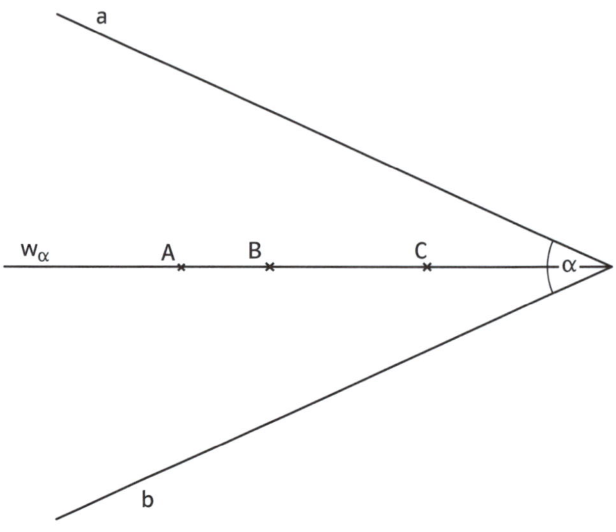

Dreiecke konstruieren

1 Konstruiere das Dreieck. Markiere zunächst in der Planfigur die gegebenen Größen farbig und beginne mit der bereits gezeichneten Seite $c = 6\,\text{cm}$.

a) $a = 3\,\text{cm}$; $b = 5\,\text{cm}$

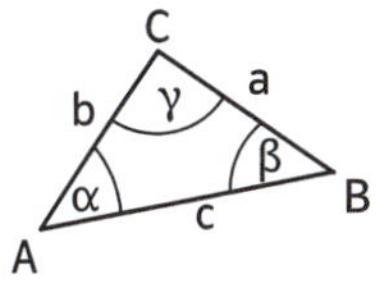

b) $\alpha = 35°$; $\beta = 80°$

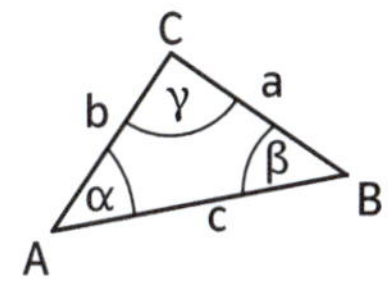

c) $\alpha = 50°$; $b = 6{,}5\,\text{cm}$

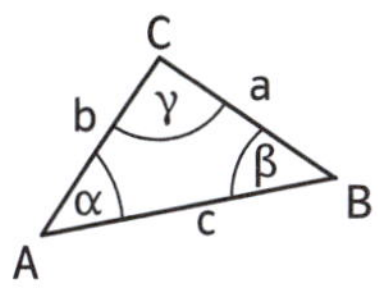

d) $b = 4{,}2\,\text{cm}$; $h_c = 4\,\text{cm}$

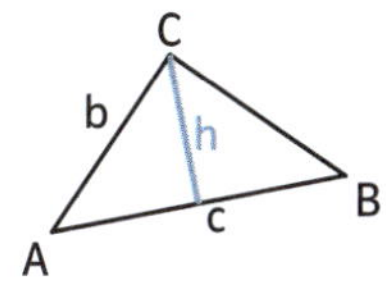

2 Lara und Lars haben folgende Aufgabe zu einer Dreieckskonstruktion bearbeitet: „Konstruiere ein Dreieck mit den gegebenen Größen $c = 5\,\text{cm}$, $\alpha = 40°$ und $a = 4\,\text{cm}$." Ihre Ergebnisse unten sind unterschiedlich. Kontrolliere, ob die beiden Lösungsdreiecke in den vorgegebenen Größen übereinstimmen, und erläutere, warum es zwei verschiedene Lösungen gibt.

Lara:

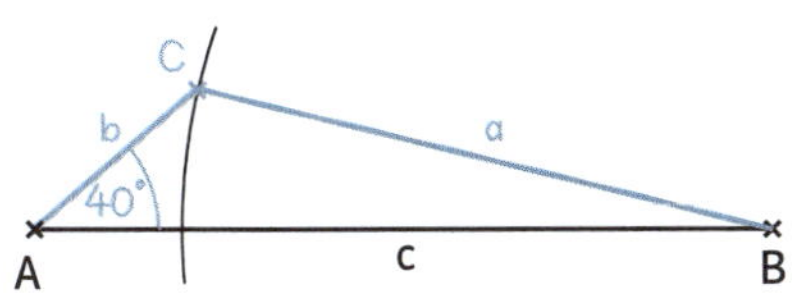

Lars:

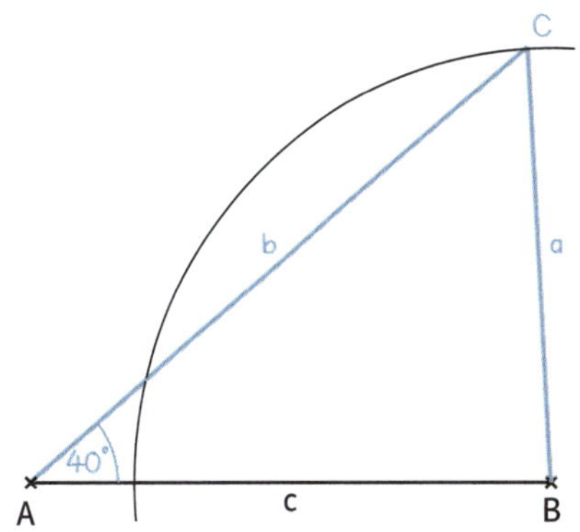

1 Fabio, Nico und Marcio sind gute Freunde und Hobbyfunker. Fabio zieht leider um und sie machen sich Gedanken, ob die Reichweite ihrer Funkgeräte von 5 km nach dem Umzug noch ausreicht. Nico und Marcio wohnen genau 4,5 km weit auseinander. Mit einer App misst Nico einen Winkel von 49° zwischen den Häusern von Fabio und Marcio. Marcio misst einen Winkel von 83° zwischen den Häusern seiner Freunde. Zeichne im Maßstab 1 : 100 000 und bestimme die gesuchten Entfernungen.

2 Bestimme die Breite des abgebildeten Hauses, indem du das markierte Giebeldreieck im Maßstab 1 : 50 konstruierst. Das Dreieck ist gleichschenklig und rechtwinklig.

Das Haus ist etwa ________ m breit.

3 a) Wie viele Zentimeter liegen die Spitzen eines 7 cm langen Minutenzeigers und eines 5 cm langen Stundenzeigers um 9:30 Uhr auseinander? ________

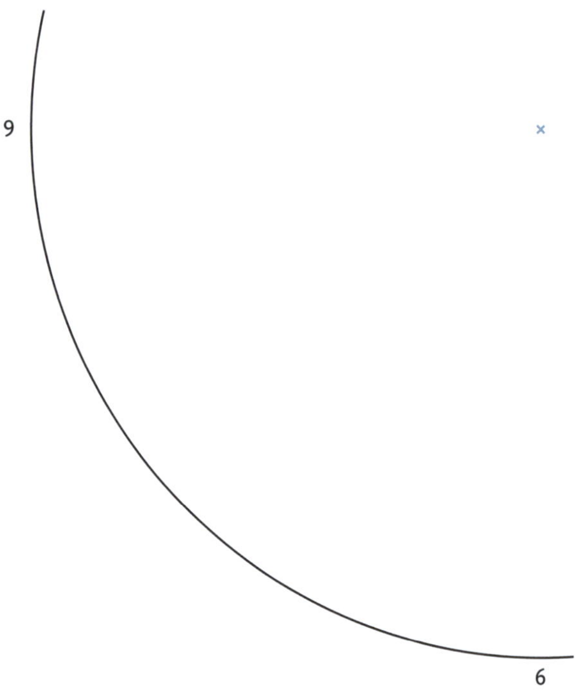

b) Wann sind die Zeigerspitzen maximal voneinander entfernt? Zum Beispiel um ________ Uhr sind die Zeigerspitzen ________ cm entfernt.

4 Um die Höhe des Eiffelturms abzuschätzen, stellt sich Paul in einiger Entfernung vom Eiffelturm auf das Marsfeld. Er geht dort eine Standlinie von 100 m ab und misst von den beiden Enden seiner Standlinie die Höhenwinkel von 47° und 58°. Konstruiere ein Dreieck, um die ungefähre Höhe des Eiffelturms zu bestimmen. Pauls Augenhöhe ist hierbei zu vernachlässigen. Dabei soll 1 cm in der Zeichnung 100 m in der Wirklichkeit entsprechen.

Der Maßstab beträgt demnach ________

Der Eiffelturm ist etwa ________ m hoch.

5 Peter hat eine Schatzkarte gefunden. Lies die Botschaft genau.

a) Wo findest du den Schatz?

b) Wie weit ist der Schatz vom Bahnhof entfernt? ________ m

6 Simke möchte für ihr Zimmer ein Wandlehnregal wie in der Abbildung bauen.
Es soll in einer Höhe von 180 cm an der Wand lehnen und unten 40 cm von der Wand abstehen.
Bestimme durch eine Konstruktion, wie lang die beiden schrägen Stützen sein müssen. Konstruiere im Maßstab 1 : 40.
Die beiden Stützen müssen

etwa ______ cm lang sein.

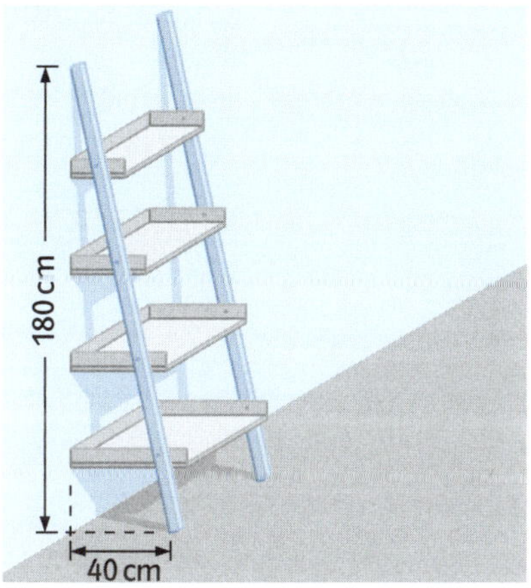

7 Unter welchem Höhenwinkel sieht man die Spitze des Stuttgarter Fernsehturms, wenn man 500 m von ihm entfernt steht? Der Fernsehturm hat eine Höhe von 216,6 m. Konstruiere im Maßstab 1 : 5000.

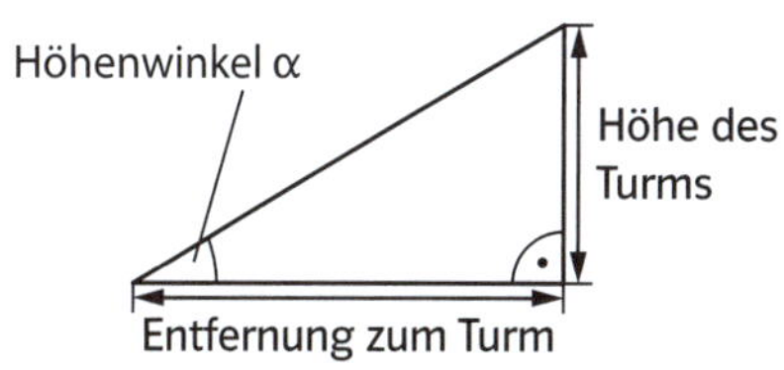

Man sieht die Spitze des Turms unter einem Höhenwinkel von etwa ______°.

○ **1** a) Zeichne mit dem Geodreieck die Ortslinie aller Punkte, die von den beiden Punkten A und B gleich weit entfernt sind.

b) Konstruiere mit Zirkel und Lineal die Winkelhalbierende des Winkels.

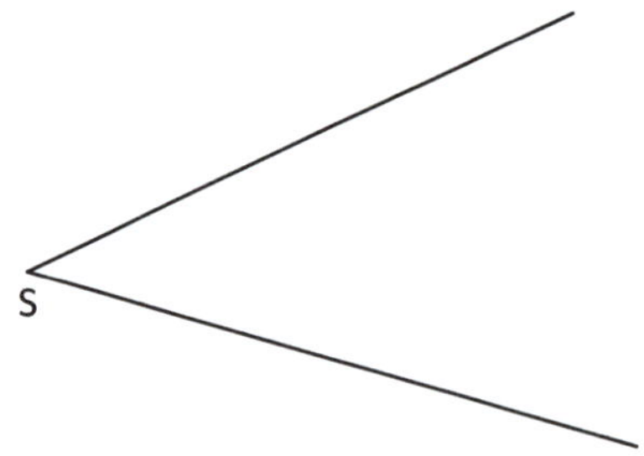

c) Zeichne die Ortslinie der Punkte, die von den parallelen Geraden g und h denselben Abstand haben. Diese Ortslinie heißt

______________________.

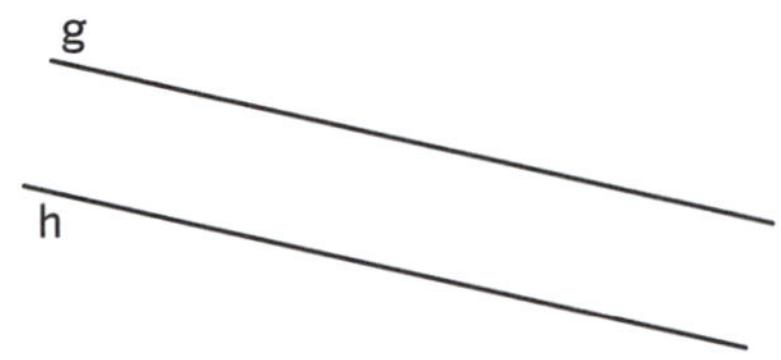

○ **2** Konstruiere ein Dreieck mit $a = 3\,\text{cm}$, $b = 4\,\text{cm}$ und $\gamma = 55°$.

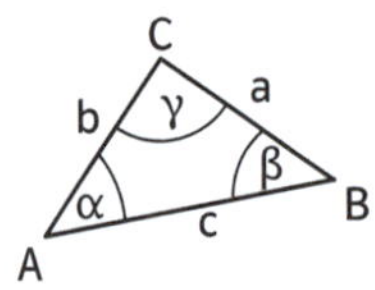

○ **3** Konstruiere ein gleichschenkliges Dreieck mit der Basis 2 cm und der Schenkellänge 3 cm. Fertige zunächst eine Planfigur an. Miss zur Ergebniskontrolle die Größe der Basiswinkel:

____

◒ **4** Finde durch eine Konstruktion heraus, für welche Punkte die Aussagen zutreffen.

a) Die Punkte sind von A höchstens 2 cm und von B höchstens 3 cm entfernt.

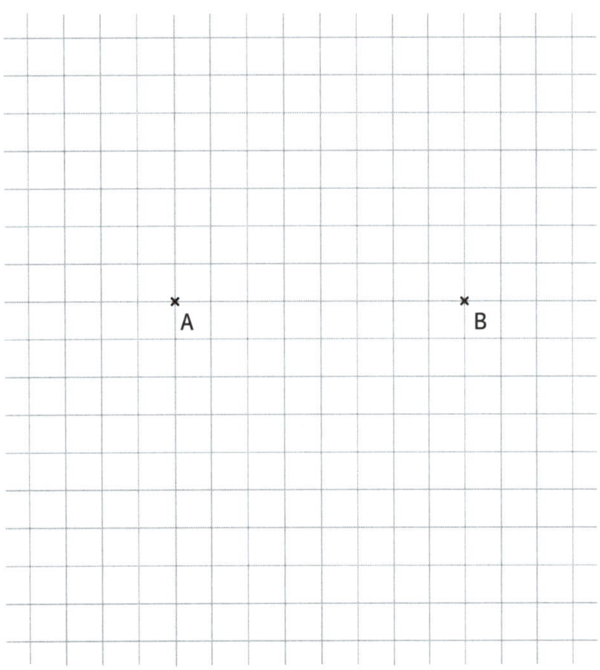

b) Die Punkte sind von A 2 cm oder 3 cm und von B 2 cm oder 4 cm entfernt.

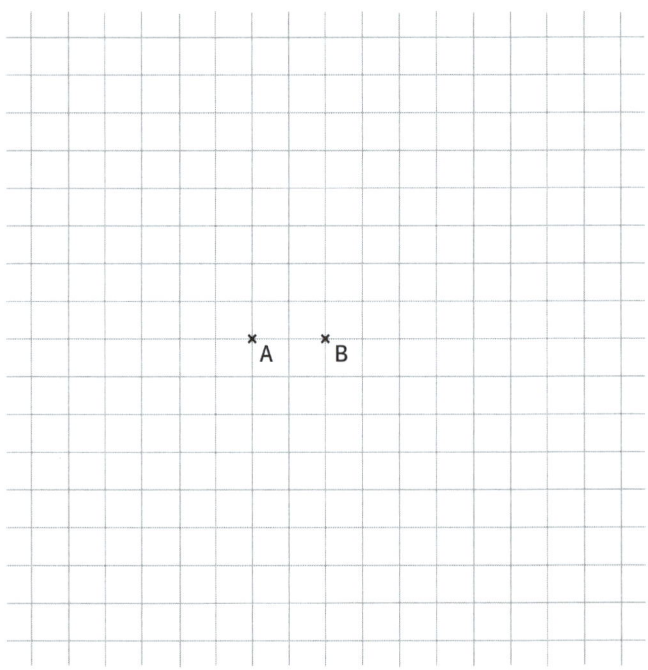

5 Elfriede und Stefanie sind gute Freundinnen. Sie wohnen beide nebeneinander an der Baumallee. Elfriedes Vater ist Mathematiklehrer und hat eine Überraschung für die beiden versteckt. Er verrät nur, dass der Ort des Verstecks von beiden Häusern gleich weit entfernt ist. Zugleich gilt noch, dass der Ort von beiden Teilstücken der Baumallee gleich weit entfernt ist.
Wo liegt das Versteck? Konstruiere den Punkt.
Wie weit ist es von den Häusern entfernt?

________ m

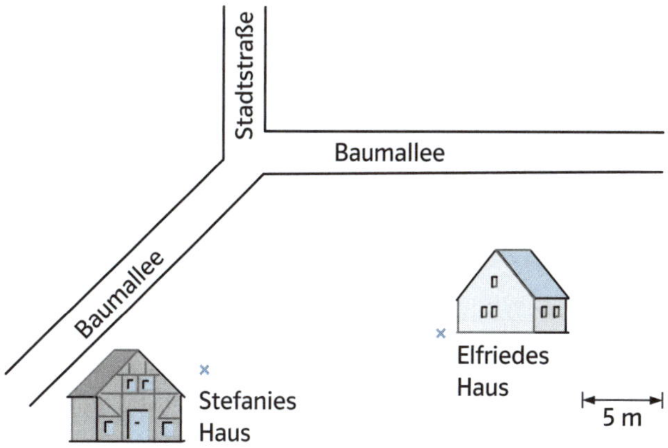

6 Finde durch eine Konstruktion alle Punkte, die von den beiden Punkten A und B gleich weit entfernt sind und deren Abstand von der Geraden g genau 1 cm beträgt.

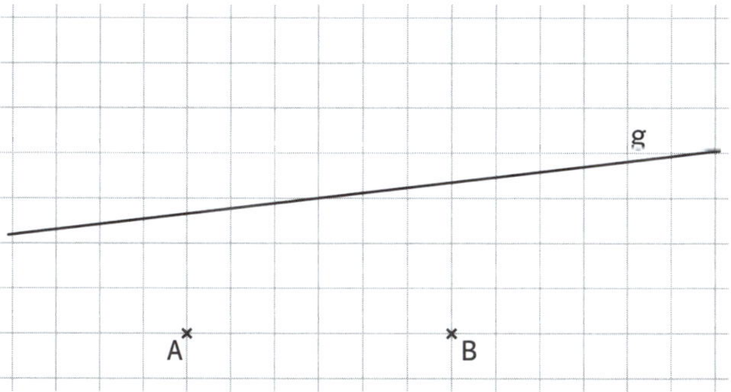

7 Finde alle Punkte, die von den Geraden g und h sowohl gleich weit entfernt sind als auch von beiden Geraden den Abstand 1 cm besitzen.

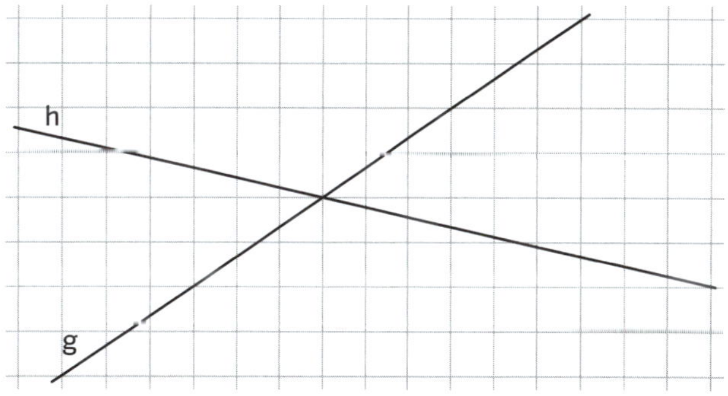

8 Finde durch eine Konstruktion alle Punkte, die von den beiden Geraden g und h gleich weit entfernt sind und deren Abstand vom Punkt A genau 1,5 cm beträgt.

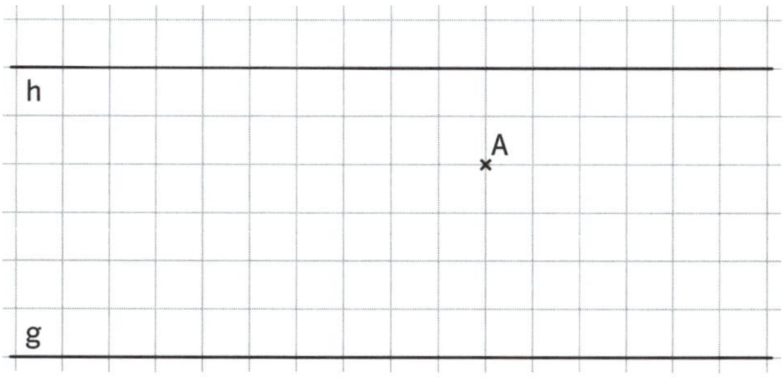

9 Man sieht die Spitze eines 45 m hohen Turms von einer Wiese aus unter einem Höhenwinkel von 20°. Wie weit ist der Beobachter von dem Turm entfernt? Konstruiere im Maßstab 1:2000.

Graphen im Koordinatensystem

1 a) Lies aus dem Graphen die fehlenden y-Werte ab und ergänze die Wertetabelle.

x	−2	−1	0	1	2	3
y						

b) Gib näherungsweise alle x-Werte an, die den y-Wert 0,5 haben. ______________.

c) Kreuze an. Für alle x-Werte zwischen 0 und 3 sind die zugehörigen y-Werte ☐ positiv ☐ negativ.
d) Kreuze an. Für alle x-Werte zwischen −1 und 0 sind die zugehörigen y-Werte ☐ positiv ☐ negativ.

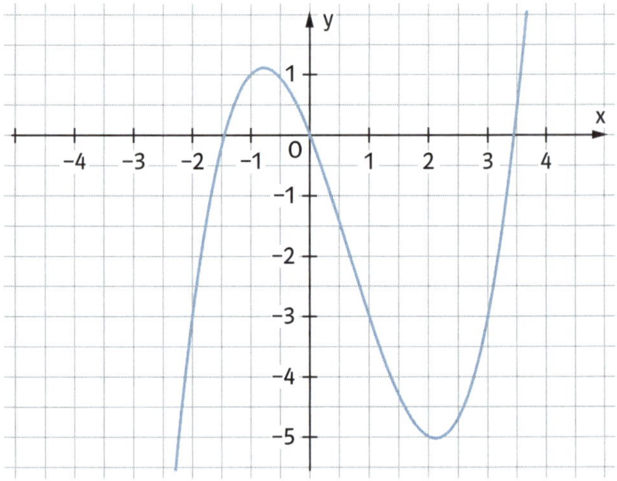

2 Ein Turmspringer springt von einer 10 m hohen Plattform ins Becken. Dabei wird jede Sekunde die Höhe des Kopfes über bzw. unter der Wasseroberfläche bis zum Auftauchen aus dem Becken gemessen.

Zeit x (in s)	0	1	2	3	4	5
Höhe y (in m)	12	9	1	−2	−1	0

a) Zeichne mithilfe der Tabelle einen Graphen in das Koordinatensystem.

b) Nach 1,5 Sekunden befindet sich der Kopf des Springers in einer Höhe von etwa ________ Metern.

c) Der Springer taucht mit seinem Kopf nach etwa ______ Sekunden in das Wasser ein und nach ______ Sekunden wieder aus dem Wasser auf.

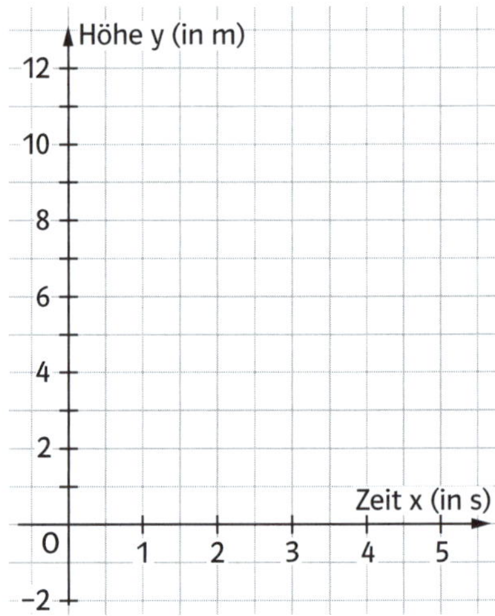

3 Die drei Gefäße werden gleichmäßig mit Wasser gefüllt. Die Graphen veranschaulichen den Füllvorgang. Ordne jedem Graphen das richtige Gefäß zu.

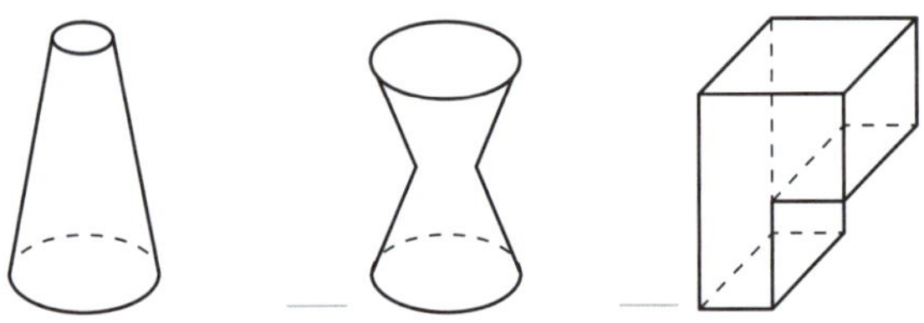

____ ____ ____

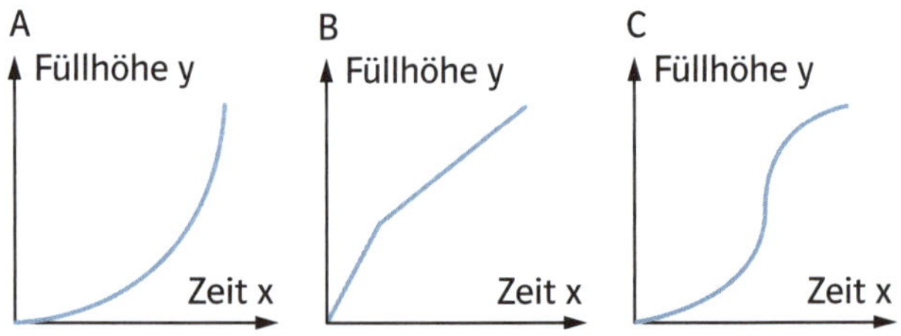

4 Tom fährt mit seinem Vater zur Schule. Der Graph stellt die Fahrt dar. Kreuze wahre Aussagen an. [T1]

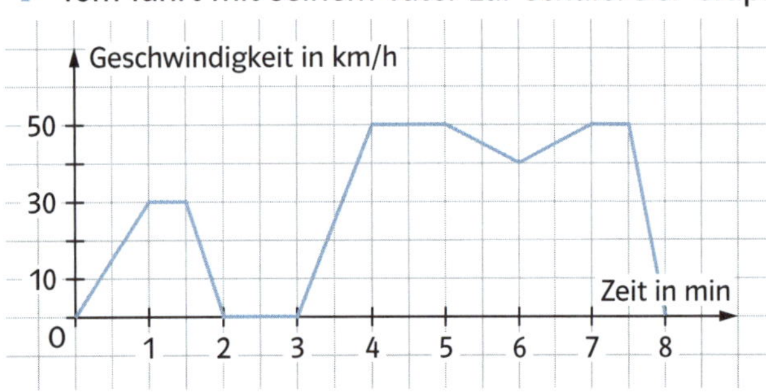

☐ Das Auto fährt insgesamt 90 Sekunden mit einer Geschwindigkeit von 50 km/h.

☐ Die Strecke zur Schule ist 50 km lang.

☐ Das Auto kommt während der Fahrt dreimal zum Stehen.

☐ Die reine Fahrtzeit beträgt 7 Minuten.

[T1] Achte genau darauf, welche Größe auf der x- bzw. auf der y-Achse dargestellt ist.

1 Einige der Graphen stellen keine Funktion dar. Ergänze den Text unterhalb der Graphen.

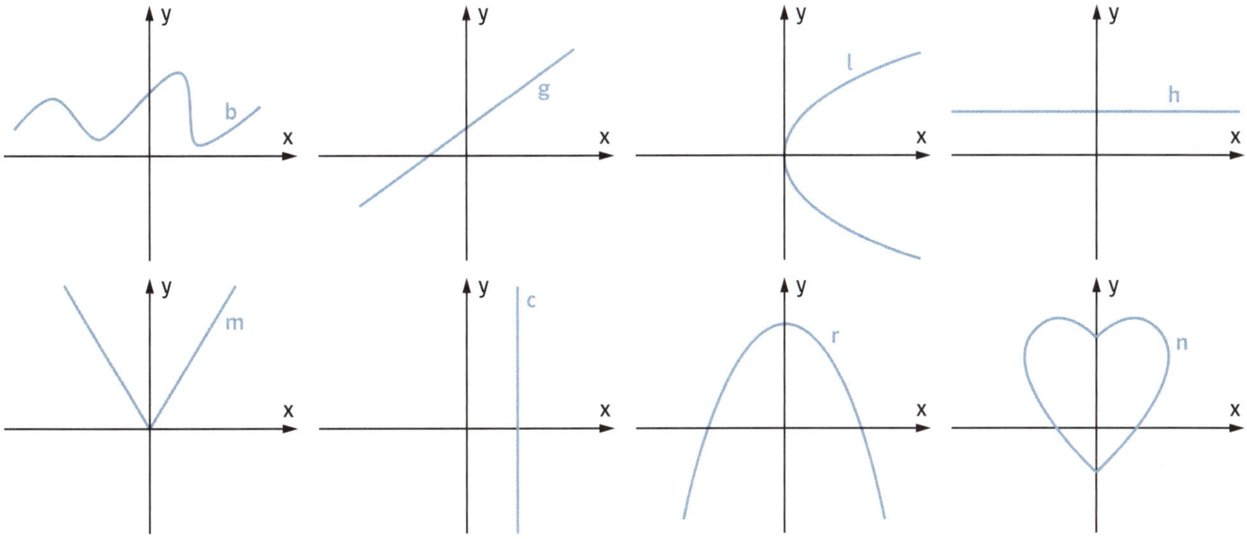

Die Graphen l, ______ stellen keine Funktion dar, weil ______

______

2 a) Ergänze die angegebene Wertetabelle für die Funktion mit der Gleichung $y = -0{,}5x + 1$.

x	−3	−2	−1	0	1	2	3
y		2					

b) Zeichne den Graphen der Funktion in das Koordinatensystem.

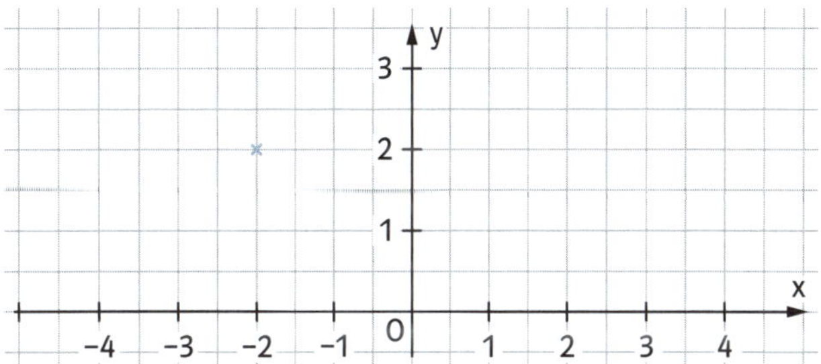

3 Welche der Punkte liegen auf dem Graphen der Funktion $y = -1{,}5x + 4{,}5$? In der richtigen Reihenfolge ergeben die Buchstaben der Punkte auf dem Graphen ein Wort aus dem Thema „Funktionen".

P(3|0)   A(−1|6)   L(−3|0)   R(−4|10,5)   O(−4|−1,5)   G(4|−1,5)   H(2|1,5)   U(−1|3)   E(2|7,5)

$-1{,}5\,(-4) + 4{,}5 = 10{,}5$; O(−4|1,5) nicht auf Graph, R(−4|10,5) auf Graph.

Lösungswort: ______

4 a) Beschreibt der Zusammenhang zwischen „Gewicht eines Briefs" (x) und „Porto des Briefs" (y) eine Funktion? Begründe. ______

______

b) Beschreibt der umgekehrte Zusammenhang zwischen „Porto eines Briefs" (x) und „Gewicht des Briefs" (y) eine Funktion? Begründe. ______

______

Brief	Porto
bis 20 g	€ 0,70
bis 50 g	€ 0,85
bis 500 g	€ 1,45

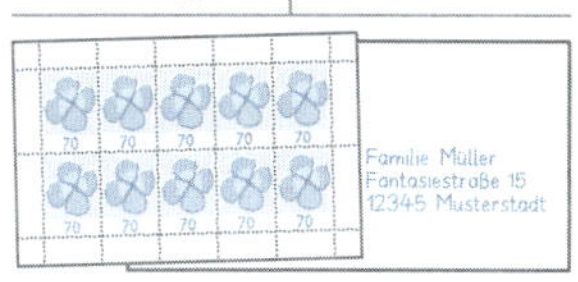

1 a) Bestimme die Geradengleichungen.

f: y = ______

g: y = ______

h: y = ______

i: y = ______

b) Zeichne die Geraden k, l und m in das Koordinatensystem und beschrifte jede Gerade mit dem passenden Buchstaben.

k: $y = -4x$

l: $y = -2x$

m: $y = \frac{1}{4}x$

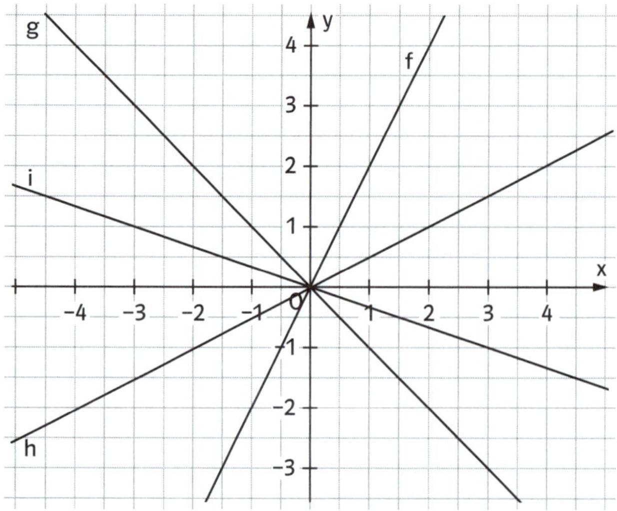

2 a) Beim Zeichnen einer Geraden durch den Ursprung nutzt man deren Steigung m. Fülle die Lücken in der Tabelle für die Geraden g, h und k.

	m	Gehe vom Ursprung …	
g: $y = \frac{2}{7}x$	$\frac{2}{7}$	7 nach rechts	2 nach
h: $y = \frac{6}{5}x$			
k: $y = -\frac{5}{6}x$			

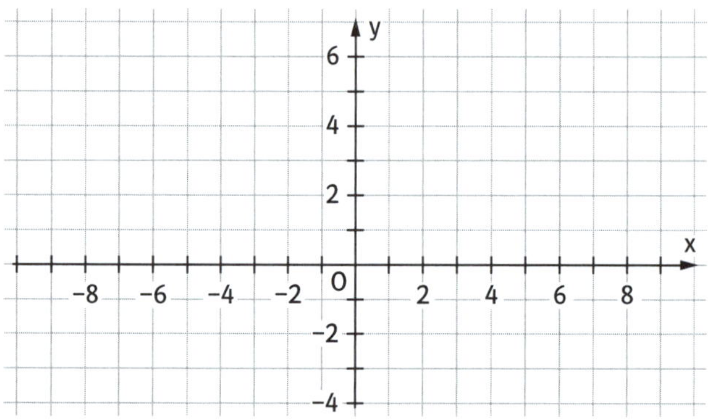

b) Zeichne die Geraden g, h und k in das Koordinatensystem.

c) Zeichne für die Gerade h ein geeignetes Steigungsdreieck ein.

3 Eine Gerade verläuft durch den Ursprung (0 | 0) und durch den angegebenen Punkt. Zeichne die Gerade in das Koordinatensystem und bestimme anschließend die Gleichung der Geraden.

a) P(8 | 2): y = ______

b) Q(5 | −3): y = ______

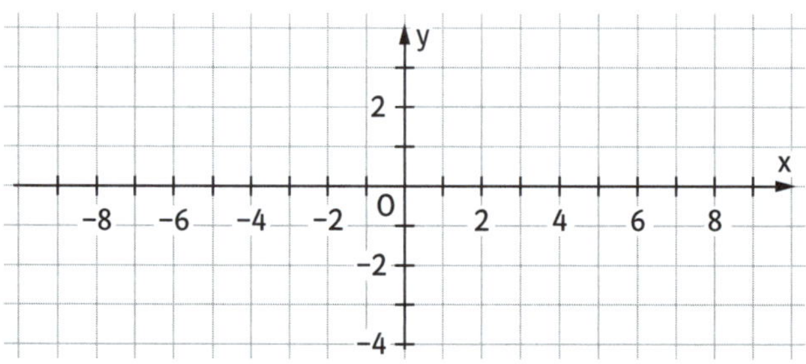

4 Verbinde jeden Punkt mit der Gleichung derjenigen Geraden, die durch den Punkt geht.

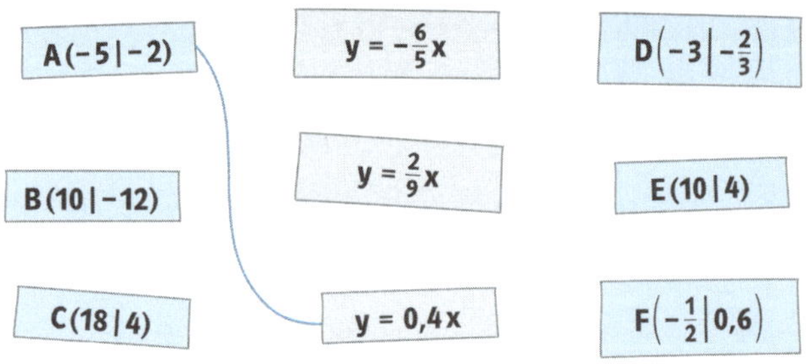

5 Gegeben sind die Geraden g: $y = x$, h: $y = \frac{2}{3}x$ und k: $y = \frac{3}{2}x$.

a) Die Gerade ____ ist am steilsten, die Gerade ____ ist am flachsten.

b) Überprüfe dein Ergebnis aus Teilaufgabe a), indem du die drei Geraden zeichnest.

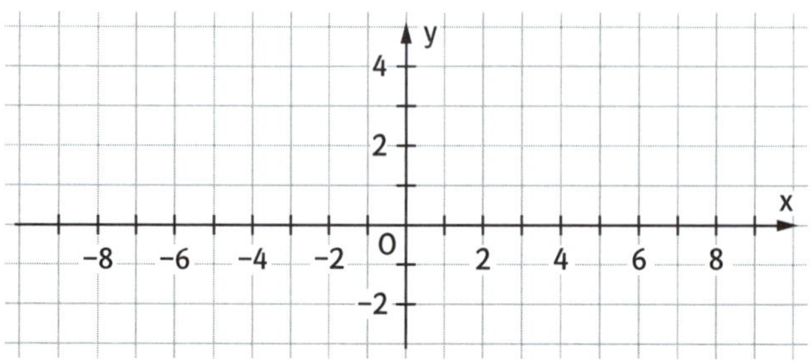

1 a) Ergänze die Tabelle mithilfe der im Koordinatensystem abgebildeten Geraden d bis g.

Gerade	y-Achsen-abschnitt (c)	Steigung (m)	Geradengleichung
d	c = 3	m =	y =
e			
f			
g			

b) Auf welchen beiden Geraden liegt der Punkt P(2 | 3)? ______

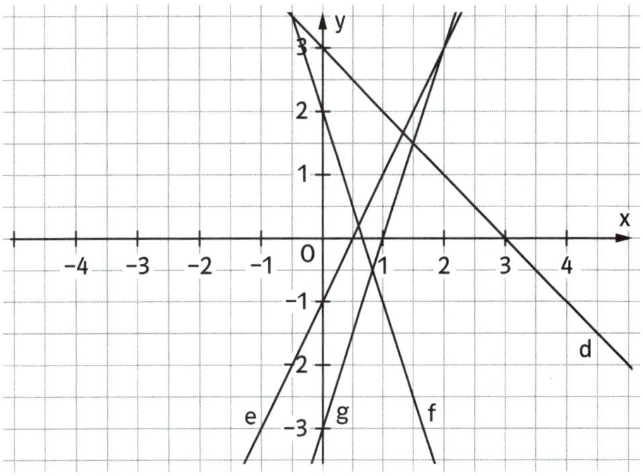

2 Bestimme die Funktionsgleichungen der Geraden A bis H.

A: y = ______ B: y = ______

C: y = ______ D: y = ______

E: y = ______ F: y = ______

G: y = ______ H: y = ______

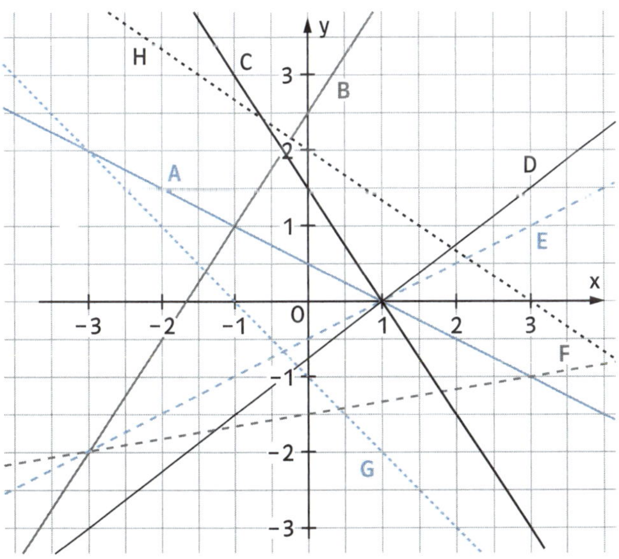

3 Zeichne die zu den Funktionsgleichungen gehörenden Geraden g, h und k in das Koordinatensystem und zeichne für jede Gerade ein geeignetes Steigungsdreieck ein.

g: $y = -\frac{3}{2}x + 6$; h: $y = \frac{5}{2}x - 3$; k: $y = \frac{1}{4}x - 6$

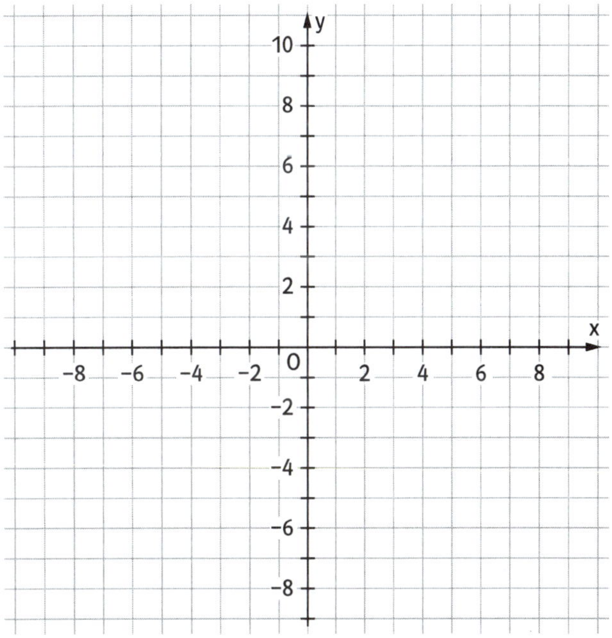

4 a) Prüfe, ob der Punkt P(−3 | 8) auf der Geraden mit der Gleichung $y = -5x - 7$ liegt.

b) Ergänze die fehlende Koordinate des Punktes Q(2 | ____) so, dass Q auf der Geraden mit der Gleichung $y = \frac{1}{3}x + \frac{7}{3}$ liegt.

c) Begründe ohne Rechnung, warum der Punkt R(−1 | 2) nicht auf der Geraden mit der Gleichung $y = -1$ liegen kann.

5 Zeichne die Geraden g, h, j und k in das Koordinatensystem.

g: $y = \frac{3}{5}x$; h: $y = -\frac{2}{3}x + 2$; j: $y = 0{,}6x - 3$; k: $y = 4$

Die Gerade ___ ist eine Parallele zur x-Achse.

Die Geraden ___ und ___ liegen parallel zueinander.

Sie haben dieselbe ____________.

Die Gerade ___ verläuft durch den Ursprung O(0 | 0).

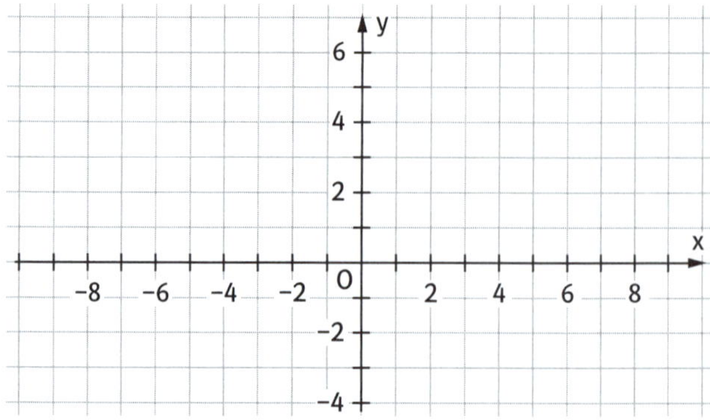

6 Auf der x-Achse wird hier eine andere Längeneinheit verwendet als auf der y-Achse.

a) Lies die Funktionsgleichung der Geraden g ab.

g: y = ____________

b) Zeichne die Gerade h: $y = 1{,}5x + 5$ ein.

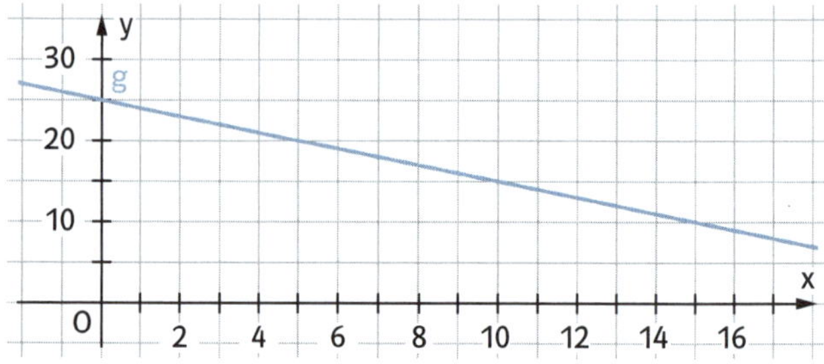

7 Vier kleine Kerzen werden gleichzeitig angezündet. Die Geradengleichungen stellen jeweils den Zusammenhang zwischen der Zeit x (in min) nach dem Anzünden und der Höhe y der Kerze (in cm) dar.

A: $y = -1{,}6x + 8$; B: $y = -x + 5$; C: $y = -1{,}4x + 7$; D: $y = -0{,}5x + 2{,}5$

a) Beschrifte jede Kerze mit dem passenden Buchstaben (A, B, C, D).

Begründe. ____

____

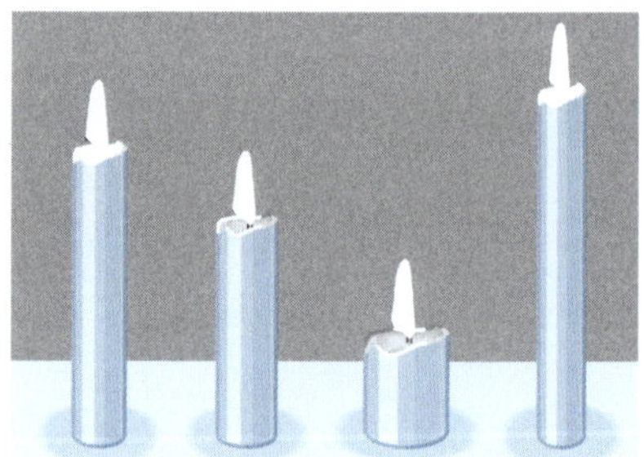

___ B ___ ___

b) Kerze ___ wird pro Minute einen Zentimeter kleiner.

c) Kerze A wird pro Minute ________ cm kleiner.

d) Kerze ___ wird am schnellsten kleiner, Kerze ___ wird am langsamsten kleiner.

e) Gib die Steigungen der vier Geraden als vollständig gekürzten Bruch an.

A: m = ____________ ; B: m = ____________

C: m = ____________ ; D: m = ____________

f) Zeichne die Geraden in das Koordinatensystem.

g) Alle vier Geraden verlaufen durch den Punkt P(___ | ___). Was bedeutet dies für die Kerzen? [T1]

____

____

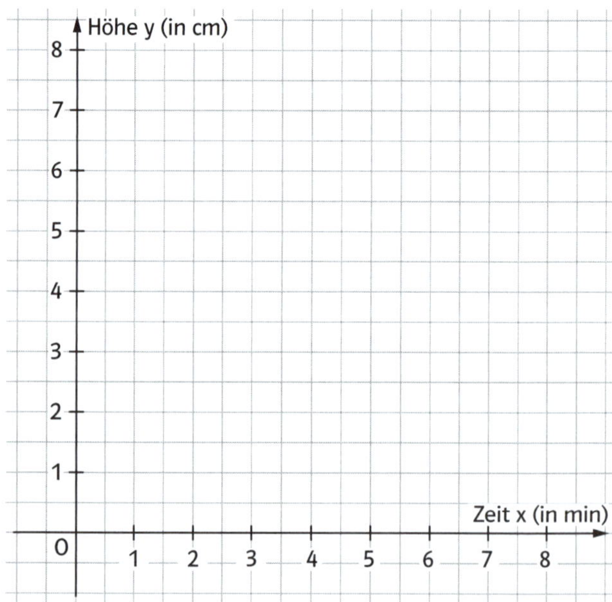

[T1] Welche Einheit hat die x-Koordinate und welche Einheit hat die y-Koordinate von P?

Lambacher Schweizer

Mathematik für Gymnasien

7

Lösungen

Baden-Württemberg

herausgegeben von
Matthias Janssen

erarbeitet von
Ilona Bernhard
Wiebke Bucholzki
Petra Hillebrand
Klaus-Peter Jungmann
Karen Kaps
Joachim Krick
Emilie Scholl-Molter
Colette Simon

Ernst Klett Verlag
Stuttgart · Leipzig

Rationale Zahlen

1 Welcher Bruchteil ist dargestellt?

a) $\frac{4}{11}$ 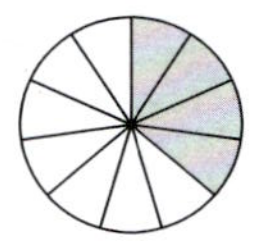
b) $\frac{13}{20}$ 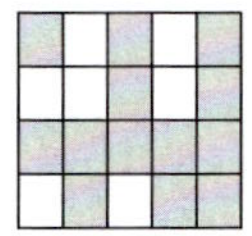
c) $\frac{4}{9}$ 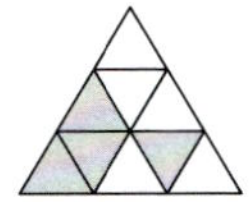
d) $\frac{7}{8}$ e) $\frac{7}{15}$ 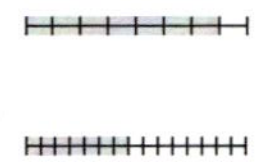

2 Ergänze die Brüche durch Kürzen oder Erweitern.

a) $\frac{8}{12} = \frac{2}{3} = \frac{48}{72}$ b) $\frac{3}{5} = \frac{21}{35} = \frac{24}{40}$ c) $\frac{63}{72} = \frac{35}{40} = \frac{7}{8} = \frac{84}{96}$ d) $\frac{20}{45} = \frac{12}{27} = \frac{4}{9} = \frac{16}{36}$

3 Zu Fuß muss Mara $\frac{7}{8}$km (875 m) laufen, um ihre Freundin zu besuchen.
Für die Strecke benötigt sie $\frac{1}{5}$ Stunde (12 min). Wenn sie sich beeilt, schafft sie die Strecke auch in $\frac{1}{12}$ Stunde (5 min), dann verliert sie aber mindestens $\frac{1}{4}$ Liter Körperflüssigkeit (250 ml).

4 Schreibe den Bruch als Dezimalbruch, indem du ihn zunächst so erweiterst oder kürzt, dass der Nenner eine Zehnerpotenz wird (10; 100; 1000; …).

a) $\frac{7}{20} = \frac{32}{100} = 0{,}35$ b) $\frac{63}{300} = \frac{21}{100} = 0{,}21$ c) $\frac{49}{50} = \frac{98}{100} = 0{,}98$ d) $\frac{49}{700} = \frac{7}{100} = 0{,}07$

5 Wandle den Bruch in einen Dezimalbruch um, indem du den Zähler durch den Nenner dividierst.

a) $\frac{31}{40} = 31 : 40 = 0{,}775$ b) $\frac{7}{15} = 7 : 15 = 0{,}4\overline{6}$

```
 31 : 40 = 0,775        7 : 15 = 0,46̄
 310                    70
-280                    60
  300                   100
  280                    90
   200                   100
   200
     0
```

6 a) Färbe von dem Quadrat den Anteil $\frac{128}{400}$. z.B.

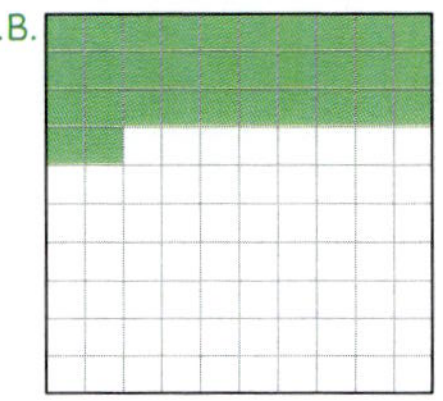

b) Kürze in zwei Schritten:
$\frac{128}{400} = \frac{32}{100} = \frac{8}{25}$

c) Gib als Dezimalbruch an: $\frac{128}{400} = 0{,}32$

7 Finde eine geeignete Unterteilung, um alle Zahlen darzustellen. Markiere sie mit einem Pfeil und dem Buchstaben. Bei richtiger Reihenfolge erhältst du ein Lösungswort: SATISFACTION

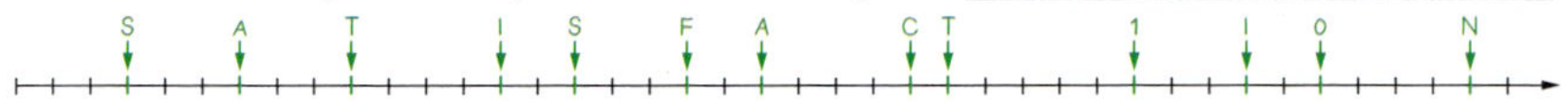

$\frac{2}{3}$ | A 0,8 | C 1,3 | N $\frac{7}{6}$ | O $\frac{3}{5}$ | F 0,3 | T $\frac{5}{6}$ | T $\frac{11}{10}$ | I 0,2 | A $\frac{1}{10}$ | S $\frac{1}{2}$ | S $\frac{13}{30}$ | I

8 Gib eine passende Zahl an. (Mögliche Lösungen sind:)

a) $5{,}7 < 5{,}75 < 5{,}8$ b) $5{,}0 < 5{,}0005 < 5{,}001$ c) $\frac{2}{3} < \frac{17}{24} < \frac{7}{8}$ d) $\frac{1}{3} < \frac{5}{12} < \frac{1}{2}$

$\frac{2}{3} = \frac{16}{24}$ $\frac{7}{8} = \frac{21}{24}$ $\frac{1}{3} = \frac{2}{6}$ $\frac{1}{2} = \frac{3}{6}$ $\frac{1}{3} = \frac{4}{12}$ $\frac{1}{2} = \frac{6}{12}$

1 Berechne.

a) $1{,}3 + 12{,}4 = 13{,}7$ b) $7{,}44 - 3{,}4 = 4{,}04$ c) $3{,}97 - 2{,}68 = 1{,}29$

d) $\frac{2}{3} + \frac{1}{9} = \frac{6}{9} + \frac{1}{9} = \frac{7}{9}$ e) $\frac{7}{8} - \frac{3}{4} = \frac{7}{8} - \frac{6}{8} = \frac{1}{8}$ f) $5 - \frac{5}{7} = \frac{30}{7} = 4\frac{2}{7}$

g) $\frac{5}{12} + \frac{3}{8} = \frac{10}{24} + \frac{9}{24} = \frac{19}{24}$ h) $\frac{4}{5} - \frac{1}{2} = \frac{8}{10} - \frac{5}{10} = \frac{3}{10}$ i) $\frac{5}{6} + \frac{7}{9} = \frac{15}{18} + \frac{14}{18} = \frac{29}{18} = 1\frac{11}{18}$

2 Ergänze die Zahlenmauer.
a) Addiere benachbarte Zahlen.

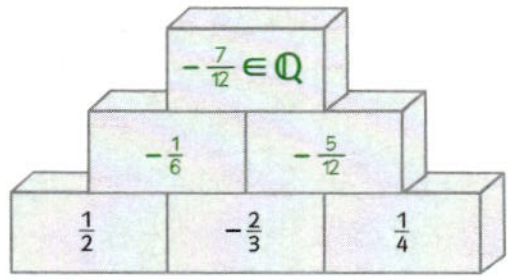

zu a)
$\frac{1}{2} - \frac{2}{3} = \frac{3}{6} - \frac{4}{6} = \frac{3-4}{6} = -\frac{1}{6}$

$-\frac{2}{3} + \frac{1}{4} = -\frac{8}{12} + \frac{3}{12} = \frac{-8+3}{12}$

$= -\frac{5}{12}$

$-\frac{1}{6} - \frac{5}{12} = \frac{-2}{12} - \frac{5}{12} = \frac{-2-5}{12}$

$= \frac{-7}{12}$

b) Subtrahiere benachbarte Zahlen.

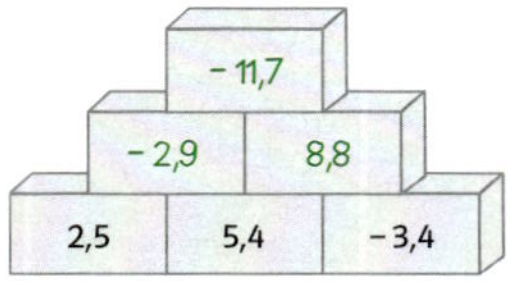

3 Sven hat alle Aufgaben falsch gerechnet. Markiere den Fehler und korrigiere daneben.

a)
45,65 + 6,38 + 0,38 (Überträge 1 1 ①) = ④2,31 — korrigiert: 45,65 + 6,38 + 0,38 (Überträge 1 1 2) = 52,41

b)
10,628 − 4,795 = ①④①⑦3 — korrigiert: 10,628 − 4,795 (Überträge 1 1 1) = 5,833

c)
38,197 + ⑦⑨ + ⑦⑧⑥ (Überträge 1 2 2) = 39,062 — korrigiert: 38,197 + 79 + 7,86 (Überträge 1 2 1 1) = 125,057

4 Entscheide, ob ○ jeweils für ein Plus- oder Minuszeichen steht. Berechne anschließend.

a) $2{,}3 + 4{,}8 - 7{,}3 = 2{,}3 - 7{,}3 + 4{,}8$
$= -5 + 4{,}8 = -0{,}2$

b) $-5{,}2 - 4{,}2 + 2{,}2 - 1{,}8 = -5{,}2 + 2{,}2 - 4{,}2 - 1{,}8$
$= -3 - 6 = -9$

c) $3\frac{4}{5} + \left(-\frac{2}{3} + \frac{1}{5}\right) = 3\frac{4}{5} - \frac{2}{3} + \frac{1}{5}$
$= 3\frac{4}{5} + \frac{1}{5} - \frac{2}{3} = 4 - \frac{2}{3} = 3\frac{1}{3}$

d) $(5{,}2 - 7{,}8) - (8{,}2 - 2{,}8) = 5{,}2 - 7{,}8 - 8{,}2 + 2{,}8$
$= 5{,}2 - 8{,}2 - 7{,}8 + 2{,}8 = -3 - 5 = -8$

5 Beim Weitsprung dürfen Janik und Paul jeweils dreimal springen. Den Wettkampf gewinnt derjenige, der bei den drei Sprüngen insgesamt die größte Weite erzielt hat.

a) Überschlage, wie weit Janik und wie weit Paul gesprungen ist.

Janik: z. B. 4,5 m + 3,9 m + 4,9 m = 13,3 m

Paul: z. B. 4,1 m + 4,6 m + 4,8 m = 13,5 m

b) Berechne die Gesamtweite ihrer Sprünge. Runde die Ergebnisse anschließend sinnvoll.

JANIK: 4,52 m + 3,94 m + 4,91 m (Überträge 1 2) = 13,37 m

PAUL: 4,1 m + 4,6 m + 4,77 m (Überträge 1 1) = 13,47 m

Bei Janik wurde auf cm genau gemessen, daher ist es sinnvoll, das Ergebnis auf diese Einheit zu runden: 13,37 m. Bei Paul wurde der ungenaueste Wert auf dm genau gemessen, daher ist es sinnvoll, das Ergebnis auf dm zu runden: 13,5 m.

1 Berechne. Kürze vor dem Multiplizieren.

Kärtchen: 1 $\frac{9}{4}$ $\frac{1}{5}$ $\frac{5}{8}$ 2 $\frac{3}{5}$

a) $\frac{1}{2} \cdot \frac{2}{5} = \frac{1 \cdot 2}{2 \cdot 5} = \frac{1}{5}$ b) $-\frac{2}{3} \cdot \left(-\frac{9}{10}\right) = \frac{2 \cdot 9}{3 \cdot 10} = \frac{3}{5}$ c) $\frac{9}{2} \cdot \frac{2}{9} = 1$

d) $\frac{3}{4} : \frac{3}{8} = \frac{3 \cdot 8}{4 \cdot 3} = 2$ e) $2 : \frac{8}{9} = 2 \cdot \frac{9}{8} = \frac{9}{4} = 2\frac{1}{4}$ f) $-\frac{3}{2} : \left(-\frac{12}{5}\right) = \frac{3}{2} : \frac{12}{5} = \frac{3}{2} \cdot \frac{5}{12} = \frac{5}{8}$

2 Je drei Kärtchen gehören zu einer Rechnung (z. B. 70 : 1000 = 0,07). Färbe sie in derselben Farbe.

0,5 | 70 | 2,8 | : 10 | · 1000 | : 100 | · 100 | 0,27 | 0,19 | 27 | 0,59 | : 1000 | · 10 | 0,07 | 190 | 0,05 | 280 | 5,9

3 Berechne.

Beim Dividieren von Dezimalzahlen verschiebt man das Komma bei beiden Zahlen um so viele Stellen nach rechts, bis die Zahl, durch die dividiert wird, eine ganze Zahl ist.

a) 2,613 : 1,3 = 2,01
26,13 : 13 = 2,01
−26
01
−0
13
−13
0

b) 5,436 : 0,12 = 45,3
543,6 : 12 = 45,3
−48
63
−60
36
−36
0

c) 0,01292 : 0,19 = 0,068
1,292 : 19 = 0,068
−114
152
−152
0

4 Welche Ziffern gehören in die Lücken? Vergiss nicht, im Ergebnis das Komma zu setzen.

a) 3,89 · 5,4
1945
1556
(Überträge 1 1 1)
21,006

b) 3,88 · 0,67
2328
2716
2,5996

c) 0,73 · 9,58
657
365
584
(Überträge 1 1)
6,9934

d) 2,54 · 3,69
762
1524
2286
(Überträge 1 1)
9,3726

5 Je zwei Zahlen haben denselben Wert. Verbinde. [T1]

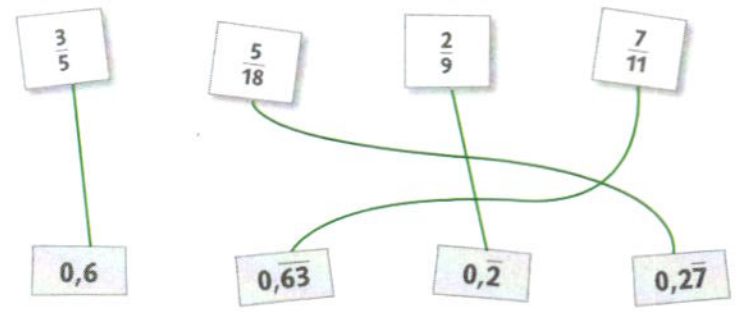

$\frac{3}{5} = \frac{6}{10} = 0{,}6$

7 : 11 = 0,63
70
−66
40
−33
7

5 : 18 = 0,27
50
−36
140
−126
14

2 : 9 = $0,\overline{2}$
20
−18
2

6 Berechne und gib das Ergebnis sowohl als Bruch als auch als Dezimalzahl an. [T2]

a) $(0{,}25 + 0{,}5) \cdot 0{,}1 = 0{,}75 \cdot 0{,}1 = 0{,}075 = \frac{3}{40}$ b) $\frac{1}{8} \cdot \frac{1}{4} \cdot \frac{8}{5} \cdot 4 = \frac{1}{5} = 0{,}2$

c) $-\frac{3}{5} \cdot \left(\frac{2}{4} + \frac{3}{4}\right) = -\frac{3 \cdot 5}{5 \cdot 4} = -\frac{3}{4} = -0{,}75$ d) $\frac{1}{5} + \frac{3}{25} \cdot \frac{5}{3} + \frac{3}{5} = \frac{1}{5} + \frac{1}{5} + \frac{3}{5} = 1$

e) $\frac{19}{8} \cdot \left(\frac{8}{2} - \frac{1}{19}\right) = \frac{19 \cdot 8}{8 \cdot 2} - \frac{19 \cdot 1}{8 \cdot 19} = \frac{19}{2} - \frac{1}{8} = \frac{76}{8} - \frac{1}{8} = \frac{75}{8} = \frac{9375}{1000} = 9{,}375$

[T1] Brüche kannst du als Divisionsaufgabe schreiben. [T2] Kürze zuerst, wenn möglich.

1 Trage die Winkel in die Figur ein.

a)
∢ lg = α
∢ kl = β
∢ gh = γ
∢ hl = δ

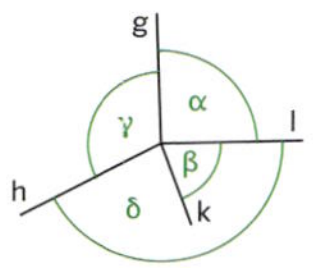

b)
∢ EDB = α
∢ ABC = β
∢ CBD = γ
∢ BAD = δ

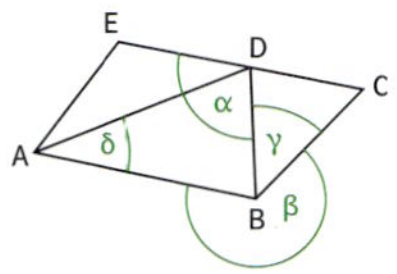

2 Verbinde passende Kärtchen.

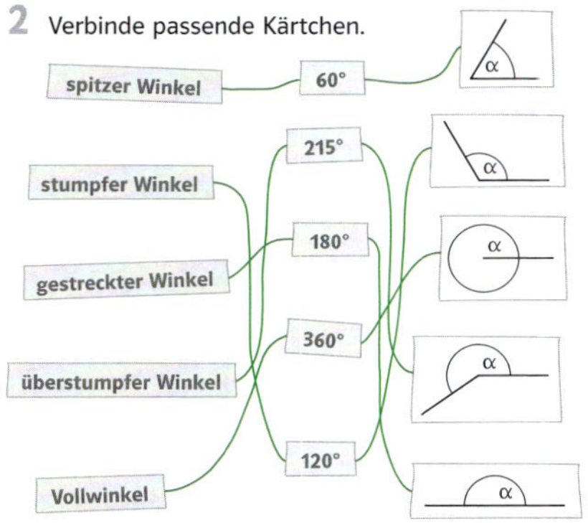

3 a) Zeichne den Koordinatenursprung O(0|0) und die Punkte A(2|0), B(1|4), C(4|0), D(6|4), E(6|0), F(9|4), G(8|0) und H(15|4) in das Koordinatensystem ein.

b) Schätze und miss die angegebenen Winkel.

Winkel	geschätzte Weite	gemessene Weite
∢ OAB	individuelle	284°
∢ BAO	Lösungen	76°
∢ OCD		243°
∢ DCO		117°
∢ OEF		233°
∢ FEO		127°
∢ OGH		210°
∢ HGO		150°

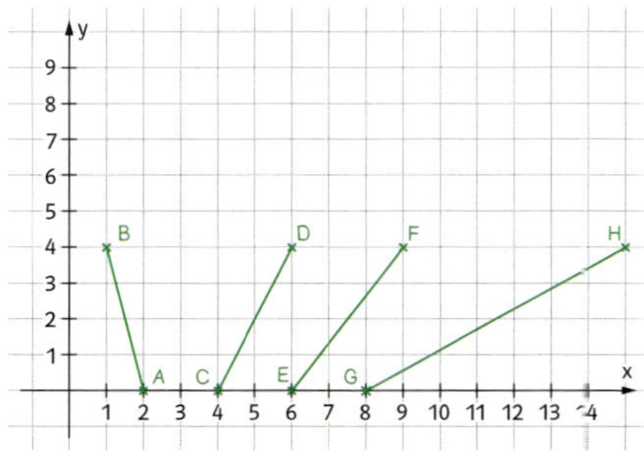

4 a) Zeichne den Fisch mit seinen Originalmaßen.

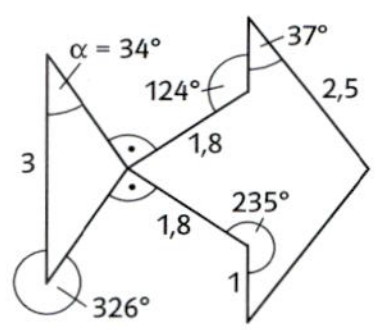

(Maße in cm)

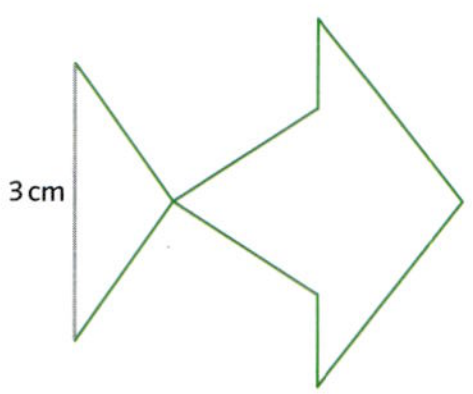

b) Beim Winkel α = 34° fehlen 360° − 34° = 326° zum Vollwinkel.

(Messungenauigkeiten von einigen wenigen Grad sind möglich.)

1 Markiere zusammengehörige Karten in derselben Farbe.

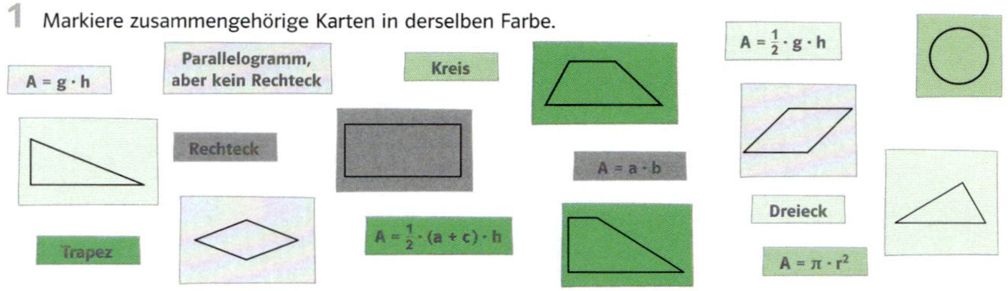

2 Berechne den Flächeninhalt. Miss dafür zuerst die notwendigen Längen und beschrifte sie.

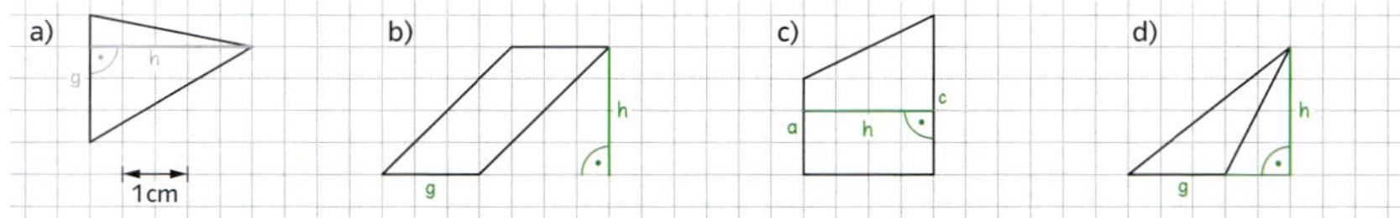

a) $A = \frac{1}{2} \cdot 2\,cm \cdot 2{,}5\,cm = 2{,}5\,cm^2$

b) $A = 1{,}5\,cm \cdot 2\,cm = 3\,cm^2$

c) $A = \frac{1}{2} \cdot (1{,}5 + 2{,}5)\,cm \cdot 2\,cm = 4\,cm^2$

d) $A = \frac{1}{2} \cdot 1{,}5\,cm \cdot 2\,cm = 1{,}5\,cm^2$

3 Tine und Mia wollen Drachen mit den angegebenen Maßen bauen. Welcher Drachen hat die größere Fläche?

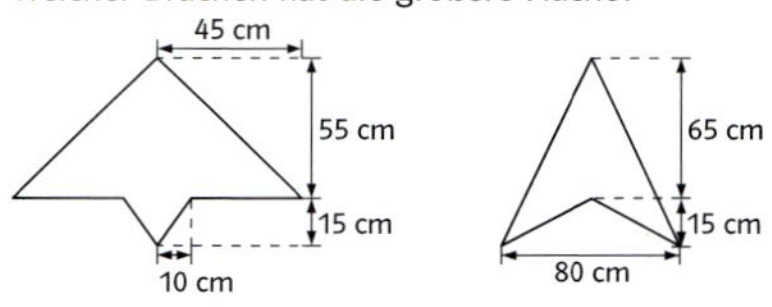

$A_{Tine} = \frac{1}{2} \cdot 2 \cdot 45\,cm \cdot 55\,cm + \frac{1}{2} \cdot 2 \cdot 10\,cm \cdot 15\,cm$

$= 2475\,cm^2 + 150\,cm^2 = 2625\,cm^2$

$A_{Mia} = \frac{1}{2} \cdot 80\,cm \cdot (65\,cm + 15\,cm) - \frac{1}{2} \cdot 80\,cm \cdot 15\,cm$

$= 3200\,cm^2 - 600\,cm^2 = 2600\,cm^2$

Antwort: Tines Drachen ist $25\,cm^2$ größer.

4 Auf einer Verkehrsinsel wird Rasen gesät. Wie groß wird die kreisförmige Rasenfläche?

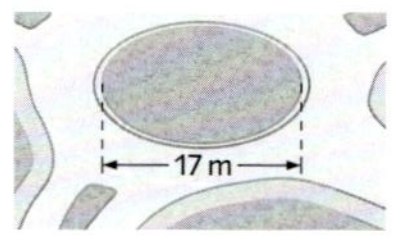

$A = \pi \cdot (8{,}5\,m)^2 = 72{,}25\,\pi\,m^2 \approx 227\,m^2$

Die Rasenfläche wird etwa $227\,m^2$ groß werden.

5 Zeichne zwei verschiedene Parallelogramme und zwei verschiedene Trapeze mit dem Flächeninhalt $6\,cm^2$.

Überprüfe: Beim Parallelogramm muss gelten $g \cdot h = 6$. Überprüfe: Beim Trapez muss gelten $(a + c) \cdot h = 12$.

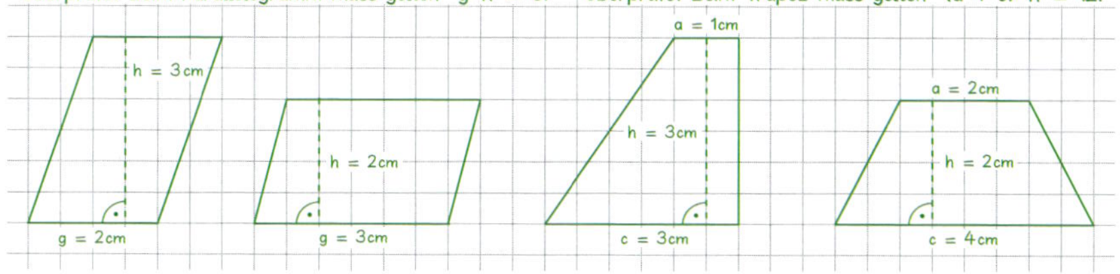

(Andere Lösungen sind möglich.)

1 Ergänze die Tabellen.

a) Die Größen sind proportional zueinander.

Nachhilfe in h	1	3	4	6	9
Preis in €	7	21	28	42	63

b) Die Größen sind antiproportional zueinander.

Personenanzahl	1	2	4	6	10
Kosten pro Person in €	30	15	7,5	5	3

2 Liegt ein proportionaler oder ein antiproportionaler Zusammenhang vor? Ergänze den Dreisatz.

a) Trockenlegen eines Kellers:
☐ proportional
☒ antiproportional

Anzahl Pumpen	Dauer (in h)
8	6
1	48
5	9,6

(:8 / ·8; ·5 / :5)

b) Erlös eines Losverkaufs:
☒ proportional
☐ antiproportional

Anzahl Lose	Einnahmen (in €)
20	15
5	3,75
55	41,25

(:4 / :4; ·11 / ·11)

c) Gesamtgewicht von Keksen:
☒ proportional
☐ antiproportional

Anzahl Kekse	Gewicht (in g)
50	800
5	80
15	240

(:10 / :10; ·3 / ·3)

(Man hätte bei b) und c) auch zunächst auf 1 schließen können.)

3 Mit fünf Arbeitern benötigt die Firma 20 Tage für die Bauarbeiten. Wie lange dauern die Arbeiten, wenn nur vier Arbeiter zur Verfügung stehen? Löse mithilfe der Tabelle.

Vier Arbeiter benötigen 25 Tage für die Bauarbeiten.

Anzahl der Arbeiter	Bauzeit (in Tagen)
5	20
1	100
4	25

4 Ein Handwerker berechnet für fünf Arbeitsstunden 297,50 € Lohnkosten. Wie hoch sind die Lohnkosten für zwölf Arbeitsstunden?

Die Lohnkosten für zwölf Arbeitsstunden betragen 714 €.

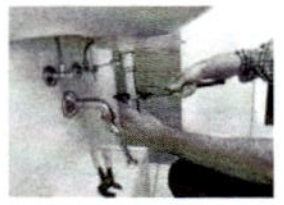

Arbeitszeit in Stunden	Lohnkosten in €
5	297,50
1	59,50
12	714,00

5 Im Internet findet Julia eine Regel, mit der man die Körpergröße vorhersagen kann, wenn man die Unterarmlänge kennt. Die Regel lautet: „Multipliziere die Unterarmlänge in cm mit 4 und ziehe 13 cm ab, dann erhältst du die Körpergröße in cm."

a) Fülle die Tabelle aus.

Unterarmlänge in cm	32	34	36	38	40	42	44	46
Körpergröße in cm	115	123	131	139	147	155	163	171

b) Veranschauliche den Zusammenhang im Koordinatensystem.

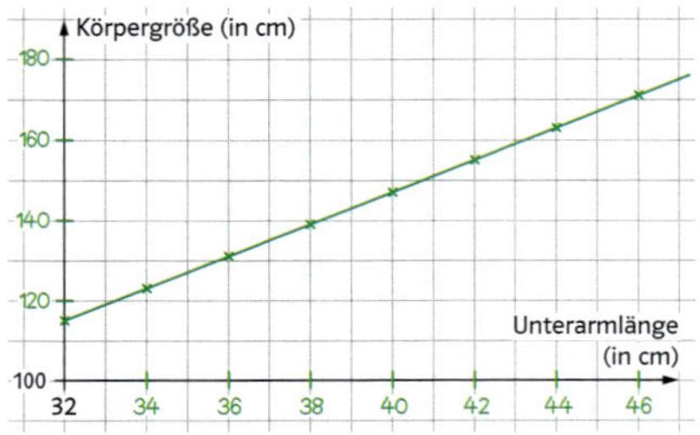

c) Ist der Zusammenhang proportional? Der Zusammenhang ist nicht proportional, weil die Punkte nicht auf einer Geraden durch den Ursprung liegen.

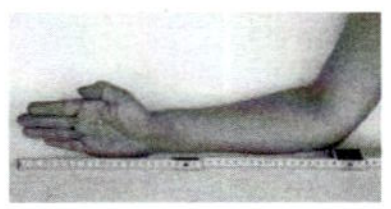

1 Eine Klassenarbeit hatte folgenden Zensurenspiegel. Bestimme die relativen Häufigkeiten der einzelnen Noten als Bruch und als prozentualen Wert. Zeichne anschließend ein Säulendiagramm.

Note	1	2	3	4	5	6
Anzahl	3	6	12	6	3	0
relative Häufigkeit	$\frac{3}{30} = \frac{1}{10}$	$\frac{2}{10}$	$\frac{4}{10}$	$\frac{2}{10}$	$\frac{1}{10}$	$\frac{0}{10}$
in %	10 %	20 %	40 %	20 %	10 %	0 %
als Dezimalbruch	0,1	0,2	0,4	0,2	0,1	0,0

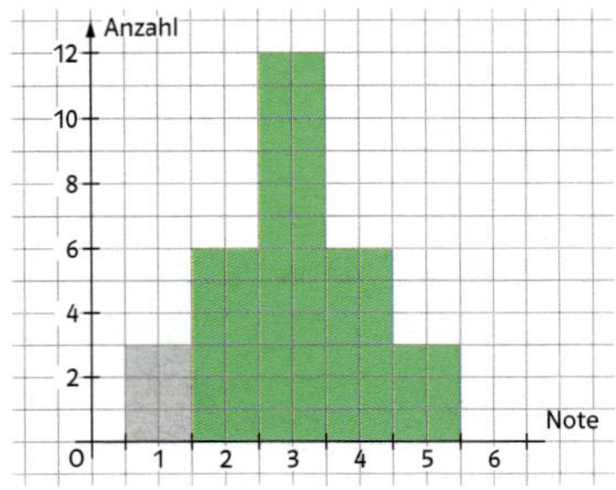

2 Den Notenspiegel aus Aufgabe 1 kannst du auch als Kreisdiagramm darstellen. Dazu musst du zunächst zu jeder relativen Häufigkeit den Winkel des „Tortenstücks" berechnen.

Beispiel: $\frac{1}{10}$ von 360° = 36°.

Fülle die Tabelle aus und vervollständige das Kreisdiagramm.

Note	1	2	3	4	5	6
Mittelpunktswinkel	36°	72°	144°	72°	36°	0°

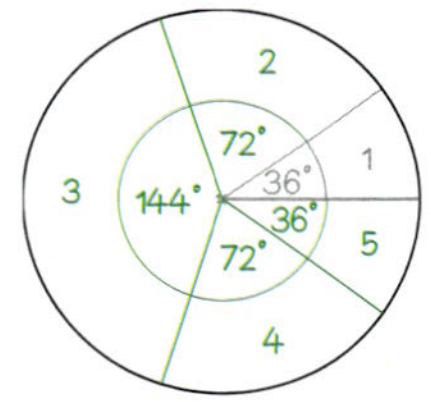

3 Fülle die Lücken.

a) 8; 4; 10; 4; 9: Mittelwert: (8 + 4 + 10 + 4 + 9) : 5 = 7 ; Spannweite: 6

b) 7; 3; 2,5; 4 ; 3,5 Mittelwert: 4; Spannweite: 4,5

4 In der Tabelle sieht man den Temperaturverlauf auf der Zugspitze und auf dem Brocken.

a) Bestimme jeweils den Mittelwert, das Minimum und das Maximum der Temperaturen.

Zugspitze:

Mittelwert: −60 °C : 12 = −5 °C;

Minimum: −12 °C Maximum: 2 °C

Brocken:

Mittelwert: 36 °C : 12 = 3 °C;

Minimum: −4 °C Maximum: 11 °C

	Zugspitze	Brocken
Januar	−11	−4
Februar	−12	−4
März	−10	−2
April	−9	1
Mai	−3	6
Juni	0	9
Juli	2	10
August	2	11
September	1	8
Oktober	−2	5
November	−7	−1
Dezember	−11	−3

−65 + 5 = −60
−60 : 12 = −5
−14 + 50 = 36
36 : 12 = 3

b) Zeichne die mittlere Temperatur jeweils als waagerechte Linie in das Diagramm ein.

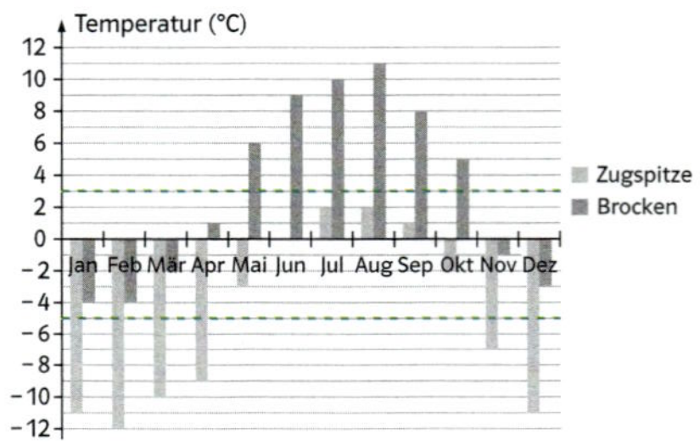

Mit rationalen Zahlen rechnen (1)

1 Beschrifte die Pfeile mit Dezimalzahlen und Brüchen.

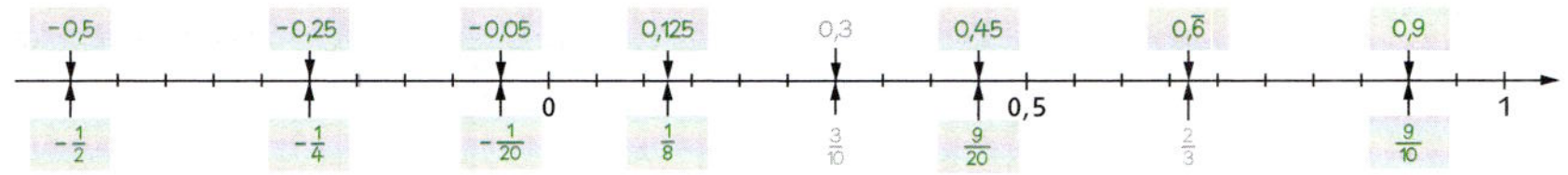

2 Schreibe den Bruch als Dezimalzahl.

a) $-\frac{3}{10} = -0{,}3$ b) $\frac{4}{5} = 0{,}8$
c) $\frac{1}{2} = 0{,}5$ d) $-\frac{1}{4} = -0{,}25$
e) $-\frac{3}{2} = -1{,}5$ f) $\frac{3}{4} = 0{,}75$
g) $\frac{1}{3} = 0{,}\overline{3}$ h) $-\frac{256}{200} = -\frac{128}{100} = -1{,}28$

3 Schreibe als vollständig gekürzten Bruch.

a) $-1{,}2 = -\frac{12}{10} = -\frac{6}{5}$ b) $0{,}4 = \frac{4}{10} = \frac{2}{5}$
c) $1{,}8 = \frac{18}{10} = \frac{9}{5}$ d) $-0{,}5 = -\frac{5}{10} = -\frac{1}{2}$
e) $0{,}15 = \frac{15}{100} = \frac{3}{20}$ f) $2{,}2 = \frac{22}{10} = \frac{11}{5}$

4 Schreibe für jede Zahl den Buchstaben an die zugehörige Stelle der Zahlengeraden. Es ergibt sich ein Lösungswort zum Thema Antarktis: KÄLTEREKORD

R | −0,1 E | $\frac{1}{4}$ E | −0,2 Ä | $-\frac{6}{8}$ R | 0,85 T | $-\frac{9}{20}$ K | $\frac{12}{40}$ K | −0,95 O | $\frac{21}{30}$ L | $-\frac{3}{5}$ D | $\frac{46}{50}$

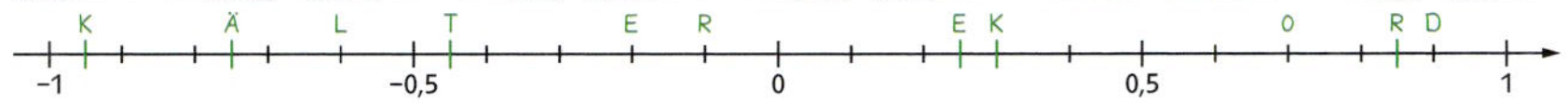

5 Notiere die Zahlen in der passenden Zahlenmenge.

1 $\frac{5}{1}$ −9 $-1\frac{1}{2}$ −3,63 0 $\frac{10}{11}$ $0{,}\overline{3}$ $-\frac{6}{2}$ −100

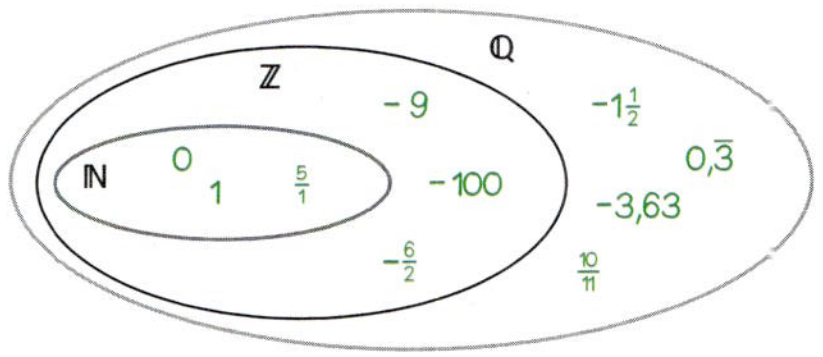

6 Berechne und kürze, wenn möglich.

a) $-\frac{4}{9} + \frac{5}{9} = \frac{1}{9}$
b) $-\frac{3}{4} - \frac{5}{8} = -\frac{6}{8} - \frac{5}{8} = -\frac{11}{8}$
c) $\frac{3}{4} - \frac{4}{3} = \frac{9}{12} - \frac{16}{12} = -\frac{7}{12}$
d) $\frac{3}{5} \cdot \frac{15}{11} = \frac{3 \cdot 15^3}{_1 5 \cdot 11} = \frac{9}{11}$
e) $-\frac{5}{6} \cdot \frac{3}{10} = -\frac{^1 5 \cdot 3^1}{_2 6 \cdot 10_2} = -\frac{1}{4}$
f) $\frac{4}{5} : \frac{8}{5} = \frac{^1 4 \cdot 5^1}{_1 5 \cdot 8_2} = \frac{1}{2}$

7 Fülle die Lücken.

a) $1{,}7 - \underline{2} = -0{,}3$ b) $-1{,}5 + \underline{5{,}5} = 4$ c) $\underline{-4{,}3} + 1{,}1 = -3{,}2$ d) $\underline{-2{,}7} - 2{,}3 = -5$
e) $4{,}8 \cdot \underline{0{,}1} = 0{,}48$ f) $0{,}24 : \underline{0{,}1} = 2{,}4$ g) $0{,}15 : 0{,}05 = \underline{3}$ h) $\underline{0{,}2} \cdot 6{,}4 = 1{,}28$

8 Die Klasse 7a plant einen Klassenausflug. Jede Schülerin bzw. jeder Schüler hat eine Stimme. Ein Viertel aller Kinder möchte zum Schlittschuhlaufen. Ein Drittel ist dafür, einen Kinofilm zu sehen, und ein Achtel möchte zum Bogenschießen. Bestimme den Anteil an Schülerinnen und Schülern, die keine Meinung geäußert haben. [T1]

$\frac{1}{4} + \frac{1}{3} + \frac{1}{8} = \frac{6}{24} + \frac{8}{24} + \frac{3}{24} = \frac{17}{24}$

$1 - \frac{17}{24} = \frac{7}{24}$

$\frac{7}{24}$ der Schüler der 7a hat keine Meinung geäußert.

[T1] Alle Anteile zusammen ergeben 1.

Mit rationalen Zahlen rechnen (2)

9 Paula hat Aufgaben in verschiedenen Darstellungsweisen aufgeschrieben. Notiere vor den Termen, die zu einer Aufgabe gehören, den gleichen Buchstaben. Berechne anschließend zu jedem Buchstaben einen Term, den du geschickt auswählst.

A | 0,4 − 0,75 B | $\frac{2}{5}$ − 0,7 C | $\frac{7}{2}$: 0,7 D | 3,5 : $\frac{2}{5}$
C | $\frac{35}{10} : \frac{7}{10}$ D | 3,5 : 0,4 A | 0,4 − $\frac{3}{4}$ C | 3,5 : $\frac{7}{10}$
B | 0,4 − $\frac{7}{10}$ A | $\frac{2}{5} - \frac{3}{4}$ D | $\frac{7}{2} \cdot \frac{5}{2}$ B | 0,4 − 0,7

A: $0{,}4 - 0{,}75 = -0{,}35$
B: $0{,}4 - 0{,}7 = -0{,}3$
C: $\frac{35}{10} : \frac{7}{10} = \frac{^5 35 \cdot 10^1}{_1 10 \cdot 7_1} = 5$
D: $\frac{7}{2} \cdot \frac{5}{2} = \frac{35}{4} = 8\frac{3}{4}$

10 Entscheide zuerst, in welcher Darstellungsweise du die Aufgabe rechnen möchtest, und notiere B für Brüche oder D für Dezimalzahlen. Berechne dann. Die Lösungen findest du auf den Kärtchen.

	Aufgabe	B oder D	Berechnung
a)	$1{,}91 + \frac{9}{100}$	D/B	$1{,}91 + 0{,}09 = 2$ oder $\frac{191}{100} + \frac{9}{100} = \frac{200}{100} = 2$
b)	$-\frac{3}{4} \cdot 0{,}8$	B	$-\frac{3 \cdot 8^2}{_1 4 \cdot 10} = -\frac{6}{10} = -0{,}6$
c)	$-\frac{3}{4} + 1{,}15$	D	$-0{,}75 + 1{,}15 = 0{,}4$
d)	$0{,}48 : \frac{8}{10}$	D/B	$0{,}48 : 0{,}8 = 0{,}6$ oder $\frac{48}{100} : \frac{8}{10} = \frac{^6 48 \cdot 10^1}{_{10} 100 \cdot 8_1} = \frac{6}{10} = 0{,}6$
e)	$0{,}5 : \left(-\frac{1}{4}\right)$	B	$\frac{1}{2} : -\left(\frac{1}{4}\right) = -\frac{1 \cdot 4^2}{_1 2 \cdot 1} = -\frac{2}{1} = -2$
f)	$\frac{19}{10} + 0{,}91$	D/B	$1{,}9 + 0{,}91 = 2{,}81$ oder $\frac{19}{10} + \frac{191}{100} = \frac{190}{100} + \frac{191}{100} = \frac{281}{100} = 2{,}81$
g)	$-\frac{4}{15} : 0{,}\overline{6}$	B	$-\frac{4}{15} : \frac{2}{3} = -\frac{^2 4 \cdot 3^1}{_5 15 \cdot 2_1} = -\frac{2}{5} = -0{,}4$

2,81 2 −0,4 −2 0,4 0,6 −0,6

11 Lara kauft zehn Bögen Tonkarton. Jeder Bogen kostet 0,89 € und sie bekommt 10 % Preisnachlass. Wie viel muss Lara bezahlen?

$10 \cdot 0{,}89\,€ = 8{,}9\,€$ $0{,}1 \cdot 8{,}9\,€ = 0{,}89\,€$
$8{,}90\,€ - 0{,}89\,€ = 8{,}01\,€$

Lara muss 8,01 € bezahlen.

12 Mats' Schule veranstaltet ein Schulfest mit Flohmarkt. Mats verkauft nicht mehr genutzte Spielsachen, Leo hat einen Waffelstand. Die Schule bekommt ein Fünftel aller Einnahmen als Spende für ein Hilfsprojekt.

a) Leo benötigt 15 % seiner Einnahmen für die eingekauften Waren. Wie groß ist der Anteil seines Gewinns an seinen Einnahmen? [T1]

Leos Anteil am Gewinn beträgt 65 %.

b) Wie viel Geld ist das, wenn Leo 70 € einnimmt?

Leos Gewinn sind 45,50 €.

c) Mats nimmt nur 50 € ein. Wie viel Geld darf er behalten?

Mats darf 40 € behalten.

100 % − 15 % − 20 % = 65 %
$0{,}65 \cdot 70 = 45{,}5$
$\frac{4}{5} \cdot 50 = 4 \cdot 10 = 40$

[T1] Denk an die Spende für die Schule.

1 Berechne schrittweise.

a) $\frac{5}{7} - \frac{6}{7} + \frac{1}{7}$
$= -\frac{1}{7} + \frac{1}{7}$
$= 0$
$=$

b) $\frac{5}{12} + \frac{1}{4} \cdot \frac{5}{3}$
$= \frac{5}{12} + \frac{5}{12}$
$= \frac{10}{12}$
$= \frac{5}{6}$

c) $\frac{3}{4} - \left(\frac{1}{2}\right)^2 - \frac{1}{4}$
$= \frac{3}{4} - \frac{1}{4} - \frac{1}{4}$
$= \frac{1}{2} - \frac{1}{4}$
$= \frac{1}{4}$

d) $3 - 2 \cdot 1,25$
$= 3 - 2,5$
$= 0,5$

e) $0,4 - (3,3 - 4,5)$
$= 0,4 - (-1,2)$
$= 1,6$

f) $(-2,1 - 0,9) : (3,7 - 3,2)$
$= -3 : 0,5$
$= -6$

g) $\left(-\frac{3}{7}\right) \cdot \frac{14}{5} + \frac{5}{9} : \frac{2}{9}$
$= -\frac{6}{5} + \frac{5}{2}$
$= -\frac{12}{10} + \frac{25}{10}$
$= \frac{13}{10}$

h) $2,5 - \left(0,6 + \frac{6}{10}\right)$
$= 2,5 - 1,2$
$= 1,3$
$=$

i) $\left(\frac{1}{3}\right)^2 : \left(-\frac{4}{18}\right) + 4,2 : 7$
$= -\frac{1}{9} \cdot \frac{18}{4} + 0,6$
$= -\frac{1}{2} + 0,6$
$= 0,1$

2 Schreibe als Term und berechne.

a) Dividiere die Differenz aus 15,4 und 3,3 durch 11. $(15,4 - 3,3) : 11 = 12,1 : 11 = 1,1$

b) Subtrahiere den Quotienten aus $\frac{3}{5}$ und $-\frac{2}{5}$ vom Produkt der beiden Zahlen.
$\frac{3}{5} \cdot \left(-\frac{2}{5}\right) - \frac{3}{5} : \left(-\frac{2}{5}\right) = -\frac{3 \cdot 2}{5 \cdot 5} + \frac{3 \cdot 5}{5 \cdot 2} = -\frac{6}{25} + \frac{3}{2} = -\frac{12}{50} + \frac{75}{50} = \frac{63}{50} = 1,26$

c) Dividiere die Summe aus 0,7 und $\left(-\frac{3}{5}\right)$ durch die Differenz aus 0,3 und $\left(-\frac{7}{5}\right)$.
$\left(0,7 + \left(-\frac{3}{5}\right)\right) : \left(0,3 - \left(-\frac{7}{5}\right)\right) = (0,7 - 0,6) : (0,3 + 1,4) = 0,1 : 1,7 = \frac{1}{10} \cdot \frac{10}{17} = \frac{1}{17}$

3 Florian fährt Rad. Wie viele Kilometer fährt Florian durchschnittlich an einem Tag?
Wähle den passenden Term aus und berechne. Markiere die Terme farbig, mit denen sich die Lösung berechnen lässt. Berechne mithilfe eines Terms.

5-mal pro Woche zu seiner Omi: hin und zurück 0,9 km

5-mal pro Woche in die Schule: hin und zurück 3,2 km

Wochenendtour mit seinem Vater: 35 km

2-mal pro Woche zum Judo-Training: 2,05 km einfacher Weg

$(5 \cdot 4,1 + 4 \cdot 2,05 + 35) : 7 = 63,7 : 7 = 9,1$
Er fährt im Schnitt 9,1 km pro Tag.

$(5 \cdot 3,2 + 0,9 + 2 \cdot 2 \cdot 2,05 + 35) : 7$	$(5 \cdot 3,2 + 0,9 + 2 \cdot 4,1 + 35) : 7$	$(5 \cdot 3,2 + 5 \cdot 0,9 + 2 \cdot 4,1 + 35) : 7$ (markiert)
$(5 \cdot (3,2 + 0,9) + 2 \cdot 2 \cdot 2,05 + 35) : 7$ (markiert)	$(5 \cdot 3,2 + 0,9 + 2 \cdot 2,05 + 35) : 5$	$(5 \cdot (3,2 + 0,9) + 2 \cdot 2 \cdot 2,05 + 35) : 5$

4 Setze die vier Zahlen so in die Lücken ein, dass die Lösung korrekt ist. 4 | 1,2 | $\frac{3}{4}$ | $\frac{1}{2}$

a) $\frac{3}{4} \cdot (\ 4\ + \ 1,2\ ) - \frac{1}{2} = 3,4$

b) $\frac{3}{4} \cdot 4 + 1,2 : \frac{1}{2} = 5,4$

c) $\frac{1}{2} - \frac{3}{4} + 4 \cdot 1,2 = 4,55$

d) $\frac{3}{4} : \left(\frac{1}{2}\right)^2 - 1,2 \cdot 4 = -1,8$

(Grün unterstrichene Zahlen könnten ebenso getauscht werden.)

1 Leon stellt die Rechnung um, damit sie leichter zu lösen ist. Das Rechenzeichen vor der Zahl, die er umstellt, wird dabei mit verschoben. Ergänze die Lücken und berechne dann im Kopf.

a) $27 \boxed{+ 13} \boxed{- 7} = 27 \boxed{- 7} \boxed{+ 13} = 20 + 13 = 33$

b) $\boxed{-5,3} + 8,6 \boxed{+ 15,3} = 8,6 \boxed{+ 15,3} \boxed{- 5,3} = 18,6$

c) $1\frac{2}{9} \boxed{- 0,4} - \frac{2}{9} \boxed{+ 2,4} = 1\frac{2}{9} - \frac{2}{9} \boxed{- 0,4} \boxed{+ 2,4} = 1 + 2 = 3$

d) $4,9 - \frac{2}{3} + 2,1 - \frac{2}{3} = 4,9 + 2,1 - \frac{2}{3} - \frac{2}{3} = 7 - \frac{4}{3} = 5\frac{2}{3}$

2 Berechne geschickt durch Vertauschen.

a) $\frac{3}{7} \cdot 4 \cdot \frac{7}{6} = 4 \cdot \frac{3}{7} \cdot \frac{7}{6} = 4 \cdot \frac{1}{2} = 2$

b) $0,25 - 0,7 + 3,75 = 0,25 + 3,75 - 0,7 = 3,3$

c) $-3,4 + 9,2 - 0,6 = -3,4 - 0,6 + 9,2 = 5,2$

d) $0,\overline{6} \cdot 5 \cdot \frac{3}{2} = \frac{2}{3} \cdot \frac{3}{2} \cdot 5 = 5$

3 Philine hat Plus- und Minusklammern aufgelöst. Kreise die Fehler ein. Notiere die richtige Umformung.

a) $2,5 - (1,5 + 1,3) = 2,5 - 1,5 \oplus 1,3$ falsch — $2,5 - 1,5 - 1,3$

b) $\frac{1}{4} + \left(\frac{3}{4} - \frac{2}{3}\right) = \frac{1}{4} + \frac{3}{4} \oplus \frac{2}{3}$ falsch — $\frac{1}{4} + \frac{3}{4} - \frac{2}{3}$

c) $\left(\frac{7}{8} - 2,7\right) - \left(\frac{1}{8} - 1,3\right) = \frac{7}{8} - 2,7 \oplus \frac{1}{8} \ominus 1,3$ falsch — $\frac{7}{8} - 2,7 - \frac{1}{8} + 1,3$

4 Rechne auf zwei Arten. Entscheide anschließend, welcher Weg geschickter ist.

	Klammer zuerst	Ausmultiplizieren
a)	$(-1,6 - 0,4) \cdot 5 = -2 \cdot 5 = -10$	$(-1,6 - 0,4) \cdot 5 = -1,6 \cdot 5 - 0,4 \cdot 5 = -8 - 2 = -10$
b)	$\frac{5}{6} \cdot \left(\frac{3}{5} - 12\right) = \frac{5}{6} \cdot \left(-11\frac{2}{5}\right) = -\frac{5}{6} \cdot \frac{57}{5} = -\frac{19}{2} = -9\frac{1}{2}$	$\frac{5}{6} \cdot \left(\frac{3}{5} - 12\right) = \frac{5}{6} \cdot \frac{3}{5} - \frac{5}{6} \cdot 12 = \frac{1}{2} - 10 = -9\frac{1}{2}$
c)	$3 \cdot \left(\frac{2}{5} - 4,4\right) = 3 \cdot (0,4 - 4,4) = 3 \cdot (-4) = -12$	$3 \cdot \left(\frac{2}{5} - 4,4\right) = 3 \cdot \frac{2}{5} - 3 \cdot 4,4 = \frac{6}{5} - 13,2 = 1,5 - 13,2 = -12$
d)	$\left(\frac{5}{12} - \frac{5}{8}\right) \cdot \left(-\frac{6}{5}\right) = \left(\frac{10}{24} - \frac{15}{24}\right) \cdot \left(-\frac{6}{5}\right) = -\frac{5}{24} \cdot \left(-\frac{6}{5}\right) = \frac{5}{24} \cdot \frac{6}{5} = \frac{1}{4}$	$\left(\frac{5}{12} - \frac{5}{8}\right) \cdot \left(-\frac{6}{5}\right) = \frac{5}{12} \cdot \left(-\frac{6}{5}\right) - \frac{5}{8} \cdot \left(-\frac{6}{5}\right) = -\frac{5}{12} \cdot \frac{6}{5} + \frac{5}{8} \cdot \frac{6}{5} = -\frac{1}{2} + \frac{3}{4} = \frac{1}{4}$

Den Weg „Klammer zuerst“ finde ich in den Aufgabenteilen a) und c) geschickter, weil der Wert des Klammerterms eine ganze Zahl ist. Das „Ausmultiplizieren“ ist in den Aufgabenteilen b) und d) geschickter, da sich beim Multiplizieren gut kürzen lässt und die Brüche dann leicht gleichnamig gemacht werden können. (Deine Einschätzung kann eine andere sein.)

5 Kennzeichne zuerst gemeinsame Faktoren. Berechne dann durch Ausklammern.

a) $\frac{2}{5} \cdot \frac{3}{4} - \frac{2}{5} \cdot \frac{1}{3} = \frac{2}{5} \cdot \left(\frac{3}{4} - \frac{1}{3}\right) = \frac{2}{5} \cdot \left(\frac{9}{12} - \frac{4}{12}\right) = \frac{2}{5} \cdot \frac{5}{12} = \frac{1}{6}$

b) $\frac{6}{7} \cdot \frac{7}{12} + \frac{6}{7} \cdot \frac{1}{3} = \frac{6}{7} \cdot \left(\frac{7}{12} + \frac{1}{3}\right) = \frac{6}{7} \cdot \left(\frac{7}{12} + \frac{4}{12}\right) = \frac{6}{7} \cdot \frac{11}{12} = \frac{11}{14}$

c) $6 \cdot 1,1 + 6 \cdot 0,4 = 6 \cdot (1,1 + 0,4) = 6 \cdot 1,5 = 9$

d) $5,3 \cdot 4 - 3,8 \cdot 4 = (5,3 - 3,8) \cdot 4 = 1,5 \cdot 4 = 6$

e) $-2 \cdot \frac{23}{10} + 2 \cdot 1,8 = -2 \cdot (2,3 - 1,8) = -2 \cdot 0,5 = -1$

f) $-\frac{1}{4} \cdot 5,25 - \frac{1}{4} \cdot 2,75 = -\frac{1}{4} \cdot (5,25 + 2,75) = -\frac{1}{4} \cdot 8 = -2$

6 Welchen Rechenvorteil würdest du aus dem Angebot wählen? Kannst du die Aufgaben dann im Kopf rechnen? Die Buchstaben in der Reihenfolge der Aufgaben ergeben ein Lösungswort.

a) $4 \cdot (2{,}5 + 1{,}1) = 4 \cdot 2{,}5 + 4 \cdot 1{,}1 = 10 + 4{,}4 = 14{,}4$ M

b) $12{,}25 + (-3{,}17) + (-2{,}83) = 12{,}25 - 6 = 6{,}25$ A

c) $0{,}25 \cdot 0{,}29 \cdot 4 = 4 \cdot 0{,}25 \cdot 0{,}29 = 1 \cdot 0{,}29 = 0{,}29$ N

d) $80 \cdot 1{,}5 \cdot 0{,}125 = 80 \cdot 0{,}125 \cdot 1{,}5 = 10 \cdot 1{,}5 = 15$ N

e) $63{,}7 + (-12{,}8) + (-13{,}7)$
$= 63{,}7 - 13{,}7 - 12{,}8 = 50 - 12{,}8 = 37{,}2$ H

f) $2{,}3 \cdot 7 + 2{,}3 \cdot 3 = 2{,}3 \cdot (7 + 3) = 2{,}3 \cdot 10 = 23$ E

g) $2{,}4 \cdot 0{,}5 \cdot 2 = 2{,}4 \cdot 1 = 2{,}4$ I

h) $\left(\frac{11}{3} - \frac{7}{6}\right) \cdot 6 = \frac{11}{3} \cdot 6 - \frac{7}{6} \cdot 6 = 22 - 7 = 15$ M

- Berechne zuerst das letzte Produkt. | I
- Vertausche erst die Summanden. | H
- Multipliziere aus. | M
- Klammere zuerst einen gemeinsamen Faktor aus. | E
- Vertausche erst die Faktoren. | N
- Berechne zuerst die letzte Summe. | A

7 Rechne vorteilhaft.

a) $6{,}3 - (3{,}3 - 1{,}5) = 6{,}3 - 3{,}3 + 1{,}5 = 3 + 1{,}5 = 4{,}5$

b) $4 \cdot \left(2{,}5 - \frac{3}{4}\right) = 4 \cdot 2{,}5 - 4 \cdot \frac{3}{4} = 10 - 3 = 7$

c) $-0{,}18 + 0{,}3 - 0{,}82 + 0{,}7 = -0{,}18 - 0{,}82 + 0{,}3 + 0{,}7 = -1 + 1 = 0$

d) $0{,}14 \cdot 0{,}4 - 0{,}24 \cdot 0{,}4 = (0{,}14 - 0{,}24) \cdot 0{,}4 = -0{,}1 \cdot 0{,}4 = -0{,}04$

e) $0{,}3 \cdot (-0{,}125) \cdot 0{,}8 \cdot (-30) = 0{,}3 \cdot (-30) \cdot (-0{,}125) \cdot 0{,}8 = -9 \cdot (-0{,}1) = 0{,}9$

8 Erkläre, was Karla falsch gemacht hat. Rechne daneben richtig.

a) Karla: $14 - 8{,}3 - 1{,}3 = 14 - 7 = 7$ falsch

$14 - 8{,}3 - 1{,}3$
$= 5{,}7 - 1{,}3$
$= 4{,}4$
(oder: $14 - 9{,}6 = 4{,}4$)

Karla hat nicht von links nach rechts gerechnet bzw. das Minus vor 8,3 zuerst vergessen.

b) Karla: $-\frac{5}{3} \cdot \left(-\frac{3}{2} + \frac{3}{4}\right) = -\frac{5}{3} \cdot \frac{3}{2} + \frac{5}{3} \cdot \frac{3}{4} = -\frac{5}{2} + \frac{5}{4} = -\frac{5}{4}$ falsch

$-\frac{5}{3} \cdot \left(-\frac{3}{2} + \frac{3}{4}\right)$
$= \frac{5}{3} \cdot \frac{3}{2} - \frac{5}{3} \cdot \frac{3}{4}$
$= \frac{5}{2} - \frac{5}{4} = \frac{5}{4}$

Karla hat das Minus vor $\frac{5}{3}$ beim Ausmultiplizieren vergessen.

9 Berechne und gib das Ergebnis sowohl als Bruch als auch als Dezimalzahl an. Korrigiere das falsche Ergebniskärtchen [T1].

a) $\left(\frac{1}{4} - 0{,}5\right) \cdot \left(0{,}3 - \frac{1}{5}\right) = \left(-\frac{1}{4}\right) \cdot \frac{1}{10} = -\frac{1}{40} = -\frac{25}{1000} = -0{,}025$ oder $-0{,}25 \cdot 0{,}1 = -0{,}025$

b) $\left(-\frac{1}{8}\right) \cdot (-0{,}25) \cdot (-1{,}6) \cdot (-4) = \left(-\frac{1}{8}\right) \cdot \left(-\frac{1}{4}\right) \cdot \left(-\frac{8}{5}\right) \cdot (-4) = \frac{1}{5} = 0{,}2$

c) $\frac{2}{3} - \frac{1}{6} - \frac{1}{9} + \frac{2}{18} = \frac{12 - 3 - 2 + 2}{18} = \frac{9}{18} = \frac{1}{2} = 0{,}5$

d) $\frac{1}{5} - 0{,}12 \cdot \frac{5}{3} - 0{,}6 = \frac{1}{5} - \frac{3}{25} \cdot \frac{5}{3} - \frac{3}{5} = \frac{1}{5} - \frac{1}{5} - \frac{3}{5} = -\frac{3}{5} = -0{,}6$

e) $0{,}125 : \left(-\frac{3}{8}\right) + \frac{8}{3} \cdot \left(-\frac{1}{2}\right) = \frac{1}{8} \cdot \left(-\frac{8}{3}\right) - \frac{4}{3} = -\frac{1}{3} - \frac{4}{3} = -\frac{5}{3} = -1{,}\overline{6}$

Ergebniskärtchen: (−)0,025 | $-\frac{25}{1000}$ | 0,2(5) | $\frac{1}{5}$ | 0,5 | $\frac{1}{(5)2}$ | (−)0,6 | $-\frac{3}{5}$ | (−)1,6 | $-\frac{5}{3}$

[T1] Entscheide zuerst, ob du mit Brüchen oder mit Dezimalzahlen rechnen möchtest.

1 Maria hat bei jedem der drei Terme für x nacheinander die Zahlen 4, 15, −3 und −5,5 eingesetzt. Umrande alle Wertkärtchen mit der gleichen Farbe, die zu einem Term gehören. Es ergeben sich drei Lösungswörter.

Term 1: $2 \cdot x - 4$ Term 2: $-2 \cdot x + 7$ Term 3: $13 + 3 \cdot (x - 1)$

T | 18 E | 55 H | −10 R | 19 Z | 4 E | −23 R | 1
R | 13 M | 26,5 L | −15 W | −1 A | 26 T | 22 M | −6,5

Lösungswörter: Term 1: Zahl Term 2: Wert Term 3: Term

2 Schreibe zu der dargestellten Situation zunächst zwei Beispiele auf und finde dann einen passenden Term. Wie du die Variablen nennst, kannst du selbst bestimmen.

	Beispiel 1	Beispiel 2	Term
a) Vervierfache eine Zahl und ziehe vom Ergebnis 12 ab.	Zahl ist 2 $4 \cdot 2 - 12$	Zahl ist 3 $4 \cdot 3 - 12$	$4 \cdot x - 12$
b) Ein Elefantenbaby wiegt bei der Geburt 90 kg. Es nimmt in den ersten vier Wochen etwa 1,5 kg pro Tag zu.	Nach 2 Tagen: $90 + 2 \cdot 1{,}5$	Nach 10 Tagen: $90 + 10 \cdot 1{,}5$	$90 + t \cdot 1{,}5$
c) Die Maschine verbraucht 4,5 Liter Diesel in der Stunde. Im Tank befinden sich 270 Liter Diesel.	Nach 3 Stunden: $270 - 4{,}5 \cdot 3$	Nach 10 Stunden: $270 - 4{,}5 \cdot 10$	$270 - 4{,}5 \cdot h$
d) Addiere zu einer Zahl −3 und multipliziere das Ergebnis mit 5.	Zahl ist 5 $(5 + (-3)) \cdot 5$	Zahl ist 7 $(7 + (-3)) \cdot 5$	$(x + (-3)) \cdot 5$

(Die Beispiele in den Spalten 1 und 2 können individuell gewählt werden.)

3 Bert legt mit Streichhölzern Muster, indem er Dreiecke hintereinander legt.
a) Zeichne drei weitere Muster.

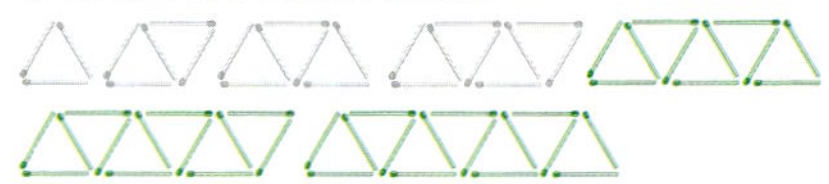

b) Fülle die Tabelle aus, mit der man die Anzahl der Streichhölzer in den ersten Mustern bestimmt. Gib den jeweiligen Term für die Anzahl der Streichhölzer an.

Anzahl der Dreiecke	Anzahl der Streichhölzer	Term
1	3	$1 + 2 = 1 + 1 \cdot 2$
2	5	$1 + 2 + 2 = 1 + 2 \cdot 2$
3	7	$1 + 2 + 2 + 2 = 1 + 3 \cdot 2$
4	9	$1 + 2 + 2 + 2 + 2 = 1 + 4 \cdot 2$
5	11	$1 + 5 \cdot 2$
6	13	$1 + 6 \cdot 2$
7	15	$1 + 7 \cdot 2$

c) n sei die Anzahl der Dreiecke. Kreuze die Terme an, mit welchen man dann die Anzahl der Streichhölzer berechnen kann:

☐ $n \cdot 2$ ☒ $1 + n \cdot 2$ ☐ $n \cdot 2 - 1$ ☐ $3 + 2 \cdot n$ ☒ $2 \cdot n + 1$ ☐ $1 + 2 + 2 \cdot n$

4 Stelle für die Figur jeweils einen Term für den Umfang und den Flächeninhalt auf (Maße in m). Berechne dann den Umfang und den Flächeninhalt für $x = 8$ und $y = 13$.

a)

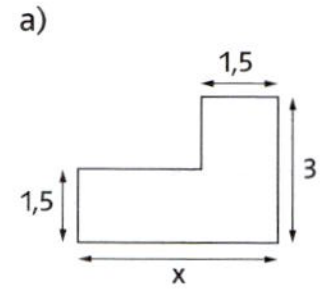

Umfang $U = x + x + 2 \cdot 3$
Für $x = 8$ gilt: $U = 22$
Flächeninhalt
$A = x \cdot 1{,}5 + 1{,}5 \cdot 1{,}5$
Für $x = 8$ gilt:
$A = 14{,}25$.

b)

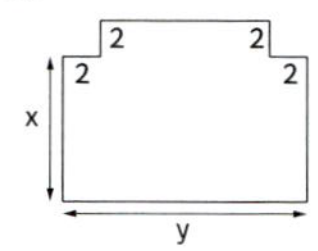

$U = x + x + 4 + y + y$
Für $x = 8$ und $y = 13$
gilt: $U = 46$
$A = x \cdot y + 2 \cdot (y - 4)$
Für $x = 8$ und
$y = 13$ ist $A = 122$.

1 Vereinfache den Term. [T1]

a) $3t - 5t + t - 4t =$ $-5t$

b) $2{,}5 \cdot p + 0{,}3p + 3 \cdot p - 2{,}7p =$ $3{,}1p$

c) $-\frac{5}{2}s + \frac{1}{2}s + 5s =$ $3s$

d) $3 \cdot x - 5x + 7 \cdot x - x =$ $4x$

e) $-5{,}5y + 3 \cdot y - y \cdot 2 + 1{,}5 \cdot y =$ $-3y$

f) $-\frac{3}{4}a + 2a - \frac{1}{4} + \frac{1}{2}a =$ $\frac{7}{4}a - \frac{1}{4}$

2 Die folgenden Terme wurden mithilfe des Kommutativgesetzes (KG) und des Assoziativgesetzes (AG) in einen gleichwertigen Term umgeformt. Gib das verwendete Gesetz im blauen Feld an und vereinfache.

a) $(z \cdot 5) \cdot 5 = z \cdot (5 \cdot 5) =$ $z \cdot 25 = 25z$ AG

b) $(x \cdot 3) \cdot (-2) = x \cdot (3 \cdot (-2)) =$ $x \cdot (-6) = -6x$ AG

c) $4 \cdot (-2) \cdot (7x) = (4 \cdot (-2) \cdot 7) \cdot x =$ $-56x$ AG

d) $-3 \cdot a \cdot 4 = (-3) \cdot 4 \cdot a =$ $-12a$ KG

3 a) Addiere und trage die vereinfachten Terme ein.

+	$2x + 5$	$-4x + 2$	$3x - 2$	$\frac{3}{2}x - 5{,}2 + x$
$3x + 5$	$5x + 10$	$-x + 7$	$6x + 3$	$5{,}5x - 0{,}2$
$-4x - 2$	$-2x + 3$	$-8x$	$-x - 4$	$-1{,}5x - 7{,}2$

b) Multipliziere und trage die vereinfachten Terme ein.

·	5	−2	4,5	$-\frac{2}{9}$
$3x$	$15x$	$-6x$	$13{,}5x$	$-\frac{2}{3}x$
$-0{,}5 \cdot (4x)$	$-10x$	$4x$	$-9x$	$\frac{4}{9}x$

4 Vervollständige das magische Quadrat. Die Summen der Zeilen, Spalten und der Diagonalen müssen gleich sein.

Summe: $4{,}5a + 6$

$2a + 2$	a	$1{,}5a + 4$
$a + 4$	$1{,}5a + 2$	$2a$
$1{,}5a$	$2a + 4$	$a + 2$

5 Zu jedem Term auf der linken Seite gehört ein gleichwertiger auf der rechten. Notiere in die mittleren Kästchen die vereinfachten Terme und verbinde diese dann wie im Beispiel.

$0{,}5x - 2 + 2x + 12$	$2{,}5x + 10$	$-5 \cdot x + 6 + 11x - 6$
$3 \cdot (x \cdot 5) - 4{,}5 \cdot 2x$	$6x$	$4 + (4x) : 5 - 3{,}5$
$4x + 9 - 3x + 5 - 2x - 12 - x$	$-2x + 2$	$-3 \cdot (x \cdot 6) + 7 + 4x \cdot 4 - 5$
$1{,}7x - \frac{1}{5} - \frac{9}{10}x + \frac{7}{10}$	$0{,}8x + 0{,}5$	$0{,}5x \cdot 5 + 5 \cdot 2$

6 a) Bestimme einen Term für den Umfang des Dreiecks und vereinfache ihn. Berechne den Umfang für $a = 7$.

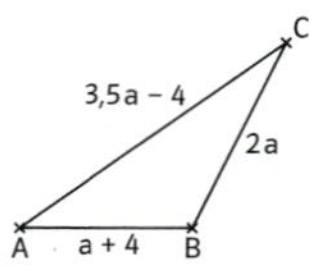

$U = a + 4 + 2a + 3{,}5a - 4$
$= a + 2a + 3{,}5a + 4 - 4$
$= 6{,}5a$
Für $a = 7$ gilt: $U = 45{,}5$

b) Bestimme einen Term für das Volumen des Quaders und vereinfache ihn. Berechne das Volumen für $y = 1{,}5$.

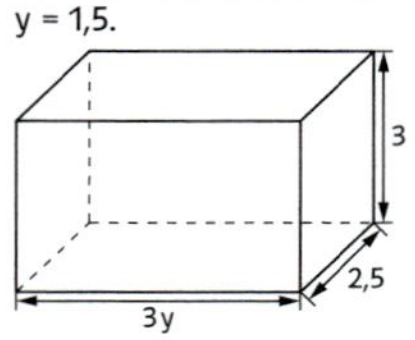

$V = 3y \cdot 2{,}5 \cdot 3 = 22{,}5y$
Für $y = 1{,}5$ erhält man:
$V = 22{,}5 \cdot 1{,}5 = 33{,}75$

[T1] $3t = 3 \cdot t$. Das Malzeichen · wird zwischen einer Zahl und einer Variablen oft weggelassen.

1 Multipliziere aus.

a) $5 \cdot (x + 2) =$ $5 \cdot x + 5 \cdot 2 = 5x + 10$

b) $0{,}5 \cdot (2 - 2x) =$ $0{,}5 \cdot 2 - 0{,}5 \cdot 2x = 1 - x$

c) $-2 \cdot (3 + x) =$ $-2 \cdot 3 + (-2) \cdot x = -6 - 2x$

d) $(4x - 2{,}4) \cdot \left(-\frac{1}{2}\right) =$ $4x \cdot \left(-\frac{1}{2}\right) - 2{,}4 \cdot \left(-\frac{1}{2}\right) = -2x + 1{,}2$

e) $(-x + 2) \cdot (-4) =$ $-x \cdot (-4) + 2 \cdot (-4) = 4x - 8$

f) $(3y - 4{,}2) \cdot (-1) =$ $3y \cdot (-1) - 4{,}2 \cdot (-1) = -3y + 4{,}2$

2 Lisa hat zwei Lernplakate für die Klasse vorbereitet. Setze die Zettel passend in die Lücken ein.

Plus klammerregel:
$7 + (2 - 3x) = 7 + 2 - 3x$
Steht ein „+" direkt vor der Klammer, kannst du sie weglassen.

Zettel: Klammer | „–" | Plus | Minus | weglassen | änderst | „+"

Minus klammerregel:
$7 - (2 - 3x) = 7 - 2 + 3x$
Steht ein „–" direkt vor der Klammer, kannst du sie weggelassen, wenn du alle Plus- und Minus-zeichen in der Klammer änderst.

3 Finde zu dem Term einen gleichwertigen Term auf den blauen Kärtchen. Achte auf das Vorzeichen vor der Klammer. Notiere den jeweiligen Buchstaben.

a) $5 + (-2x - 7)$ P

b) $7 - (5 - 2x)$ R

c) $\frac{4}{3} - \left(2x - \frac{2}{3}\right)$ I

d) $\left(\frac{3}{2}x - 5\right) + \left(\frac{5}{2}x + 2\right)$ S

e) $(1 - 7x) - (4 - 3x)$ M

f) $3x - (9x - 3 - 2x)$ A

Kärtchen: $-4x - 3$ | M; $2x + 2$ | R; $4x - 3$ | S; $-2x - 2$ | P; $-4x + 3$ | A; $-2x + 2$ | I

4 Es soll ein Kantenmodell eines Quaders aus Draht hergestellt werden. Fülle die Lücken in der Tabelle.

	Länge	Breite	Höhe	Kantenlänge (vereinfachter Term)
Quader 1	a	2a	a + 1	16a + 4
Quader 2	5	5 + a	5 – a	60
Quader 3	2a	a + 1	a	16a + 4

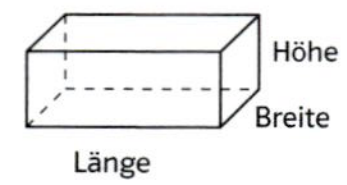

Die Kantenlänge ist die Gesamtlänge aller Drahtstücke.

5 Klammere den angegebenen Faktor aus.

Faktor	Term	Ergebnis
3	$3x - 6$	$3 \cdot (x - 2)$
$\frac{1}{3}$	$\frac{1}{3} - \frac{2}{3}x$	$\frac{1}{3} \cdot (1 - 2x)$
−2	$8 - 4x$	$-2 \cdot (-4 + 2x)$
−1	$-3x - \frac{1}{2}$	$-1 \cdot \left(3x + \frac{1}{2}\right)$
0,5	$2{,}5x - 4{,}5$	$0{,}5 \cdot (5x - 9)$

6 Fülle die Lücken.

a) $(10x - 15) : 5 = 2x - 3$

b) $(-16x + 28) : 4 = -4x + 7$

c) $-\frac{1}{3} \cdot (27x + (-9)) = -9x + 3$

d) $\frac{36 - 24x}{6} = 6 - 4x$

e) $\frac{1}{5} \cdot (-24x + 6) = -4{,}8x + 1{,}2$

7 Anna zeichnet ein Muster. Sie ergänzt die Startfigur (blau) mit „Häusern".

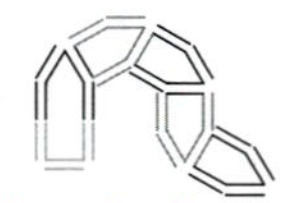

a) Stelle zwei verschiedene Terme zur Berechnung der Zahl der Striche bei x „Häusern" auf.

Term 1: $6 + 8 \cdot x$ Term 2: $14 + 8 \cdot (x - 1)$

b) Zeige, dass beide Terme gleichwertig sind. $14 + 8 \cdot (x - 1) = 14 + 8x - 8 = 14 - 8 + 8x = 6 + 8x$

c) Berechne die Anzahl der Striche für ein Muster mit 7 und 11 „Häusern".

Ein Muster mit 7 Häusern besitzt $6 + 8 \cdot 7 = 62$ Striche, ein Muster mit 11 Häusern $6 + 8 \cdot 11 = 94$.

1 Schreibe zunächst alle Buchstaben (von links nach rechts) heraus, die den natürlichen Zahlen zugeordnet sind; danach die Buchstaben, die zu den negativen ganzen Zahlen gehören; dann die den Bruchzahlen und schließlich die den übrig gebliebenen Dezimalzahlen zugeordneten Buchstaben.

$\frac{1}{2}$	−1	6	$\frac{1}{3}$	−0,2	−0,3	0	−6	$\frac{5}{4}$	−17,6	−4,4	$\frac{5}{6}$	1	−7,01	−0,6
N	I	R	A	Z	A	A	O	L	H	L	E	T	E	N

Lösungswort: R A T I O N A L E Z A H L E N

2 Vereinfache den Term.

a) $-1{,}5x + 2x - 3 + 2{,}5x = 3x - 3$

b) $3 - (4y + 5) = 3 - 4y - 5 = -2 - 4y$

c) $7p + (3 - 5p) - 6p = 7p + 3 - 5p - 6p$
$= 3 - 4p$

d) $1{,}5 \cdot (6 - 5a) = 1{,}5 \cdot 6 - 1{,}5 \cdot 5a = 9 - 7{,}5a$

e) $-3 \cdot (0{,}4x - 0{,}2) = -3 \cdot 0{,}4x - 3 \cdot (-0{,}2)$
$= -1{,}2x + 0{,}6$

f) $21 - 5 \cdot (b + 2) = 21 - 5b - 5 \cdot 2 = 11 - 5b$

g) $(93x - 69) : 3 = 93x : 3 - 69 : 3 = 31x - 23$

3 Vereinfache und korrigiere falsche Werte.

Term	vereinfachter Term	Wert des Terms für $x = 1$	Wert des Terms für $x = -2$	Wert des Terms für $x = \frac{1}{2}$
$2x - 4x - 1 + 5x$	$3x - 1$	2	~~7~~ −7	0,5
$1 + 3{,}6 \cdot x - 2x$	$1 + 1{,}6x$	2,6	−2,2	1,8
$\frac{1}{2} + 1{,}5x + 6 + 2{,}5x$	$4x + 6{,}5$	~~11,5~~ 10,5	−1,5	8,5
$\frac{1}{2}x - 1{,}2 - \frac{3}{4}x$	$-\frac{1}{4}x - 1{,}2$	−1,45	~~7~~ −0,7	~~1,325~~ −1,325

4 Berechne schrittweise.

a) $-\frac{2}{7} \cdot \frac{14}{3} - \frac{4}{15} : \frac{4}{5} = -\frac{2}{1} \cdot \frac{2}{3} - \frac{4}{15} \cdot \frac{5}{4} = \frac{-2 \cdot 2}{3} - \frac{1}{3} = -\frac{4}{3} - \frac{1}{3} = -\frac{5}{3}$ (Kürze zuerst. Punkt- vor Strichrechnungen!)

b) $\frac{-3}{5} \cdot \left(\frac{13}{44} - \frac{6}{11}\right) \cdot \left(\frac{2}{3}\right)^2 = \frac{-3}{5} \cdot \left(\frac{13}{44} - \frac{24}{44}\right) \cdot \frac{4}{9} = \frac{-3}{5} \cdot \left(-\frac{11}{44}\right) \cdot \frac{4}{9} = \frac{-1}{5} \cdot \left(-\frac{1}{4}\right) \cdot \frac{4}{3} = \frac{1}{15}$

(Berechne zuerst die Potenz, dann die Klammer.)

c) $\frac{1}{4} - \frac{3}{8} \cdot \frac{4}{6} - \frac{5}{9} \cdot \frac{21}{20} \cdot \frac{2}{7} = \frac{1}{4} - \frac{1 \cdot 1}{2 \cdot 2} - \frac{1 \cdot 1 \cdot 1}{3 \cdot 2 \cdot 1} = \frac{1}{4} - \frac{1}{4} - \frac{1}{6} = -\frac{1}{6}$ (Kürze zuerst. Punkt- vor Strichrechnungen!)

5 Stelle einen Term für den Gesamtumfang und einen Term für den Flächeninhalt auf und vereinfache diese. Berechne anschließend jeweils den Wert des Terms für $x = 2{,}5$.

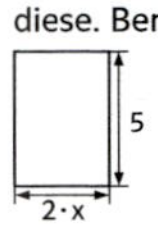

$U = 2x + 5 + 2x + 5 = 4x + 10$ $\quad A = 2x \cdot 5 = 10x$

$x = 2{,}5 \quad U = 4 \cdot 2{,}5 + 10 = 20$ $\quad x = 2{,}5 \quad A = 10 \cdot 2{,}5 = 25$

6 Ordne jeder Beschreibung den richtigen Term von den Kärtchen zu.

a) Gib die Anzahl der Perlen einer aus x Reihen bestehenden Rakete, wie in der Figur dargestellt, an. $3x + 12$

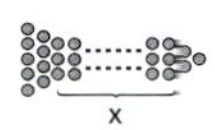

b) Addiere zu einer Zahl −3 und multipliziere das Ergebnis mit 5. $(x - 3) \cdot 5$

c) Gib den Umfang der nebenstehenden Fläche an. $2x + 6$

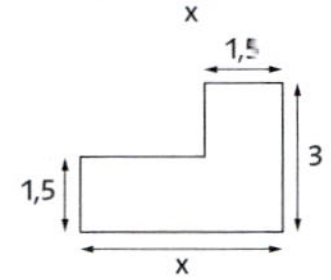

$(x + 3) \cdot 5$	$(x - 3) \cdot 5$	$2x + 6$	$3 \cdot x + 12$	$9 + 3x$	$x + 6$

7 Berechne. Die vollständig gekürzten Lösungen der Aufgaben in den Ballons ergeben in der richtigen Reihenfolge ein Lösungswort.

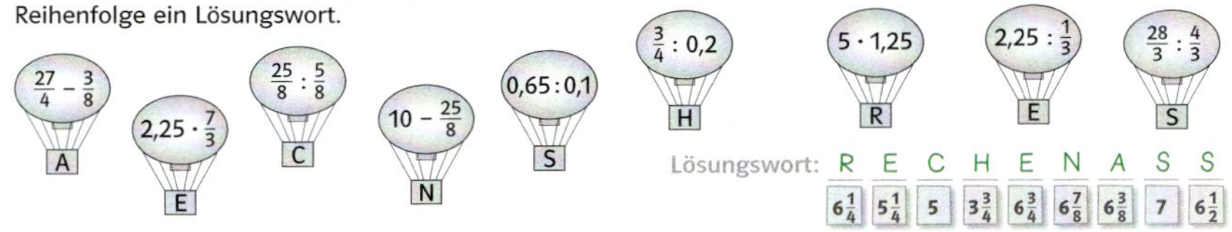

Lösungswort: R E C H E N A S S

$6\frac{1}{4}$	$5\frac{1}{4}$	5	$3\frac{3}{4}$	$6\frac{3}{4}$	$6\frac{7}{8}$	$6\frac{3}{8}$	7	$6\frac{1}{2}$

A: $\frac{27}{4} - \frac{3}{8} = \frac{54}{8} - \frac{3}{8} = \frac{51}{8} = 6\frac{3}{8}$

N: $10 - \frac{25}{8} = \frac{80}{8} - \frac{25}{8} = \frac{55}{8} = 6\frac{7}{8}$

R: $5 \cdot 1{,}25 = 6{,}25 = 6\frac{1}{4}$

E: $2{,}25 \cdot \frac{7}{3} = \frac{9}{4} \cdot \frac{7}{3} = \frac{21}{4} = 5\frac{1}{4}$

S: $0{,}65 : 0{,}1 = 6{,}5 = 6\frac{1}{2}$

E: $2{,}25 : \frac{1}{3} = 2{,}25 \cdot 3 = 6{,}75 = 6\frac{3}{4}$

C: $\frac{25}{8} : \frac{5}{8} = \frac{25}{8} \cdot \frac{8}{5} = 5$

H: $\frac{3}{4} : 0{,}2 = \frac{3}{4} : \frac{1}{5} = \frac{3}{4} \cdot 5 = \frac{15}{4} = 3\frac{3}{4}$

S: $\frac{28}{3} : \frac{4}{3} = \frac{28}{3} \cdot \frac{3}{4} = 7$

8 Rechne geschickt. Denke dabei auch an das Ausklammern oder das Ausmultiplizieren.

a) $-\frac{1}{3} \cdot \frac{8}{9} - \frac{1}{3} \cdot \frac{1}{9} = -\frac{1}{3} \cdot \left(\frac{8}{9} + \frac{1}{9}\right) = -\frac{1}{3} \cdot 1 = -\frac{1}{3}$

b) $-\frac{4}{7} \cdot \left(\frac{7}{12} - \frac{7}{8}\right) = -\frac{4}{7} \cdot \frac{7}{12} + \frac{4}{7} \cdot \frac{7}{8} = -\frac{1}{3} + \frac{1}{2} = \frac{1}{6}$

c) $-0{,}8 \cdot (-0{,}3) - (-0{,}8) \cdot (-0{,}7) = 0{,}24 - 0{,}56 = -0{,}32$

d) $-\frac{5}{12} \cdot \left(48 + \frac{36}{25}\right) = -\frac{5}{12} \cdot \frac{48}{1} - \frac{5}{12} \cdot \frac{36}{25} = -20\frac{3}{5}$

e) $3{,}6 - (2{,}6 + 3{,}5) = 3{,}6 - 2{,}6 - 3{,}5 = 1 - 3{,}5 = -2{,}5$

f) $\frac{2}{3} + \left(1{,}2 - \frac{1}{6}\right) = \frac{4}{6} + 1{,}2 - \frac{1}{6} = 0{,}5 + 1{,}2 = 1{,}7$

9 Stelle zuerst einen Term für die Gesamtsumme der Kantenlängen auf. Vereinfache ihn dann und berechne den Wert des Terms.

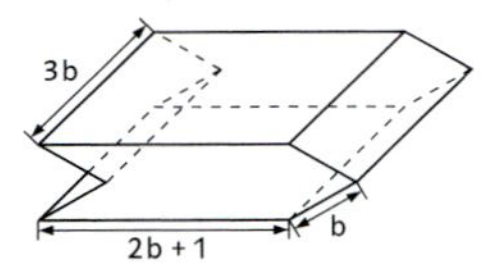

Term: $4 \cdot (2b + 1) + 6 \cdot 3b + 8 \cdot b = 8b + 4 + 18b + 8b = 34b + 4$

Wert für $b = \frac{3}{2}$: $34 \cdot \frac{3}{2} + 4 = 55$

10 Felix möchte seine Mutter überreden, sein monatliches Taschengeld von 11 € zu erhöhen. Die Mutter macht ihm einen ungewöhnlichen Vorschlag: „Am ersten Tag erhältst du das Dach und das 1. Stockwerk eines 10-Cent-Hauses und jeden Tag kommt ein Stockwerk hinzu".

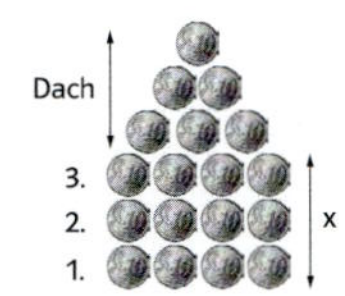

a) Stelle zwei verschiedene Terme für die Zahl der Münzen bei einem Haus mit x Stockwerken auf.
b) Berechne, wie viele 10-Cent-Münzen ein Haus mit 20 Stockwerken hat.
c) Wie viel Geld hat Felix' Mutter ihm nach 15 Tagen gegeben?
d) An welchem Tag würde Felix den Betrag von 11 € (sein bisheriges Taschengeld) erhalten? Sollte er auf den Vorschlag seiner Mutter eingehen?

a) $4 \cdot x + 6$ oder $4 \cdot (x - 1) + 10$ oder $4 \cdot (3 + x) - 6$

b) $4 \cdot 20 + 6 = 86$ Ein Haus mit 20 Stockwerken besteht aus 86 Münzen.

c) $4 \cdot 15 + 6 = 66$ Innerhalb der ersten 15 Tage erhält Felix 66 Münzen, d.h. $66 \cdot 10\,ct = 660\,ct = 6{,}60$ €.

d) Durch systematisches Probieren erhält man: $4 \cdot 30 + 6 = 126$; $4 \cdot 25 + 6 = 106$; $4 \cdot 26 + 6 = 110$
Felix sollte auf den Vorschlag der Mutter eingehen, da er so bereits nach 26 Tagen 11 € erhalten hat.

Abstände von Punkten und Geraden – Ortslinien

1 Gegeben sind die beiden Punkte A und B. Konstruiere alle Punkte, die von A den Abstand 2 cm und von B den Abstand 3 cm haben. Gib die Koordinaten dieser Punkte näherungsweise auf eine Nachkommastelle gerundet an.

C(2,4|3,5) und D(2,4|0,5)

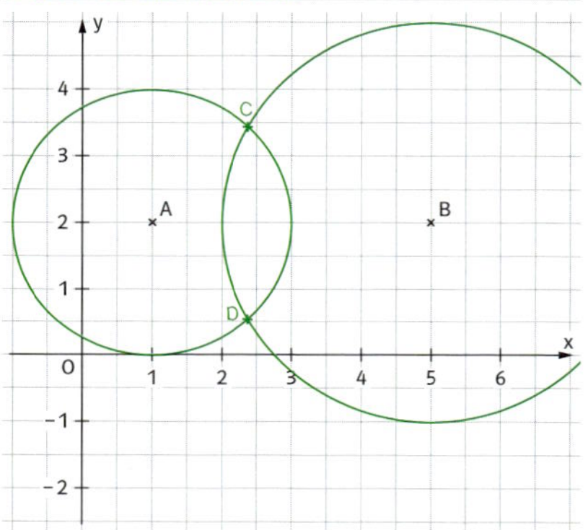

2 Gegeben ist der Punkt C und die Gerade g. Konstruiere alle Punkte, die von C den Abstand 4 cm und von g den Abstand 1 cm besitzen.

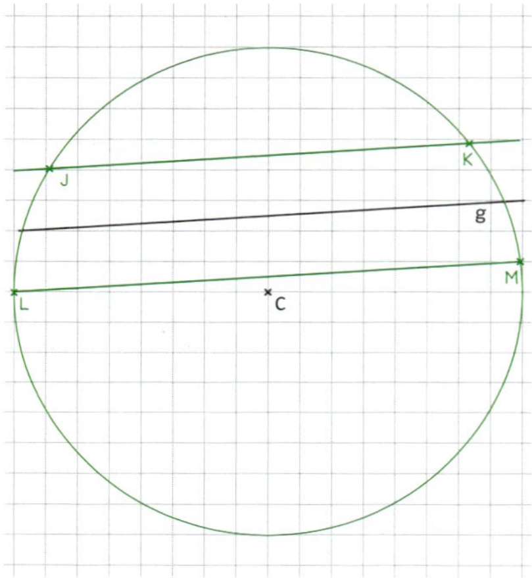

3 a) Zeichne die Ortslinie der Punkte, die von A den Abstand 2,5 cm haben. Diese Ortslinie ist ein Kreis.

b) Zeichne die Ortslinie der Punkte, die von der Geraden g den Abstand 1 cm haben. Diese Ortslinie ist ein Parallelenpaar.

c) Markiere alle Punkte, die auf beiden Ortslinien aus den Aufgabenteilen a) und b) liegen. Verbinde die gefundenen Punkte zu einem Viereck. Du erhältst ein spezielles Viereck, nämlich ein Rechteck.

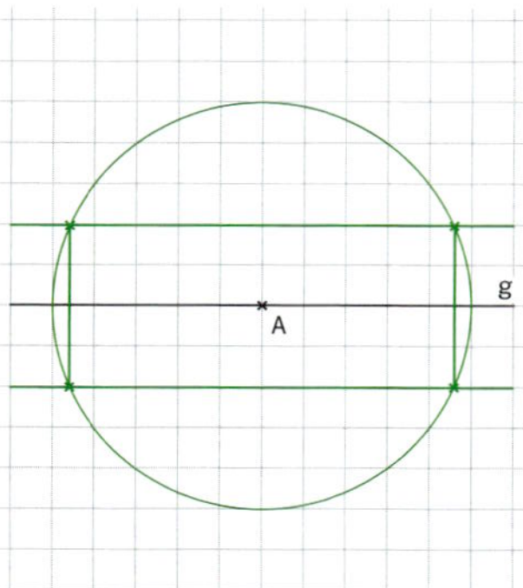

4 Auf der abgebildeten Straße ist ein Unfall passiert. Der Polizist befragt drei Zeugen, wo genau der Unfall stattgefunden hat.
Passant A: „Der Unfall passierte genau in der Mitte der Straße."
Passant B: „Der Unfall geschah exakt 6 m von der Ampel entfernt."
Kioskbesitzer C: „Er ist höchstens 5 m von meinem Kiosk entfernt passiert."
Finde nun den Ort des Geschehens durch eine Konstruktion heraus.

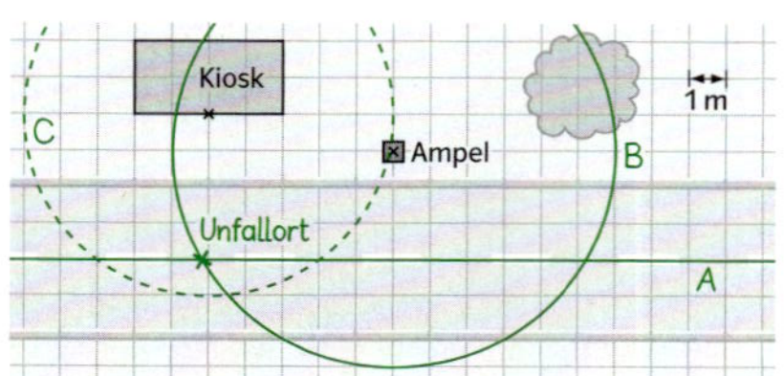

Die Mittelsenkrechte

1 Claudia hat mit Zirkel und Lineal die Ortslinie aller Punkte, die von A und B gleich weit entfernt sind, konstruiert. Welchen Fehler hat sie dabei gemacht?

Die Kreise haben nicht denselben Radius.

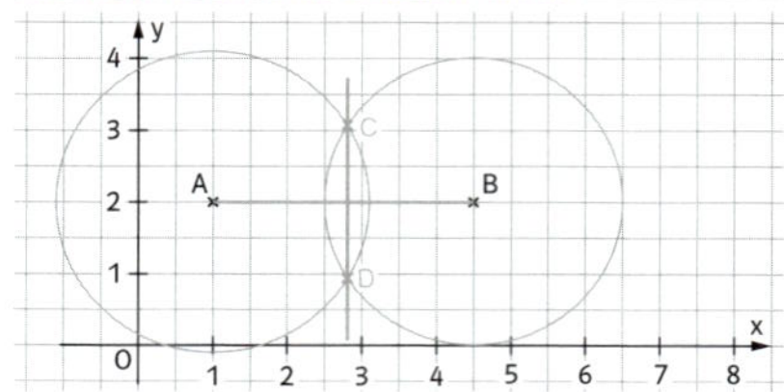

2 Konstruiere mit Zirkel und Lineal die Orthogonale zur Geraden g durch den Punkt P.

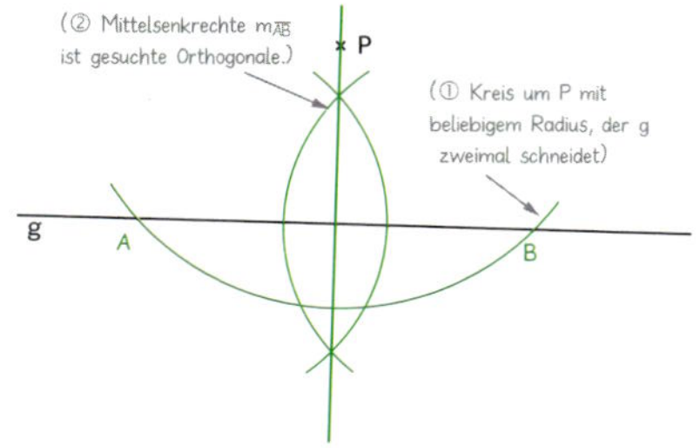

3 Carsten hat mit Zirkel und Lineal die Tangente an den Kreis im Berührpunkt C konstruiert. Bringe die Schritte in die richtige Reihenfolge.

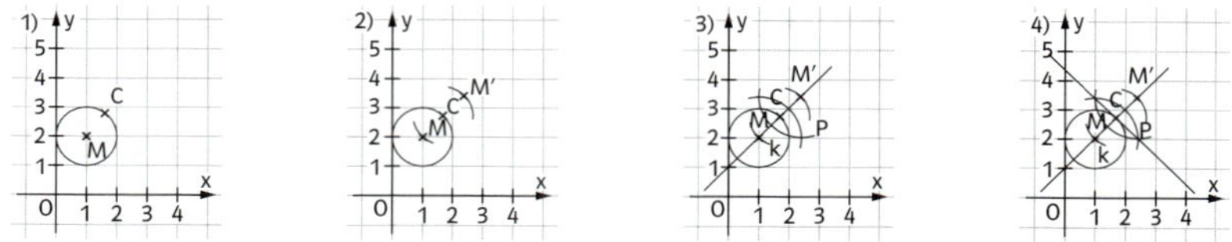

4 Die Mittelsenkrechte zur Strecke MM' ist die gesuchte Tangente.	1 Gegeben sind ein Kreis mit Mittelpunkt M und auf ihm ein Punkt C.	3 Konstruiere zwei Kreise mit gleichem Radius um M und M'.	2 Spiegele den Punkt M am Punkt C. Der Spiegelpunkt ist M'.

4 Finde durch Konstruktion diejenigen Punkte heraus, die von A und B gleich weit entfernt sind und deren Abstand zum Punkt A gleichzeitig 4 cm beträgt.

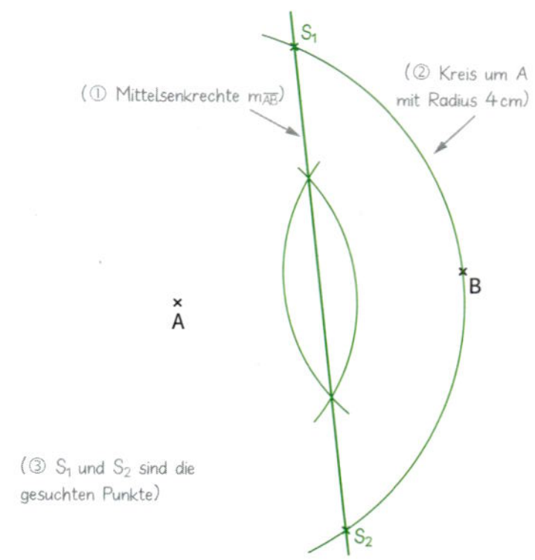

5 Begründe, dass bei jeder Raute die Mittelsenkrechte einer Diagonalen durch zwei Eckpunkte der Raute verläuft.

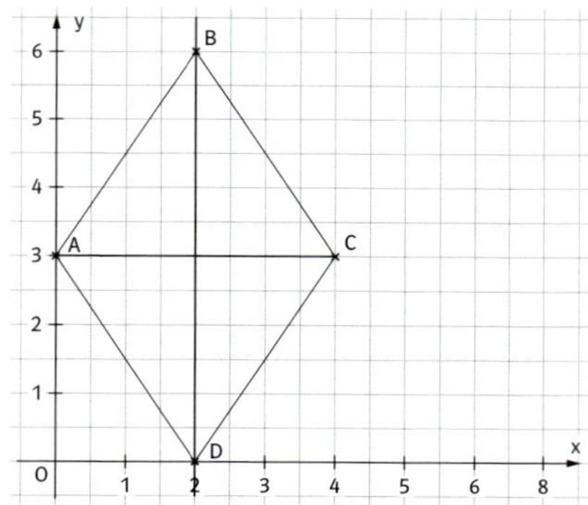

Bei einer Raute ist jede Diagonale auch Symmetrieachse.

Die Winkelhalbierende

1 Zum Winkel α wurde die Winkelhalbierende w_α konstruiert. Bringe die Schritte in die richtige Reihenfolge.

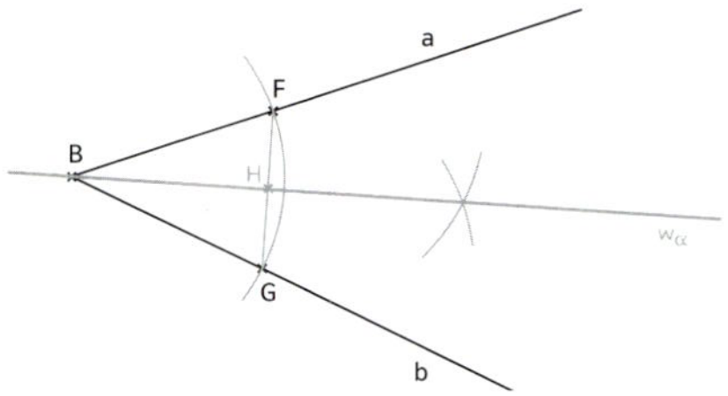

1 Zeichne einen Kreisbogen um den Scheitelpunkt des Winkels.

3 Die Mittelsenkrechte $m_{\overline{FG}}$ ist die gesuchte Winkelhalbierende.

2 Die Schnittpunkte mit den Schenkeln sind die Punkte F und G.

2 Miss den den Abstand der Punkte A, B, C und D zu den Schenkeln des Winkels α. Umkreise die Punkte, die auf der Winkelhalbierenden w_α liegen

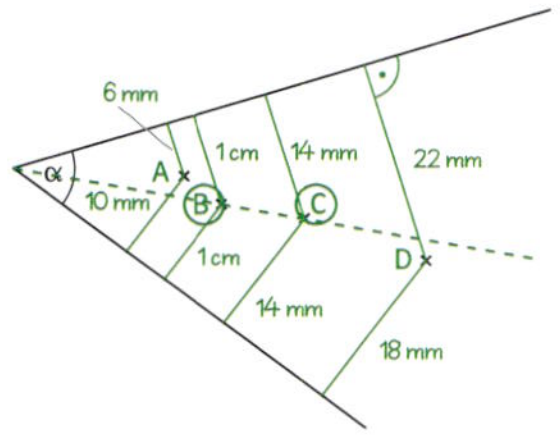

3 Zeichne die Ortslinien aller Punkte, die von g und h gleich weit entfernt sind. Diese Ortslinien

heißen Winkelhalbierende .

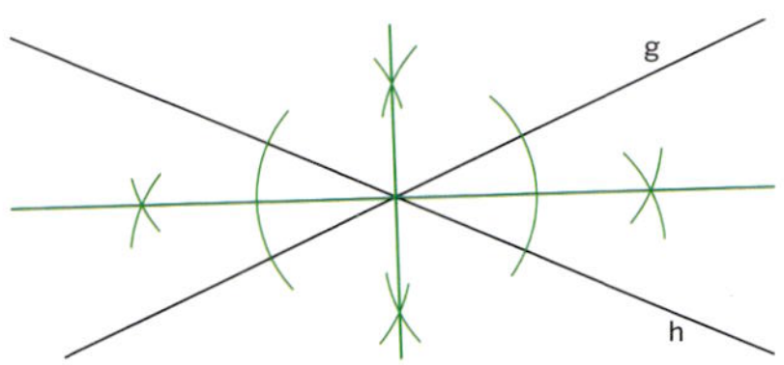

4 Finde den Punkt, der folgende Eigenschaften hat: Er ist gleich weit von den Schenkeln des Winkels α und gleichzeitig gleich weit von den Punkten P und Q entfernt.

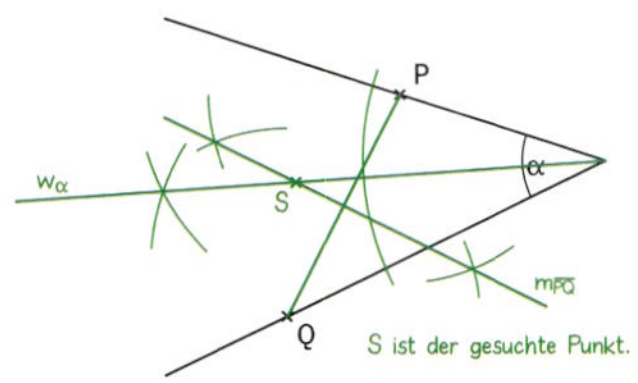

5 Finde durch Konstruktion mit Zirkel und Lineal diejenigen Punkte heraus, die von g und h gleich weit entfernt sind und deren Abstand zum Punkt A gleichzeitig 2,5 cm beträgt.

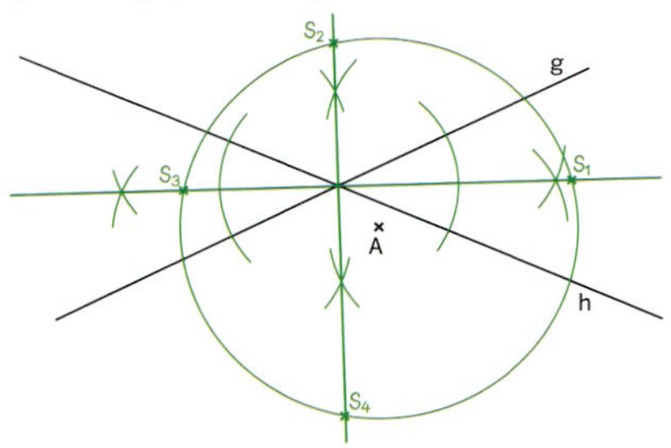

S_1, S_2, S_3 und S_4 sind die gesuchten Punkte.

6 Gegeben ist der Winkel α und die Winkelhalbierende w_α mit den auf ihr liegenden Punkten A, B und C. Zeichne um diese Punkte jeweils einen Kreis, der die Schenkel des Winkels berührt.

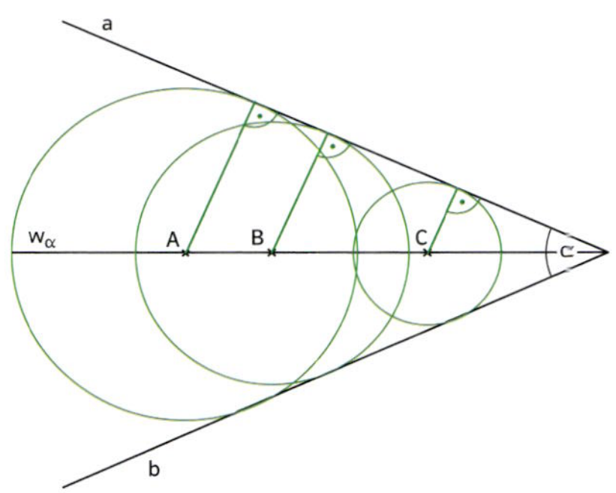

Dreiecke konstruieren

1 Konstruiere das Dreieck. Markiere zunächst in der Planfigur die gegebenen Größen farbig und beginne mit der bereits gezeichneten Seite c = 6 cm.

a) a = 3 cm; b = 5 cm

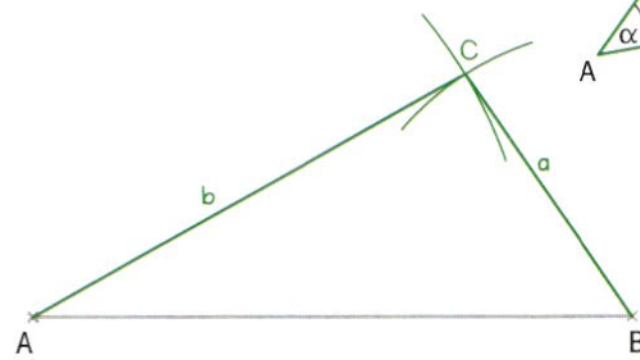
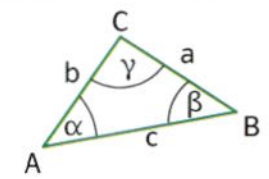

b) α = 35°; β = 80°

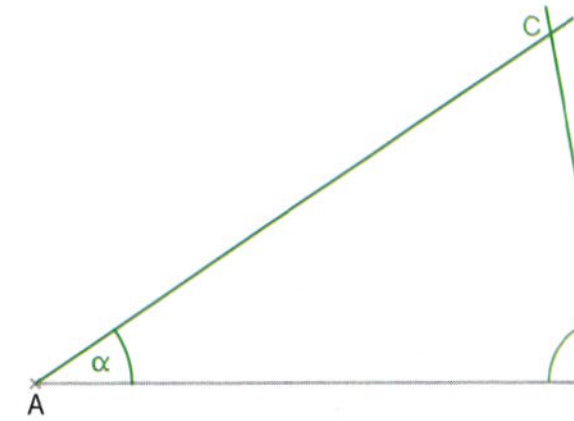
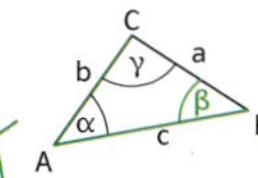

c) α = 50°; b = 6,5 cm

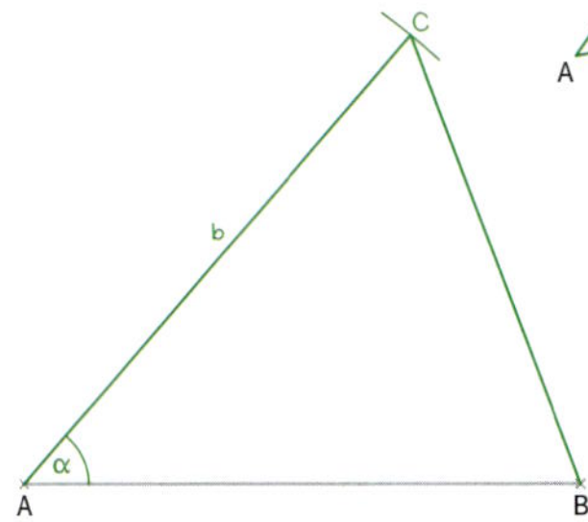
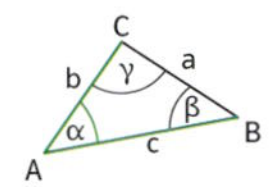

d) b = 4,2 cm; h_c = 4 cm

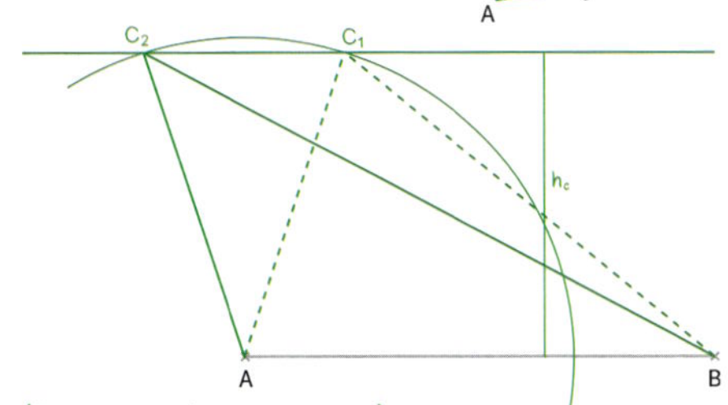
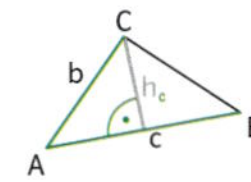

(Es gibt zwei Lösungsdreiecke.)

2 Lara und Lars haben folgende Aufgabe zu einer Dreieckskonstruktion bearbeitet: „Konstruiere ein Dreieck mit den gegebenen Größen c = 5 cm, α = 40° und a = 4 cm.“ Ihre Ergebnisse unten sind unterschiedlich. Kontrolliere, ob die beiden Lösungsdreiecke in den vorgegebenen Größen übereinstimmen, und erläutere, warum es zwei verschiedene Lösungen gibt.

Lara:

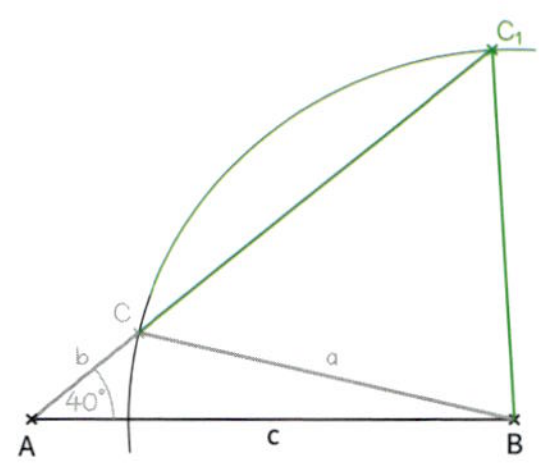

Lars:

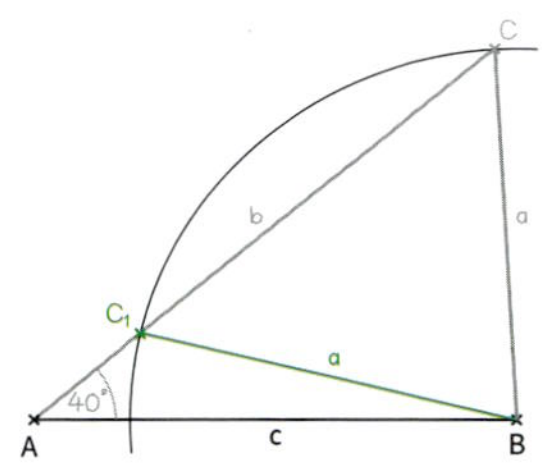

Der Kreis um B mit dem Radius a = 4 cm schneidet den anderen Schenkel des Winkels α = 40° in zwei Punkten, daher gibt es zwei verschiedene Lösungsdreiecke.

1 Fabio, Nico und Marcio sind gute Freunde und Hobbyfunker. Fabio zieht leider um und sie machen sich Gedanken, ob die Reichweite ihrer Funkgeräte von 5 km nach dem Umzug noch ausreicht. Nico und Marcio wohnen genau 4,5 km weit auseinander. Mit einer App misst Nico einen Winkel von 49° zwischen den Häusern von Fabio und Marcio. Marcio misst einen Winkel von 83° zwischen den Häusern seiner Freunde. Zeichne im Maßstab 1:100 000 und bestimme die gesuchten Entfernungen.

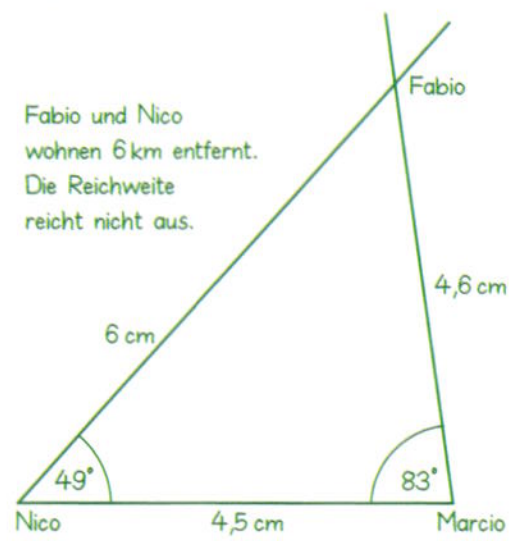

2 Bestimme die Breite des abgebildeten Hauses, indem du das markierte Giebeldreieck im Maßstab 1:50 konstruierst. Das Dreieck ist gleichschenklig und rechtwinklig.

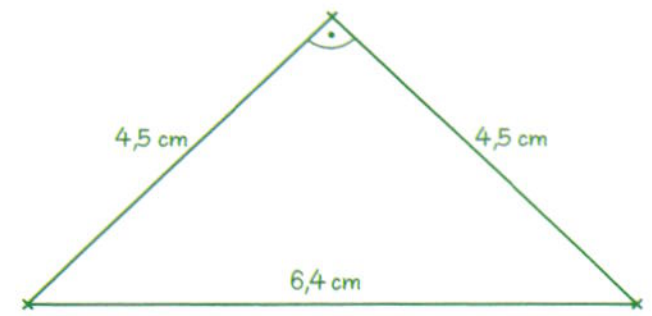

Das Haus ist etwa 3,2 m breit.

3 a) Wie viele Zentimeter liegen die Spitzen eines 7 cm langen Minutenzeigers und eines 5 cm langen Stundenzeigers um 9:30 Uhr auseinander? 9,6 cm

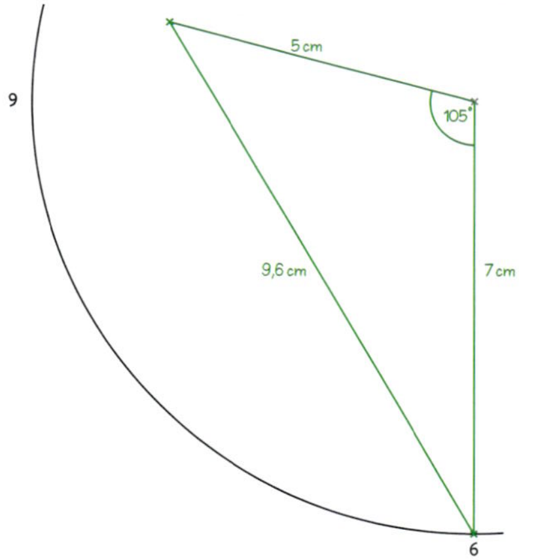

b) Wann sind die Zeigerspitzen maximal voneinander entfernt? Zum Beispiel um 6:00 Uhr sind die Zeigerspitzen 12 cm entfernt.

4 Um die Höhe des Eiffelturms abzuschätzen, stellt sich Paul in einiger Entfernung vom Eiffelturm auf das Marsfeld. Er geht dort eine Standlinie von 100 m ab und misst von den beiden Enden seiner Standlinie die Höhenwinkel von 47° und 58°. Konstruiere ein Dreieck, um die ungefähre Höhe des Eiffelturms zu bestimmen. Pauls Augenhöhe ist hierbei zu vernachlässigen. Dabei soll 1 cm in der Zeichnung 100 m in der Wirklichkeit entsprechen.

Der Maßstab beträgt demnach 1:10 000

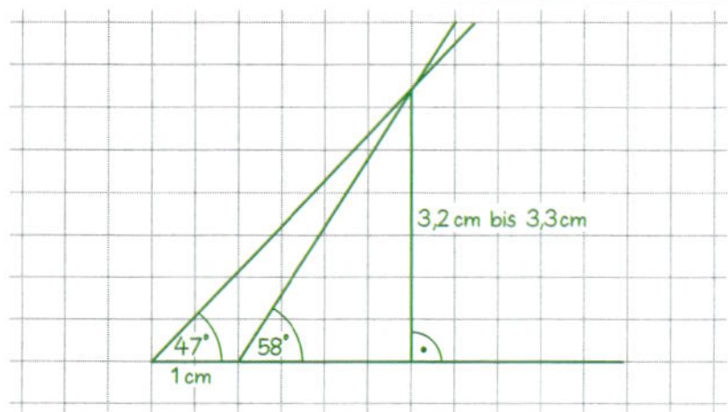

Der Eiffelturm ist etwa 320 – 330 m hoch.

5 Peter hat eine Schatzkarte gefunden. Lies die Botschaft genau.
a) Wo findest du den Schatz?

b) Wie weit ist der Schatz vom Bahnhof entfernt? 290 m

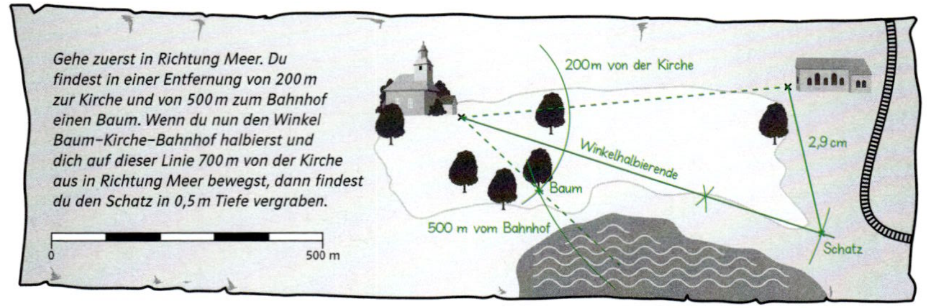

6 Simke möchte für ihr Zimmer ein Wandlehnregal wie in der Abbildung bauen.
Es soll in einer Höhe von 180 cm an der Wand lehnen und unten 40 cm von der Wand abstehen. Bestimme durch eine Konstruktion, wie lang die beiden schrägen Stützen sein müssen. Konstruiere im Maßstab 1:40.
Die beiden Stützen müssen etwa 184 cm lang sein.

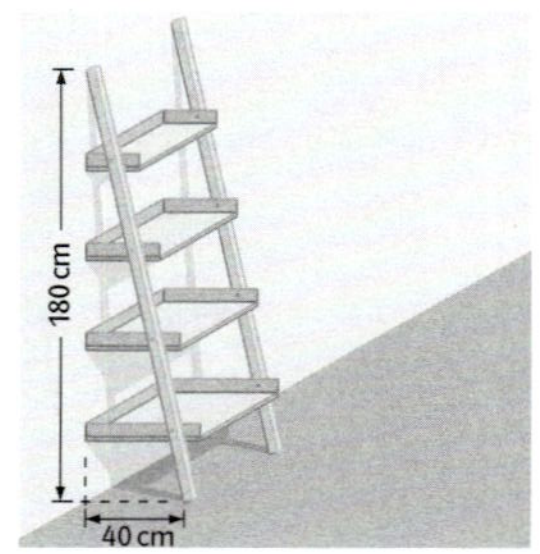

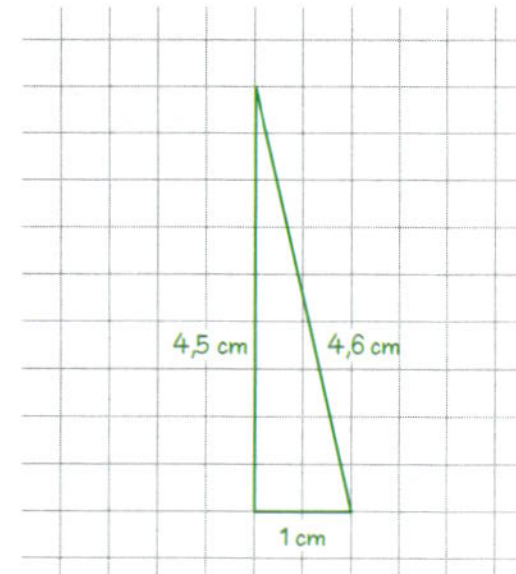

4,6 cm · 40 = 184 cm (Länge in der Zeichnung mit Maßstab in reale Länge umrechnen)

7 Unter welchem Höhenwinkel sieht man die Spitze des Stuttgarter Fernsehturms, wenn man 500 m von ihm entfernt steht? Der Fernsehturm hat eine Höhe von 216,6 m. Konstruiere im Maßstab 1:5000.

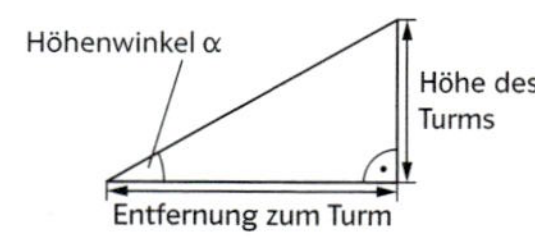

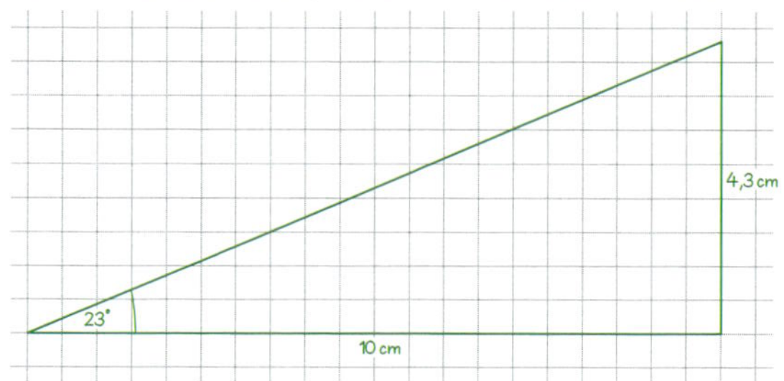

Man sieht die Spitze des Turms unter einem Höhenwinkel von etwa 23 °.

Training

○ **1** a) Zeichne mit dem Geodreieck die Ortslinie aller Punkte, die von den beiden Punkten A und B gleich weit entfernt sind.

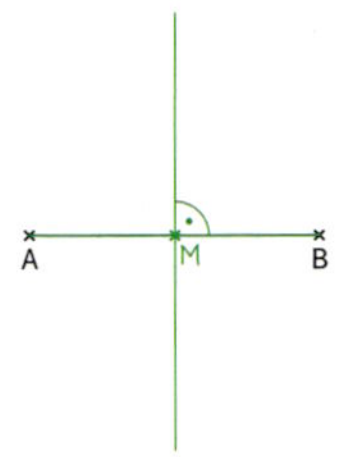

b) Konstruiere mit Zirkel und Lineal die Winkelhalbierende des Winkels.

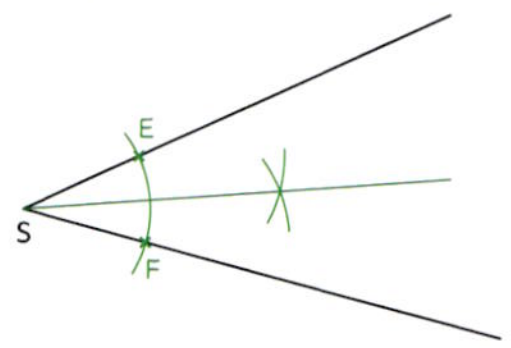

c) Zeichne die Ortslinie der Punkte, die von den parallelen Geraden g und h denselben Abstand haben. Diese Ortslinie heißt Mittelparallele .

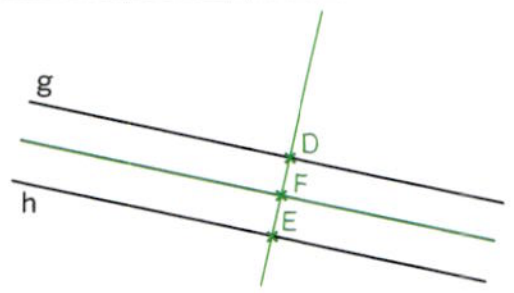

○ **2** Konstruiere ein Dreieck mit a = 3 cm, b = 4 cm und γ = 55°.

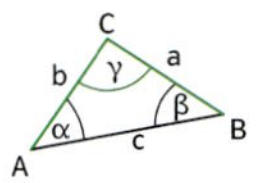

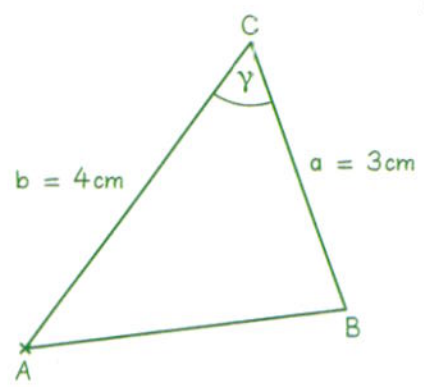

○ **3** Konstruiere ein gleichschenkliges Dreieck mit der Basis 2 cm und der Schenkellänge 3 cm. Fertige zunächst eine Planfigur an. Miss zur Ergebniskontrolle die Größe der Basiswinkel:

71°

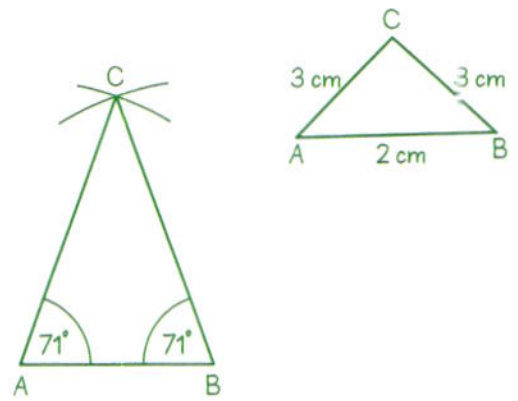

◒ **4** Finde durch eine Konstruktion heraus, für welche Punkte die Aussagen zutreffen.

a) Die Punkte sind von A höchstens 2 cm und von B höchstens 3 cm entfernt.

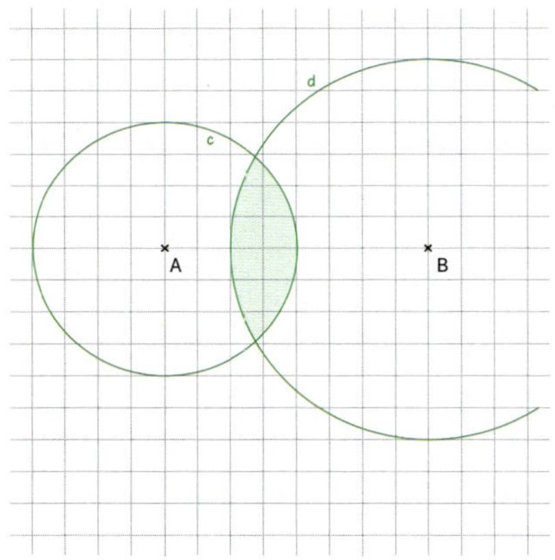

b) Die Punkte sind von A 2 cm oder 3 cm und von B 2 cm oder 4 cm entfernt.

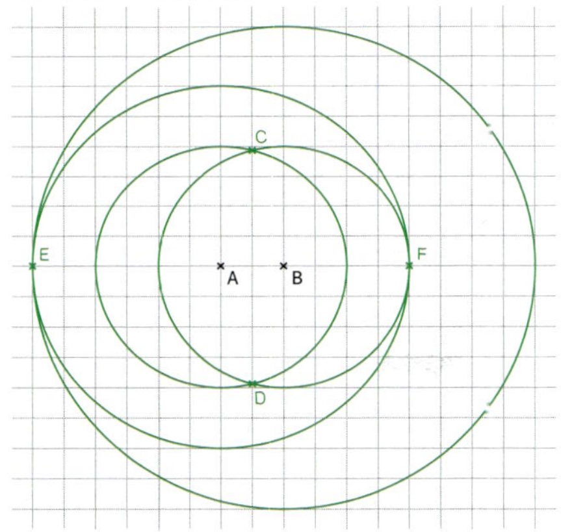

◒ **5** Elfriede und Stefanie sind gute Freundinnen. Sie wohnen beide nebeneinander an der Baumallee. Elfriedes Vater ist Mathematiklehrer und hat eine Überraschung für die beiden versteckt. Er verrät nur, dass der Ort des Verstecks von beiden Häusern gleich weit entfernt ist. Zugleich gilt noch, dass der Ort von beiden Teilstücken der Baumallee gleich weit entfernt ist.
Wo liegt das Versteck? Konstruiere den Punkt.
Wie weit ist es von den Häusern entfernt?

8 m

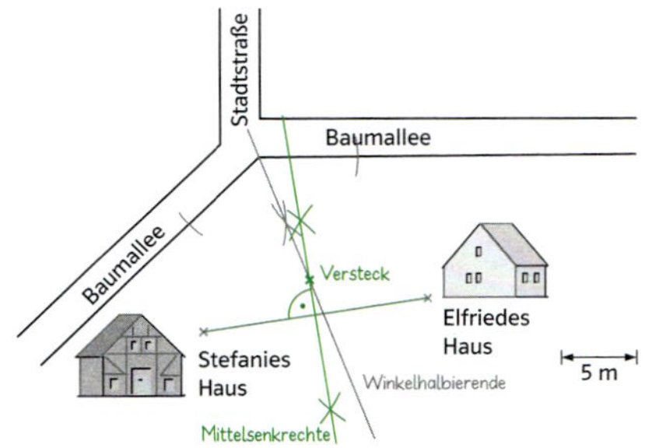

◒ **6** Finde durch eine Konstruktion alle Punkte, die von den beiden Punkten A und B gleich weit entfernt sind und deren Abstand von der Geraden g genau 1 cm beträgt.

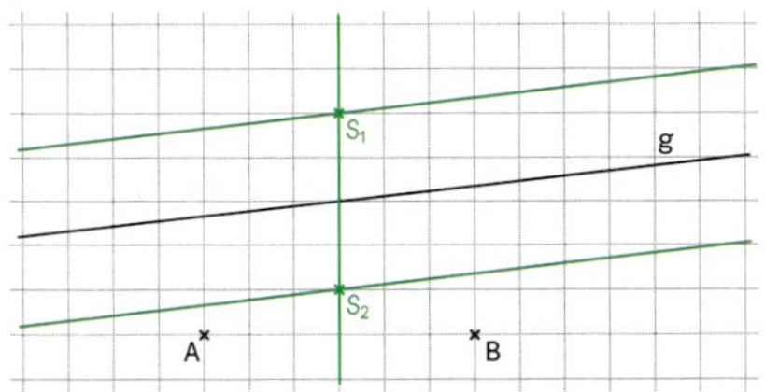

(Mittelsenkrechte zu A und B zeichnen, Parallelenpaar im Abstand 1 cm zu g, Schnittpunkte sind die gesuchten Punkte.)

◒ **7** Finde alle Punkte, die von den Geraden g und h sowohl gleich weit entfernt sind als auch von beiden Geraden den Abstand 1 cm besitzen.

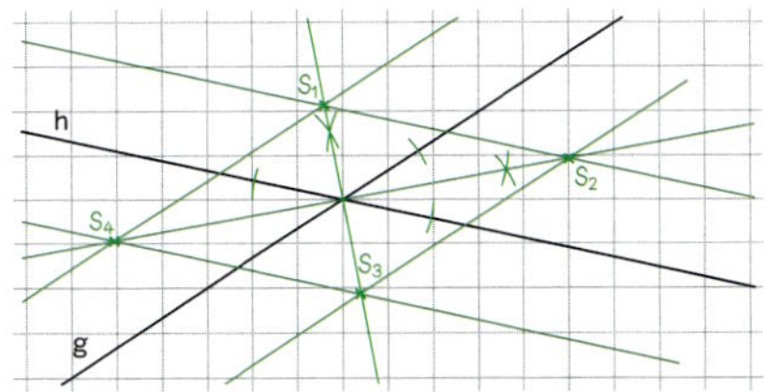

(Beide Winkelhalbierende einzeichnen und beide Parallelenpaare, diese schneiden sich alle in vier Punkten)

◒ **8** Finde durch eine Konstruktion alle Punkte, die von den beiden Geraden g und h gleich weit entfernt sind und deren Abstand vom Punkt A genau 1,5 cm beträgt.

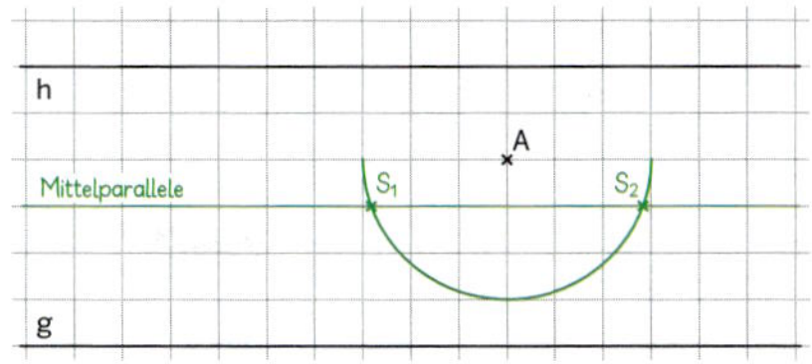

● **9** Man sieht die Spitze eines 45 m hohen Turms von einer Wiese aus unter einem Höhenwinkel von 20°. Wie weit ist der Beobachter von dem Turm entfernt? Konstruiere im Maßstab 1 : 2000.

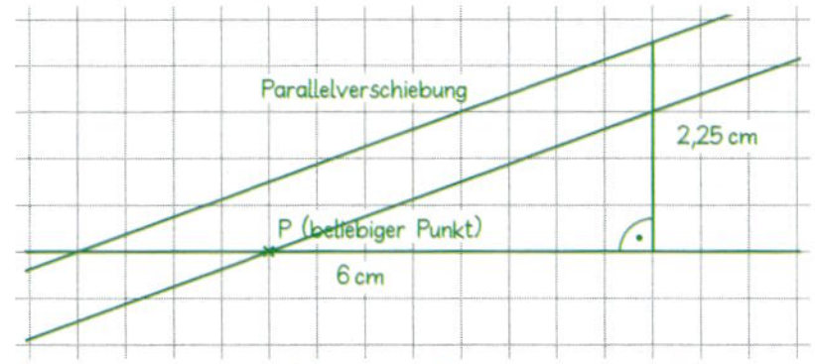

6 cm entsprechen 120 m; der Beobachter ist 120 m vom Turm entfernt.
(Die Augenhöhe wurde vernachlässigt, sie lässt sich in der Konstruktion kaum darstellen.)

Graphen im Koordinatensystem

1 a) Lies aus dem Graphen die fehlenden y-Werte ab und ergänze die Wertetabelle.

x	−2	−1	0	1	2	3
y	−3	1	0	−3	−5	−3

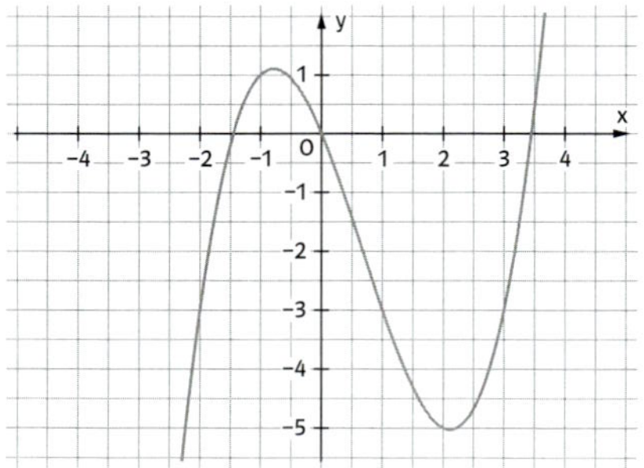

b) Gib näherungsweise alle x-Werte an, die den y-Wert 0,5 haben. −1,3; −0,2; 3,5.

c) Kreuze an. Für alle x-Werte zwischen 0 und 3 sind die zugehörigen y-Werte ☐ positiv ☒ negativ.

d) Kreuze an. Für alle x-Werte zwischen −1 und 0 sind die zugehörigen y-Werte ☒ positiv ☐ negativ.

2 Ein Turmspringer springt von einer 10 m hohen Plattform ins Becken. Dabei wird jede Sekunde die Höhe des Kopfes über bzw. unter der Wasseroberfläche bis zum Auftauchen aus dem Becken gemessen.

Zeit x (in s)	0	1	2	3	4	5
Höhe y (in m)	12	9	1	−2	−1	0

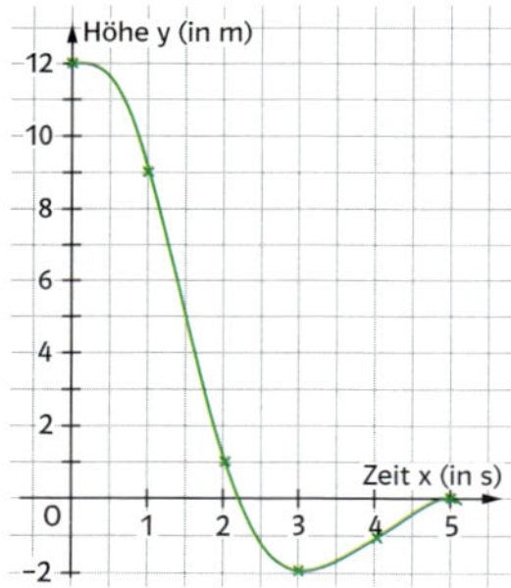

a) Zeichne mithilfe der Tabelle einen Graphen in das Koordinatensystem.

b) Nach 1,5 Sekunden befindet sich der Kopf des Springers in einer Höhe von etwa 5 Metern.

c) Der Springer taucht mit seinem Kopf nach etwa 2,2 Sekunden in das Wasser ein und nach 5 Sekunden wieder aus dem Wasser auf.

3 Die drei Gefäße werden gleichmäßig mit Wasser gefüllt. Die Graphen veranschaulichen den Füllvorgang. Ordne jedem Graphen das richtige Gefäß zu.

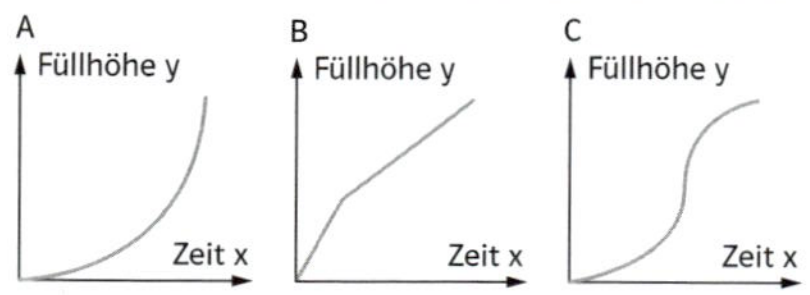

4 Tom fährt mit seinem Vater zur Schule. Der Graph stellt die Fahrt dar. Kreuze wahre Aussagen an. [T1]

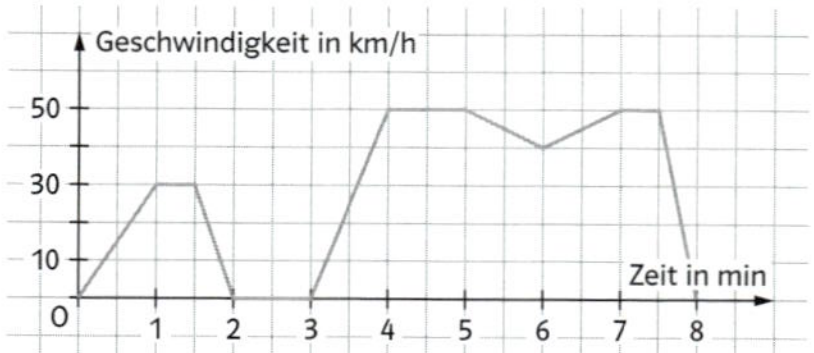

☒ Das Auto fährt insgesamt 90 Sekunden mit einer Geschwindigkeit von 50 km/h.

☐ Die Strecke zur Schule ist 50 km lang.

☐ Das Auto kommt während der Fahrt dreimal zum Stehen.

☒ Die reine Fahrtzeit beträgt 7 Minuten.

[T1] Achte genau darauf, welche Größe auf der x- bzw. auf der y-Achse dargestellt ist.

Funktionen

1 Einige der Graphen stellen keine Funktion dar. Ergänze den Text unterhalb der Graphen.

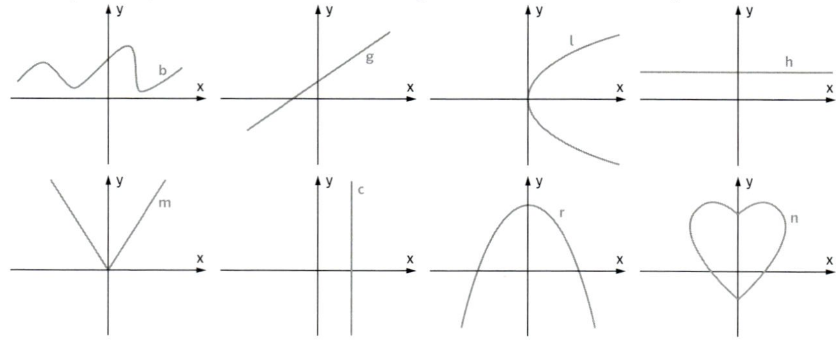

Die Graphen l, c und n stellen keine Funktion dar, weil hier (mindestens) einem x-Wert mehr als ein y-Wert zugeordnet wird.

2 a) Ergänze die angegebene Wertetabelle für die Funktion mit der Gleichung $y = -0{,}5x + 1$.

x	−3	−2	−1	0	1	2	3
y	2,5	2	1,5	1	0,5	0	−0,5

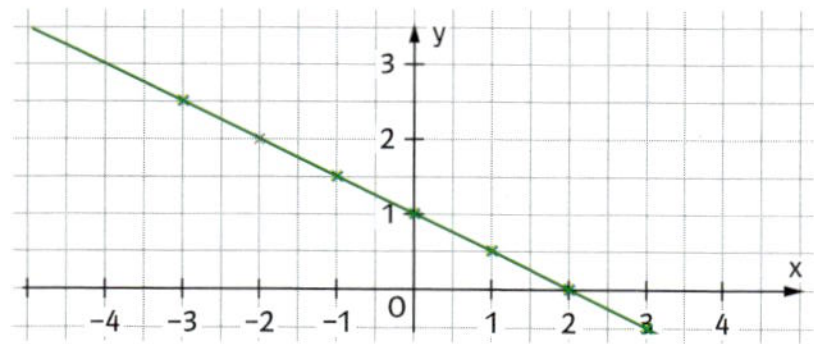

b) Zeichne den Graphen der Funktion in das Koordinatensystem.

3 Welche der Punkte liegen auf dem Graphen der Funktion $y = -1{,}5x + 4{,}5$? In der richtigen Reihenfolge ergeben die Buchstaben der Punkte auf dem Graphen ein Wort aus dem Thema „Funktionen".

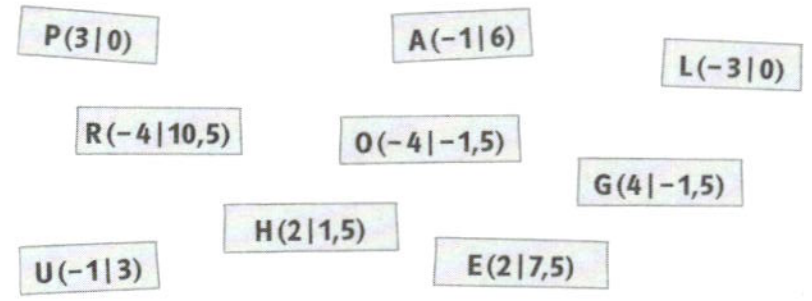

$-1{,}5\cdot(-4) + 4{,}5 = 10{,}5$; O(−4|1,5) nicht auf Graph, R(−4|10,5) auf Graph.
$-1{,}5\cdot 3 + 4{,}5 = 0$; P(3|0) auf Graph
$-1{,}5\cdot(-3) + 4{,}5 = 9$; L(−3|0) nicht auf Graph
$-1{,}5\cdot 2 + 4{,}5 = 1{,}5$; E(2|7,5) nicht auf Graph
$-1{,}5\cdot(-1) + 4{,}5 = 6$; A(−1|6) auf Graph, U(−1|3) nicht auf Graph
$-1{,}5\cdot 2 + 4{,}5 = 1{,}5$; H(2|1,5) auf Graph
$-1{,}5\cdot 4 + 4{,}5 = -1{,}5$; G(4|−1,5) auf Graph

Lösungswort: GRAPH

4 a) Beschreibt der Zusammenhang zwischen „Gewicht eines Briefs" (x) und „Porto des Briefs" (y) eine Funktion? Begründe. Ja, da jedem Gewicht (x-Wert) genau ein Porto (y-Wert) zugeordnet wird.

Brief	Porto
bis 20 g	€ 0,70
bis 50 g	€ 0,85
bis 500 g	€ 1,45

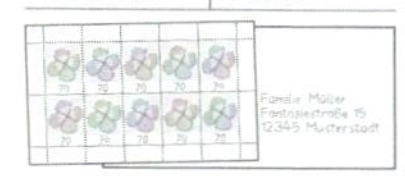

b) Beschreibt der umgekehrte Zusammenhang zwischen „Porto eines Briefs" (x) und „Gewicht des Briefs" (y) eine Funktion? Begründe. Nein, dem Porto 0,85 € können z. B. die Gewichte 22 g, 37 g oder 45 g zugeordnet werden.

1 a) Bestimme die Geradengleichungen.

f: $y = 2x$

g: $y = -x$

h: $y = \frac{1}{2}x$

i: $y = -\frac{1}{3}x$

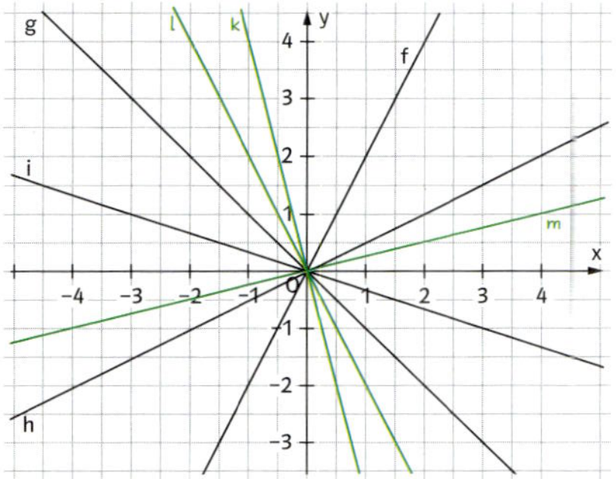

b) Zeichne die Geraden k, l und m in das Koordinatensystem und beschrifte jede Gerade mit dem passenden Buchstaben.
k: $y = -4x$
l: $y = -2x$
m: $y = \frac{1}{4}x$

2 a) Beim Zeichnen einer Geraden durch den Ursprung nutzt man deren Steigung m. Fülle die Lücken in der Tabelle für die Geraden g, h und k.

	m	Gehe vom Ursprung …	
g: $y = \frac{2}{7}x$	$\frac{2}{7}$	7 nach rechts	2 nach oben
h: $y = \frac{6}{5}x$	$\frac{6}{5}$	5 nach rechts	6 nach oben
k: $y = -\frac{5}{6}x$	$-\frac{5}{6}$	6 nach rechts	5 nach unten

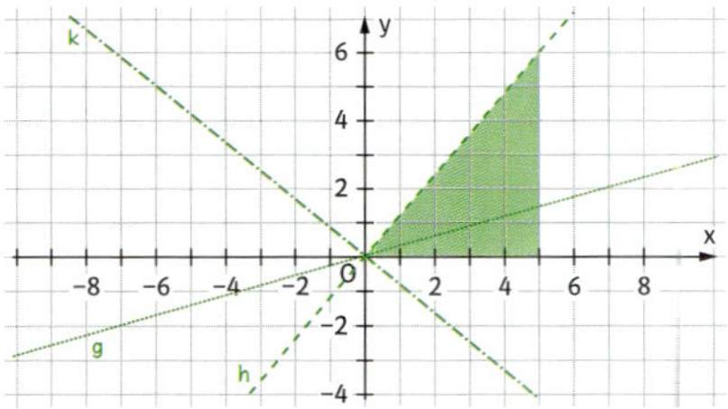

b) Zeichne die Geraden g, h und k in das Koordinatensystem.
c) Zeichne für die Gerade h ein geeignetes Steigungsdreieck ein.

3 Eine Gerade verläuft durch den Ursprung (0 | 0) und durch den angegebenen Punkt. Zeichne die Gerade in das Koordinatensystem und bestimme anschließend die Gleichung der Geraden.

a) P(8 | 2): $y = \frac{2}{8}x = \frac{1}{4}x$

b) Q(5 | −3): $y = -\frac{3}{5}x$

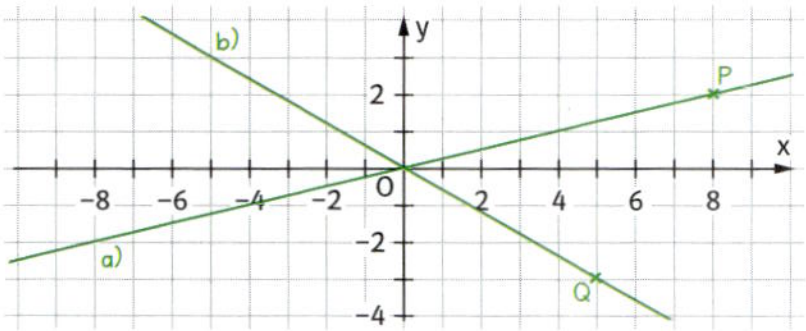

4 Verbinde jeden Punkt mit der Gleichung derjenigen Geraden, die durch den Punkt geht.

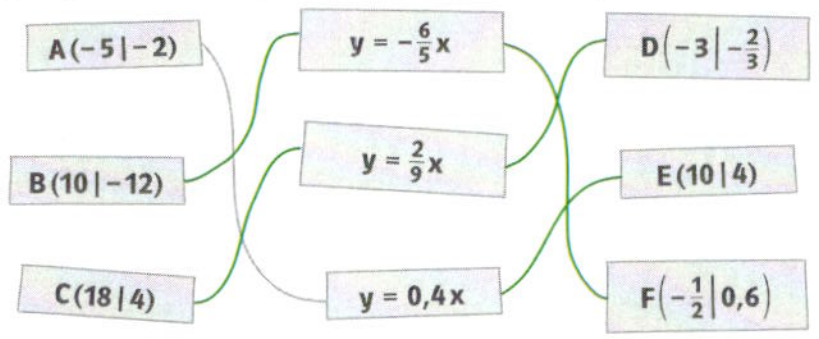

5 Gegeben sind die Geraden g: $y = x$, h: $y = \frac{2}{3}x$ und k: $y = \frac{3}{2}x$.

a) Die Gerade k ist am steilsten, die Gerade h ist am flachsten.

b) Überprüfe dein Ergebnis aus Teilaufgabe a), indem du die drei Geraden zeichnest.

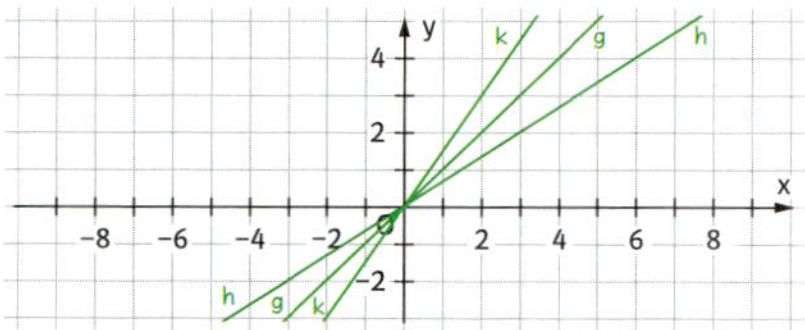

1 a) Ergänze die Tabelle mithilfe der im Koordinatensystem abgebildeten Geraden d bis g.

Gerade	y-Achsen-abschnitt (c)	Steigung (m)	Geradengleichung
d	c = 3	m = −1	y = −x + 3
e	c = −1	m = 2	y = 2x − 1
f	c = 2	m = −3	y = −3x + 2
g	c = −3	m = 3	y = 3x − 3

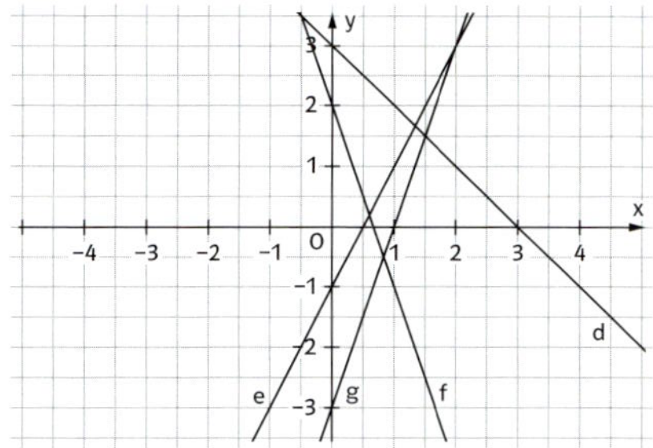

b) Auf welchen beiden Geraden liegt der Punkt P(2 | 3)? Auf den Geraden e und g

2 Bestimme die Funktionsgleichungen der Geraden A bis H.

A: $y = -\frac{1}{2}x + \frac{1}{2}$ B: $y = \frac{3}{2}x + 2{,}5$

C: $y = -\frac{3}{2}x + 1{,}5$ D: $y = \frac{3}{4}x - 0{,}75$

E: $y = \frac{1}{2}x - 0{,}5$ F: $y = \frac{1}{6}x - 1{,}5$

G: $y = -x - 1$ H: $y = -\frac{2}{3}x + 2$

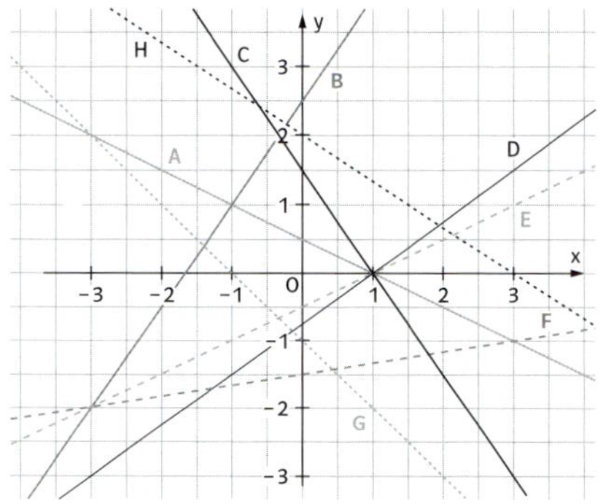

3 Zeichne die zu den Funktionsgleichungen gehörenden Geraden g, h und k in das Koordinatensystem und zeichne für jede Gerade ein geeignetes Steigungsdreieck ein.

g: $y = -\frac{3}{2}x + 6$; h: $y = \frac{5}{2}x - 3$; k: $y = \frac{1}{4}x - 6$

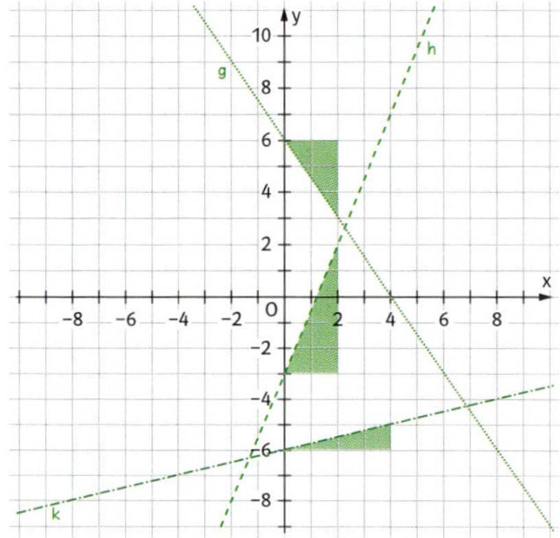

4 a) Prüfe, ob der Punkt P(−3 | 8) auf der Geraden mit der Gleichung $y = -5x - 7$ liegt.

$-5 \cdot (-3) - 7 = 15 - 7 = 8$
Die Koordinaten des Punktes erfüllen die Funktionsgleichung. Der Punkt P liegt also auf der Geraden.

b) Ergänze die fehlende Koordinate des Punktes Q(2 | 3) so, dass Q auf der Geraden mit der Gleichung $y = \frac{1}{3}x + \frac{7}{3}$ liegt.

$\frac{1}{3} \cdot 2 + \frac{7}{3} = \frac{2}{3} + \frac{7}{3} = \frac{9}{3} = 3$
Also ist die gesuchte y-Koordinate 3.

c) Begründe ohne Rechnung, warum der Punkt R(−1 | 2) nicht auf der Geraden mit der Gleichung $y = -1$ liegen kann.

R hat die y-Koordinate 2, aber alle Punkte der Geraden haben die y-Koordinate −1. R kann also nicht auf der Geraden liegen.

5 Zeichne die Geraden g, h, j und k in das Koordinatensystem.

g: $y = \frac{3}{5}x$; h: $y = -\frac{2}{3}x + 2$; j: $y = 0{,}6x - 3$; k: $y = 4$

Die Gerade k ist eine Parallele zur x-Achse.

Die Geraden g und j liegen parallel zueinander.

Sie haben dieselbe Steigung.

Die Gerade g verläuft durch den Ursprung O(0|0).

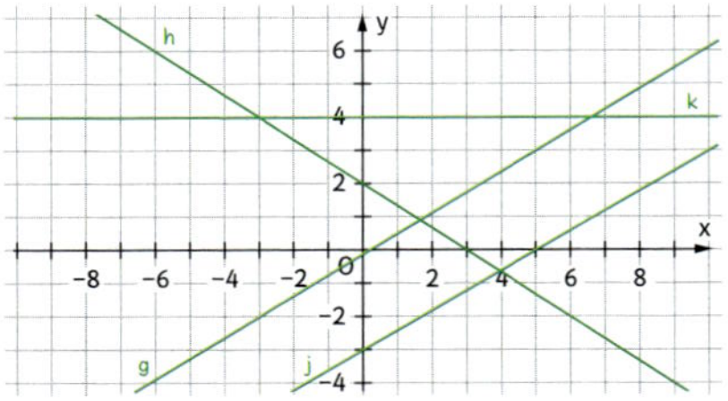

6 Auf der x-Achse wird hier eine andere Längeneinheit verwendet als auf der y-Achse.
a) Lies die Funktionsgleichung der Geraden g ab.

g: $y = -x + 25$

b) Zeichne die Gerade h: $y = 1{,}5x + 5$ ein.

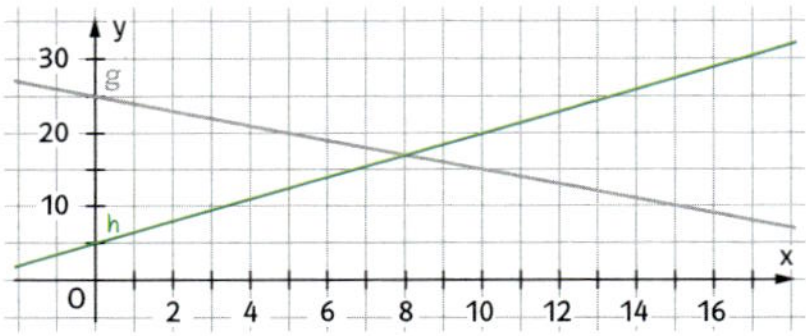

7 Vier kleine Kerzen werden gleichzeitig angezündet. Die Geradengleichungen stellen jeweils den Zusammenhang zwischen der Zeit x (in min) nach dem Anzünden und der Höhe y der Kerze (in cm) dar.
A: $y = -1{,}6x + 8$; B: $y = -x + 5$; C: $y = -1{,}4x + 7$; D: $y = -0{,}5x + 2{,}5$
a) Beschrifte jede Kerze mit dem passenden Buchstaben (A, B, C, D).

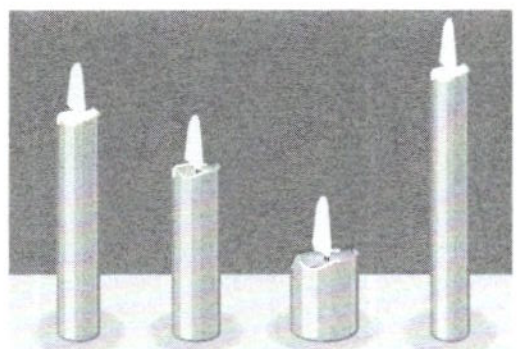

C B D A

Begründe. Je dünner die Kerze ist, desto kleiner ist die Geradensteigung.

Oder: Die Höhe der Kerze entspricht dem y-Achsenabschnitt der Geraden.

b) Kerze B wird pro Minute einen Zentimeter kleiner.

c) Kerze A wird pro Minute 1,6 cm kleiner.

d) Kerze A wird am schnellsten kleiner, Kerze D wird am langsamsten kleiner.

e) Gib die Steigungen der vier Geraden als vollständig gekürzten Bruch an.

A: $m = -1{,}6 = -\frac{8}{5}$; B: $m = -1$

C: $m = -1{,}4 = -\frac{7}{5}$; D: $m = -0{,}5 = -\frac{1}{2}$

f) Zeichne die Geraden in das Koordinatensystem.
g) Alle vier Geraden verlaufen durch den Punkt P(5 | 0). Was bedeutet dies für die Kerzen? [T1]

Alle vier Kerzen sind nach genau 5 Minuten vollständig abgebrannt.

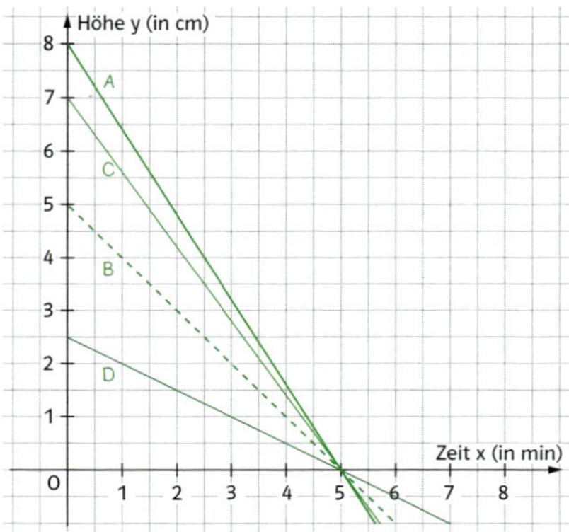

[T1] Welche Einheit hat die x-Koordinate und welche Einheit hat die y-Koordinate von P?

1 Begründe, welche der Graphen einen proportionalen Zusammenhang beschreiben.

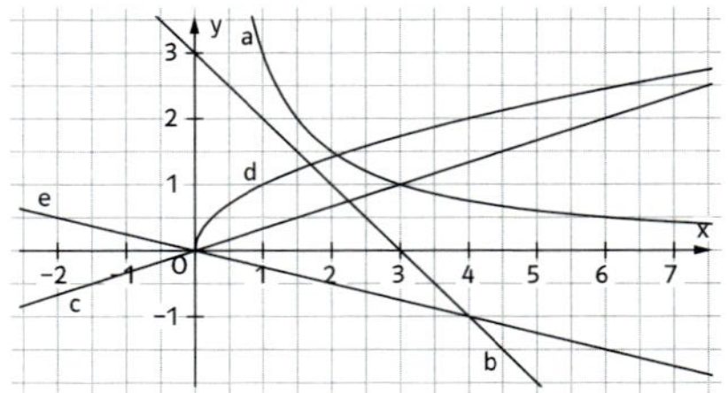

Die Geraden c und e beschreiben einen proportionalen Zusammenhang, denn sie gehen durch den Ursprung.
Die Graphen a und d sind keine Geraden.
Die Gerade b geht nicht durch den Ursprung.

2 a) Die Tabelle stellt einen proportionalen Zusammenhang dar. Ergänze die fehlenden Werte.

x	1	4	5	8	9
y	0,4	1,6	2,0	3,2	3,6

b) Die Tabelle stellt einen antiproportionalen Zusammenhang dar. Ergänze die fehlenden Werte.

x	24	3	6	8	48
y	10	80	40	30	5

c) Man erhält eine Gerade, wenn man den Zusammenhang aus Teilaufgabe a) grafisch darstellt.

3 a) Die Wertetabelle beschreibt einen proportionalen Zusammenhang. Gib die zugehörige Gleichung an und ergänze die Tabelle.

$y = 4x$

x	0	1	5	6	11
y	0	4	20	24	44

b) Prüfe, ob die Wertetabelle einen proportionalen Zusammenhang beschreibt. Begründe.

x	−2	−1	0	2	4	10	20	50
y	1	0,5	0	−1	−2	−5	−15	−25

Nicht proportional, denn bei den Wertepaaren (10|−5) und (20|−15) entspricht das 2-Fache des x-Wertes nicht dem 2-Fachen des y-Wertes.

4 Carla wirft am ersten Tag jedes Monats 1,50 € in eine große Sparbüchse.
a) Gib die Gleichung des Zusammenhangs zwischen Zeit x (in Monaten) und Geld y (in €) an. $y = 1{,}5x$

b) Wie viel Geld ist nach 8 Monaten in ihrer Sparbüchse? $y = 1{,}5 \cdot 8 = 12$. Es sind 12 € in der Sparbüchse.

c) Wie lange muss Carla sparen, um 30 € in ihrer Sparbüchse zu haben? $30 = 1{,}5 \cdot x$; $x = 20$
Sie muss 20 Monate lang sparen.

d) Kann Carla so lange sparen, bis sie 15 000 € hat?
Nein, denn dann müsste sie 10 000 Monate lang sparen. Das sind aber mehr als 830 Jahre.

5 Ein Betrag von 600 € soll an 2, 3, 4, 5 oder 6 Personen zu gleichen Teilen verteilt werden. Welchen Betrag bekommt jede einzelne Person?
a) Ergänze die Tabelle.

Personenzahl x	2	3	4	5	6
Betrag y (in €)	300	200	150	120	100

b) Zeichne die Wertepaare in das Koordinatensystem.
c) Gib die Gleichung des Zusammenhangs zwischen der Personenzahl x und dem Betrag y (in €) an.

$y = \frac{600}{x}$

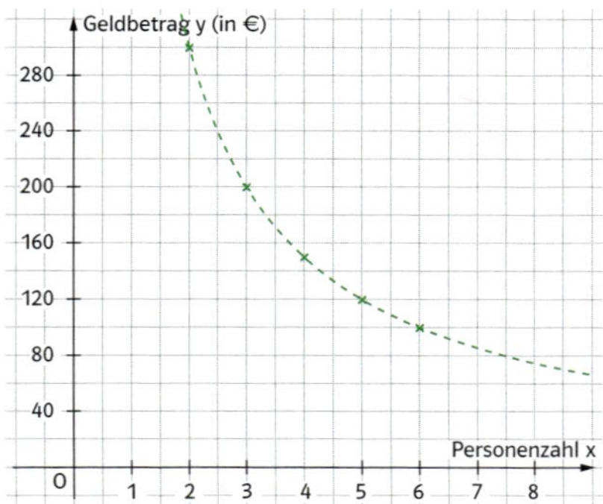

Training

○ **1** a) Die Wertetabellen beschreiben jeweils einen proportionalen Zusammenhang. Ergänze die Tabellen und gib jeweils die Gleichung der zur Tabelle zugehörigen Funktion an.

Tabelle A — Gleichung: $y = \frac{1}{2}x$

x	−4	1	5	8	20
y	−2	0,5	2,5	4	10

Tabelle B — Gleichung: $y = -2x$

x	−2	1	4	10	14
y	4	−2	−8	−20	−28

b) Zeichne die Graphen der beiden Zusammenhänge sowie jeweils ein geeignetes Steigungsdreieck.

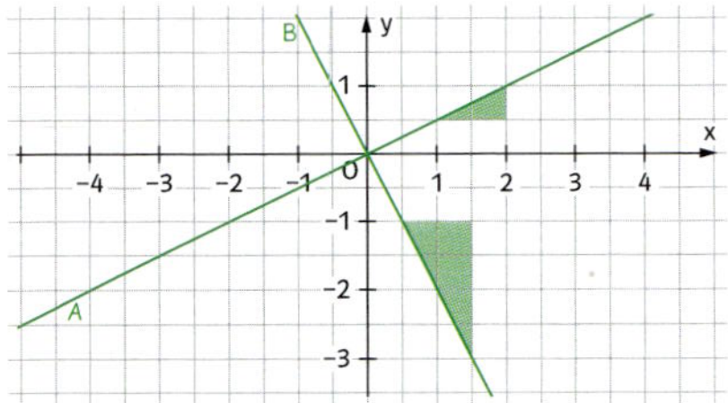

○ **2** Bestimme die Funktionsgleichungen der Geraden.

A: $y = -x - 1$ B: $y = -\frac{1}{2}x + 2$

C: $y = -3x + 3$ D: $y = 2x + 5$

E: $y = \frac{1}{3}x - 1$ F: $y = -3$

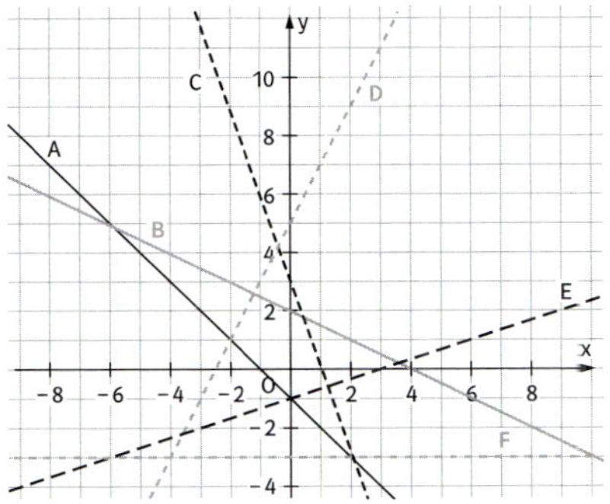

○ **3** Zeichne die Geraden in das Koordinatensystem.

A: $y = -2x + 5$ B: $y = \frac{3}{5}x - 6$

C: $y = -\frac{7}{2}x - 1$ D: $y = \frac{5}{2}$

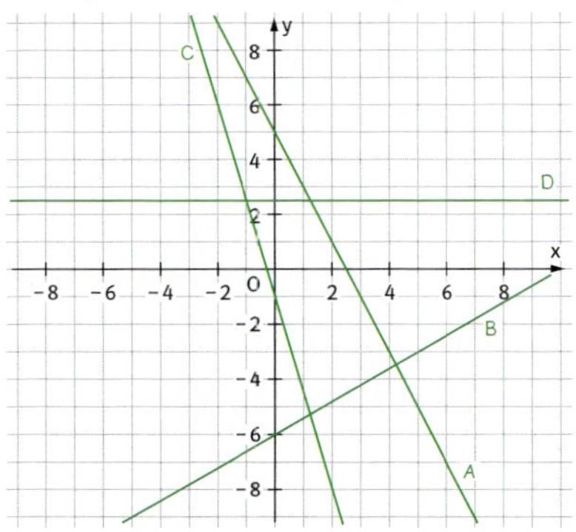

Die Geraden A und C haben eine negative Steigung. Die Gerade D hat die Steigung 0.

◒ **4** a) Eine der Wertetabellen beschreibt einen proportionalen, die andere einen antiproportionalen Zusammenhang. Kreuze an und ergänze die Tabelle.

Tabelle A: ☐ proportional ☒ antiproportional

x	−2	1	3	6	8
y	−3,6	7,2	2,4	1,2	0,9

Tabelle B: ☒ proportional ☐ antiproportional

x	−4	0,5	3	7	11
y	16	−2	−12	−28	−44

b) Die zum antiproportionalen Zusammenhang aus a) gehörige Funktionsgleichung lautet: $y = \frac{7,2}{x}$

c) Umkreise den Namen des Graphen, der den antiproportionalen Zusammenhang aus a) beschreibt.

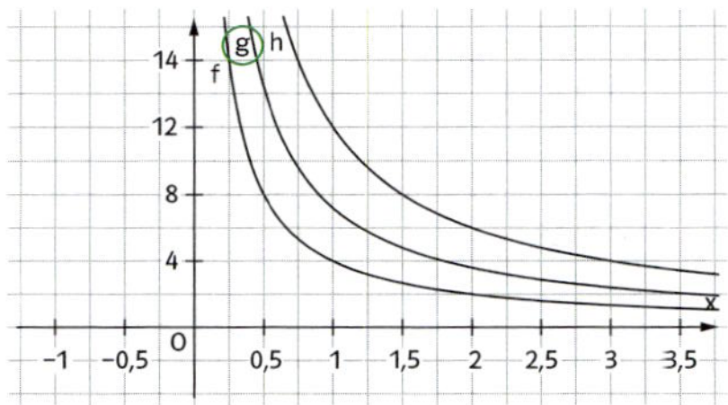

◒ **5** a) Die Graphen beschreiben den Zusammenhang zwischen der Zeit (x) und der Entfernung (y) vom Startpunkt bei verschiedenen Sportarten. Ordne jedem Graphen zwei Aussagen zu.

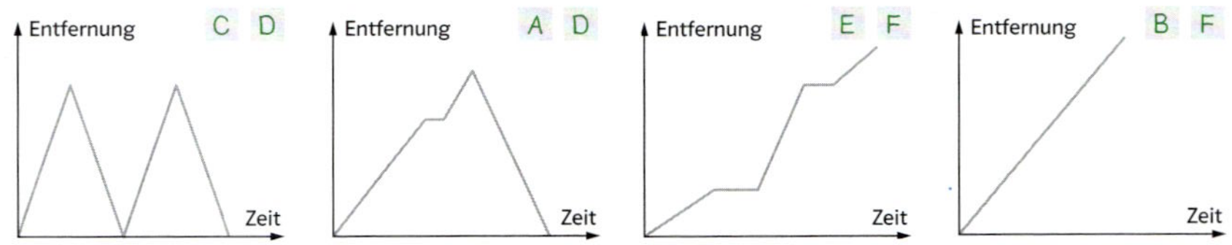

A Der Sportler legt (genau) eine Pause ein.

B Der Sportler bewegt sich mit konstanter Geschwindigkeit.

C Der Sportler kehrt zweimal zum Startpunkt zurück.

D Der Sportler kommt zum Startpunkt zurück.

E Er entfernt sich zweimal über einen gewissen Zeitraum nicht vom Startpunkt.

F Die Entfernung vom Startpunkt wird immer größer.

b) Stellen alle vier Graphen aus Teilaufgabe a) Funktionen dar? Begründe.

Ja, alle vier Graphen stellen Funktionen dar. Zu jedem x-Wert gehört in allen vier Graphen genau ein y-Wert. (Dies ist auch bei den Graphen der Fall, die teilweise parallel zur x-Achse verlaufen.)

◒ **6** In einem 10 Liter fassenden Eimer befinden sich 4 Liter Wasser. Er wird gleichmäßig mit 0,75 Liter Wasser pro Sekunde befüllt.
a) Die Gleichung der Funktion, die den Zusammenhang zwischen der Zeit x (in s) und der sich im Eimer befindenden Wassermenge y (in l) beschreibt, lautet $y = 0,75x + 4$.

b) Zeichne den Graphen der Funktion in das Koordinatensystem.

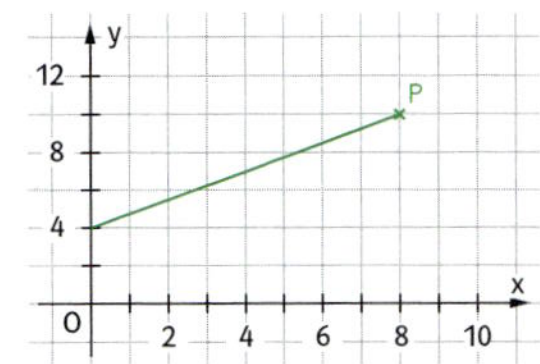

c) Nach 4 Sekunden befinden sich $0,75 \cdot 4 + 4 = 3 + 4 = 7$ Liter Wasser in dem Eimer.

d) Nach 8 Sekunden ist der Eimer voll. Markiere den zugehörigen Punkt P(8 | 10) des Graphen.

● **7** Linus und sein Freund Jonas möchten sich die gleichen neuen Sportschuhe kaufen. Beide haben bereits 20 € gespart. Ab jetzt spart Linus jede Woche 5 €, Jonas aber nur 2 € pro Woche vom Taschengeld.

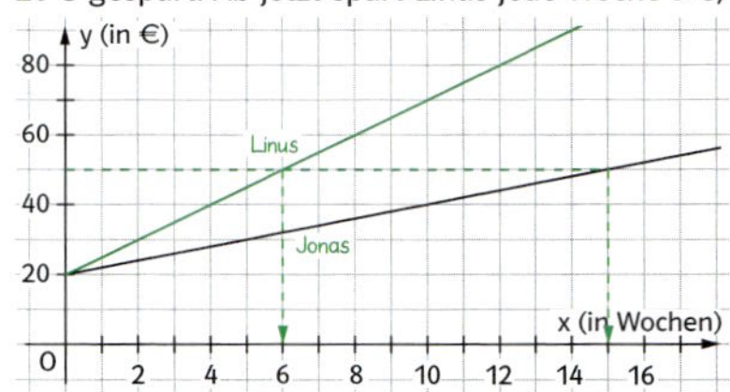

a) Kreuze an. Der Graph beschreibt den Zusammenhang zwischen der Spardauer x (in Wochen) und dem insgesamt ersparten Geld y (in €) für
☐ Linus ☒ Jonas

b) Die Gleichung der Funktion, die das Sparverhalten des anderen Jungen beschreibt, lautet
$y = 5x + 20$.

c) Zeichne den zu Teilaufgabe b) gehörenden Graphen in das Koordinatensystem.

d) Jonas muss genau 9 Wochen länger sparen als sein Freund, bis er sich die neuen Sportschuhe kaufen kann. Die Schuhe kosten 50 €. [T1]

[T1] Lies am Graphen ab, für welchen y-Wert die Differenz aus dem zugehörigen x-Wert von Linus und dem zugehörigen x-Wert von Jonas genau 9 beträgt.

Lösung einer Gleichung

1 Überprüfe, ob die Zahl auf dem blauen Feld eine Lösung der Gleichung ist. Kreuze an.

		ja	nein
7x + 8 = 22	3		x
x + 4 = 3x	2	x	
10 − x = x + 8	1	x	
−4x + 5 = 11 − x	2		x

2 Verbinde die Gleichung mit der passenden Lösung.

Gleichung	Lösung
2x + 5 = 29	−2
6x − 8 = 40	2
20x + 16 = 12x	3
−3x − 12 = −9x	12
6x + 1 = 4x + 7	8

3 Gib die Lösung der Gleichung an.

3 · x = 60 x = 20
x + 21 = 63 x = 42
x : 5 = 7 x = 35
x − 10 = −9 x = 1
6x = −42 x = −7

4 Ergänze im Kästchen eine passende Zahl, sodass die Zahl 2 eine Lösung der Gleichung ist.

3 · x − 8 = −2
3 · x + 2 = 8 (mehrere Lösungen möglich)
2x + 6 = 5x
−3 · x + 6 = 0
−78 + (−11) · x = −100

5 a) Bestimme die Anzahl der Hölzer für die jeweilige Figur. Fülle die Lücken.

					…	?
Figur Nr.	1	2	3	4	…	x
Anzahl der Hölzer	5 = 2 + 3 = 2 + 3 · 1	8 = 2 + 3 + 3 = 2 + 3 · 2	11 = 2 + 3 + 3 + 3 = 2 + 3 · 3	14 = 2 + 3 + 3 + 3 + 3 = 2 + 3 · 4	…	2 + 3 + … + 3 = 2 + 3 · x

b) Welche Nummer hat die Figur mit 152 Hölzern? 152 = 2 + 3 · x

Ergänze zuerst die Gleichung. x = 50

c) Flo und Leo finden für die Figuren zwei weitere Terme. Überprüfe, ob die Terme für die 4. und 8. Figur den gleichen Wert annehmen.

Figur Nr.	4	8
5 + 3 · (x − 1)	5 + 3 · (4 − 1) = 14	5 + 3 · (8 − 1) = 26
x + 2 · (x + 1)	4 + 2 · (4 + 1) = 14	8 + 2 · (8 + 1) = 26

6 Wie lautet die gesuchte Zahl? Stelle eine Gleichung auf und gib die Lösung an.

Ich denke mir eine Zahl,	Gleichung	Lösung
a) multipliziere sie mit 5, addiere 20 und erhalte 100.	x · 5 + 20 = 100	x = 16
b) addiere 30, dividiere das Ergebnis durch 7 und erhalte 6.	(x + 30) : 7 = 6	x = 12

Äquivalenzumformungen von Gleichungen (1)

1 Notiere die Gleichung und löse sie. Veranschauliche die Lösungsschritte und fülle die Lücken.

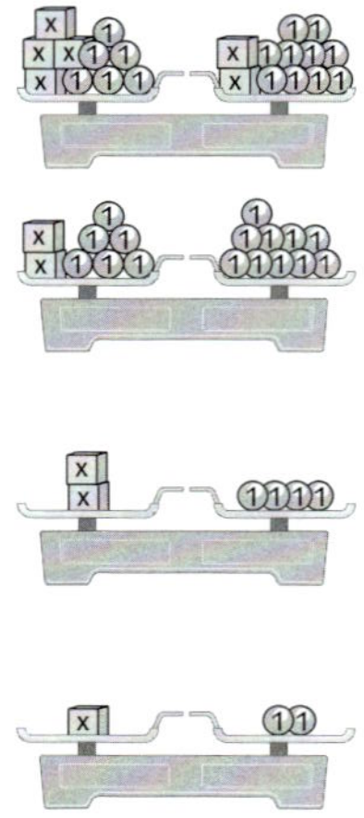

4x + 6 = 2x + 10

Auf beiden Seiten der Gleichung subtrahiert man den Term 2x.

4x + 6 − 2x = 2x + 10 − 2x

2x + 6 = 10

Auf beiden Seiten der Gleichung subtrahiert man die Zahl 6.

2x + 6 − 6 = 10 − 6

2x = 4

Auf beiden Seiten der Gleichung dividiert man durch 2.

2x : 2 = 4 : 2

x = 2

2 Notiere die Gleichung und löse sie. Stelle die Lösung auch zeichnerisch dar.

a)

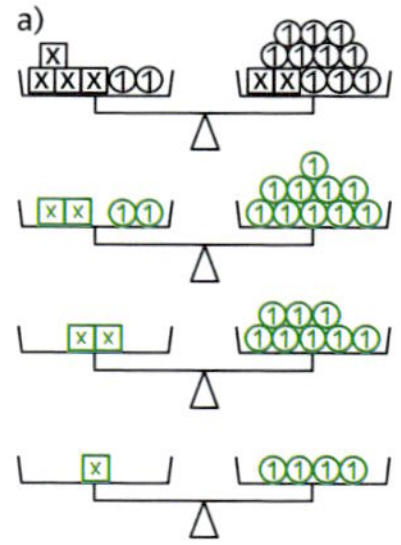

4x + 2 = 2x + 10 | −2x
⇔ 2x + 2 = 10 | −2
⇔ 2x = 8 | : 2
⇔ x = 4

b)

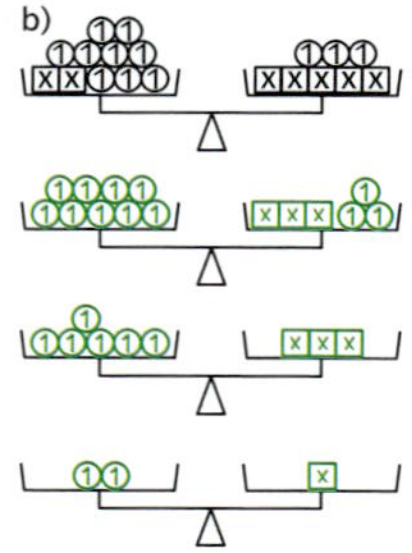

2x + 9 = 5x + 3 | −2x
⇔ 9 = 3x + 3 | −3
⇔ 6 = 3x | : 3
⇔ 2 = x

3 Löse mithilfe von Äquivalenzumformungen. Ergänze die Lücken.

a) 18x + 54 = 6x + 108 | −6x
⇔ 12x + 54 = 108 | −54
⇔ 12x = 54 | : 12
⇔ x = 4,5

Lösung ist die Zahl 4,5

b) 7x − 35 = 49 − 14x | +14x
⇔ 21x − 35 = 49 | +35
⇔ 21x = 84 | : 21
⇔ x = 4

Lösung ist die Zahl 4

c) −4x + 3 = x + 18 | −x
⇔ −5x + 3 = 18 | −3
⇔ −5x = 15 | : (−5)
⇔ x = −3

Lösung ist die Zahl −3

d) 4x − 2 = 2x − 3 | −2x
⇔ 2x − 2 = −3 | +2
⇔ 2x = −1 | : 2
⇔ x = −0,5

Lösung ist die Zahl −0,5

4 a) Rechne jeweils die Gleichung zu Ende.

(1) $2x - 4 = 6x + 16 \mid +4$
$\Leftrightarrow 2x = 6x + 20 \quad \mid -6x$
$\Leftrightarrow -4x = 20 \mid :(-4)$
$\Leftrightarrow x = -5$

(2) $2x - 4 = 6x + 16 \mid -6x$
$\Leftrightarrow -4x - 4 = 16 \quad \mid +4$
$\Leftrightarrow -4x = 20 \mid :(-4)$
$\Leftrightarrow x = -5$

(3) $2x - 4 = 6x + 16 \mid :2$
$\Leftrightarrow x - 2 = 3x + 8 \mid -3x$
$\Leftrightarrow -2x - 2 = 8 \mid +2$
$\Leftrightarrow -2x = 10 \mid :(-2)$
$\Leftrightarrow x = -5$

b) Welcher Weg erscheint dir am vorteilhaftesten?
individuelle Lösung

5 Der Computer kostet mit Monitor 650 €. Der Monitor kostet 300 € weniger als der Computer. Berechne den Preis für jeden Artikel.
Festlegen der Variablen x: Preis für den PC
Aufstellen der Gleichung: $x + (x - 300) = 650$
Rechnung: $\Leftrightarrow 2x - 300 = 650 \mid +300$
$\Leftrightarrow 2x = 950 \mid :2$
$\Leftrightarrow x = 475$
Antwort:
Der PC kostet 475 €, der Monitor kostet 175 €.

6 Leo hat bei den Bundesjugendspielen doppelt so viele Punkte wie sein Freund Jan. Zusammen kommen sie auf 1950 Punkte.
Wie viele Punkte hat jeder erzielt?
Festlegen der Variablen x: Anzahl der Punkte von Jan
Aufstellen der Gleichung: $x + 2x = 1950$
Rechnung: $\Leftrightarrow 3x = 1950 \mid :3$
$\Leftrightarrow x = 650$
Antwort: Jan hat 650 Punkte und Leo hat 1300 Punkte erzielt.

7 Stelle die passende Gleichung auf und berechne die Seitenlänge.
a) Der Umfang des Dreiecks beträgt 28 cm.

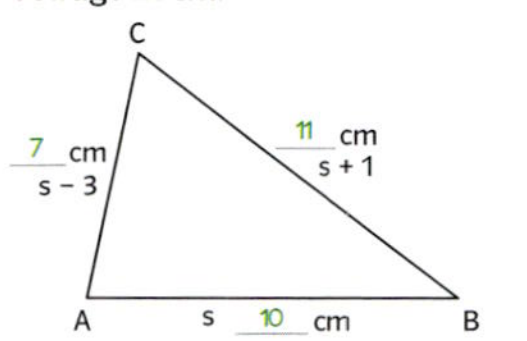

$s + (s - 3) + (s + 1) = 28$
$\Leftrightarrow 3s - 2 = 28 \mid +2$
$\Leftrightarrow 3s = 30 \mid :3$
$\Leftrightarrow s = 10$

b) Der Umfang beträgt 40 cm.

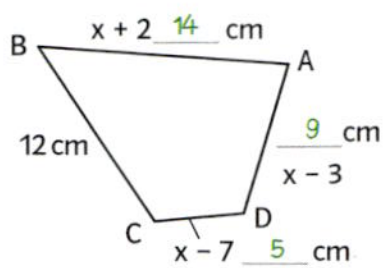

$12 + (x - 7) + (x - 3) + (x + 2) = 40$
$\Leftrightarrow 12 + 3x - 8 = 40$
$\Leftrightarrow 4 + 3x = 40 \mid -4$
$\Leftrightarrow 3x = 36 \mid :3$
$\Leftrightarrow x = 12$

8 Fülle die Lücken der Additions-Zahlenmauer und stelle eine Gleichung auf, um den Wert von a zu berechnen.

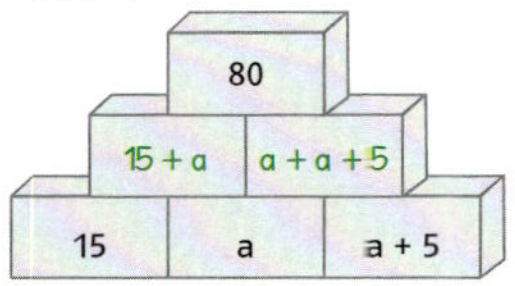

$15 + a + a + (a + 5) = 80$
$\Leftrightarrow 20 + 3a = 80 \mid -20$
$\Leftrightarrow 3a = 60 \mid :3$
$\Leftrightarrow a = 20$

9 Das Paket ist doppelt so lang wie breit und 4 cm breiter als hoch. Das blaue Band ist 3,60 m lang. Für die Schleife wird 40 cm Band benötigt.
Berechne die Maße des Paketes. [T1]

$4x + 4 \cdot 2x + 4 \cdot (x - 4) + 40 = 360$
$\Leftrightarrow 4x + 8 \cdot x + 4 \cdot x - 16 + 40 = 360$
$\Leftrightarrow 16 \cdot x + 24 = 360 \mid -24$
$\Leftrightarrow 16 \cdot x = 336 \mid :16$
$\Leftrightarrow x = 21$
Breite 21 cm; Länge: 42 cm; Höhe: 17 cm

[T1] Wähle für die Breite des Paketes x.

1 a) Gib die Koordinaten der Punkte an.

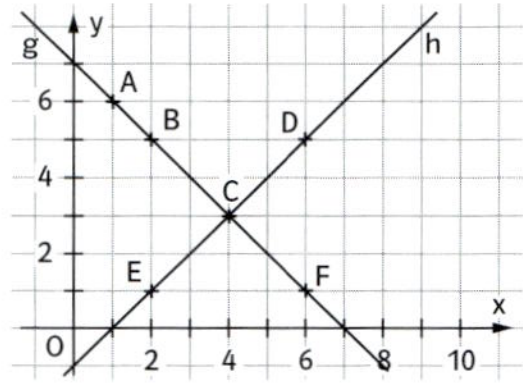

A(1 | 6)
B(2 | 5)
C(4 | 3)
D(6 | 5)
E(2 | 1)
F(6 | 1)

b) Prüfe, welcher Punkt auf welcher Geraden liegt.

	A	B	C	D	E	F
Gerade g	X	X	X			X
Gerade h			X	X	X	

c) Der Punkt C (4 | 3) liegt auf beiden Geraden, er ist Schnittpunkt der Geraden g und h. Also haben g und h für den x-Wert 4 denselben y-Wert 3.

2 a) Gib ohne Zeichnung und Rechnung an, ob die Geraden g und h einen Schnittpunkt haben, echt parallel oder identisch sind. Fülle die Lücken.
b) Zeichne die Geraden in das Koordinatensystem.

Geraden	Steigung m	y-Achsenabschnitt c	Geraden g und h: haben einen Schnittpunkt	sind echt parallel	sind identisch
g: $y = -\frac{2}{3}x + 4$ h: $y = \frac{2}{3}x + 1$	$m_g = -\frac{2}{3}$ $m_h = \frac{2}{3}$	$c_g = 4$ $c_h = 1$	X		
g: $y = \frac{1}{2}x + 3$ h: $y = \frac{1}{2}x + 2$	$m_g = \frac{1}{2}$ $m_h = \frac{1}{2}$	$c_g = 3$ $c_h = 2$		X	
g: $y = \frac{2}{5}x + 1$ h: $y = \frac{2}{5}x + 1$	$m_g = \frac{2}{5}$ $m_h = \frac{2}{5}$	$c_g = 1$ $c_h = 1$			X

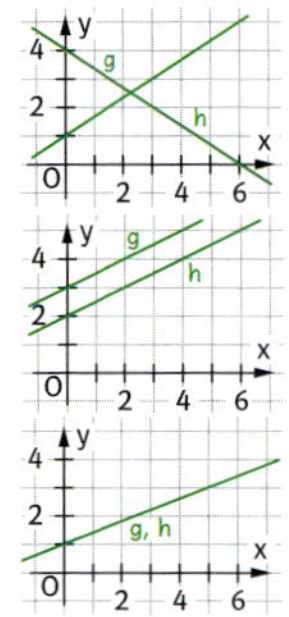

3 Die Geraden g und h schneiden sich. Berechne die Koordinaten des Schnittpunkts S.

a) g: $y = 2x + 3$
h: $y = 0{,}5x + 6$
$2x + 3 = 0{,}5x + 6 \quad \mid -0{,}5x$
$\Leftrightarrow 1{,}5x + 3 = 6 \quad \mid -3$
$\Leftrightarrow 1{,}5x = 3 \mid :1{,}5$
$\Leftrightarrow x = 2$
$y = 2 \cdot 2 + 3 = 7$ S(2 | 7)

b) g: $y = -2x - 13$
h: $y = x + 8$
$\Leftrightarrow -2x - 13 = x + 8 \mid -x$
$\Leftrightarrow -3x - 13 = 8 \mid +13$
$\Leftrightarrow -3x = 21 \mid :(-3)$
$\Leftrightarrow x = -7$
$y = -7 + 8 = 1$ S(−7 | 1)

c) g: $y = 8x + 6$
h: $y = 4x - 18$
$\Leftrightarrow 8x + 6 = 4x - 18 \mid -4x$
$\Leftrightarrow 4x + 6 = -18 \mid -6$
$\Leftrightarrow 4x = -24 \mid :4$
$\Leftrightarrow x = -6$ S(−6 | −42)
$y = 4 \cdot (-6) - 18 = -42$

4 Die Gerade g verläuft durch den Punkt P(0 | 2) und hat die Steigung $m = \frac{3}{4}$.
a) Gib die Gleichung einer Geraden an, die echt parallel zu g ist. z.B. $y = \frac{3}{4}x + 5$
b) Gib die Gleichung einer Geraden an, die die Gerade g schneidet. z.B. $y = -\frac{3}{4}x + 2$

5 Bestimme die Lösung der Gleichung.
a) $4x + 9 = 4x - 8 \mid -4x$
$\Leftrightarrow 9 = -8$
Lösung: keine

b) $5x + 6 = 5x + 6 \mid -5x$
$\Leftrightarrow 6 = 6$
Lösung: alle rationalen Zahlen

Lineare Gleichungen mit Termumformungen und Brüchen

1 Verbinde Kärtchen mit äquivalenten Gleichungen.

$\frac{2}{3}x = 6$ | $0{,}03x = 1{,}8$ | $3(x-2) = 2x - 18$ | $3x - 6 = 2x - 18$ | $2x = 18$ | $\frac{3}{2}(x-2) = x - 9$ | $3x = 180$

2 Juli und Leo rechnen die Gleichungen mit Brüchen unterschiedlich. Ergänze.

$\frac{3}{5}x = \frac{2}{3}$ $\quad | : \frac{3}{5}$
$\Leftrightarrow x = \frac{2}{3} \cdot \frac{5}{3}$
$\Leftrightarrow x = \frac{10}{9}$

$\frac{3}{5}x = \frac{2}{3}$ $\quad | \cdot 15$
$\Leftrightarrow 9x = 10 \quad | : 9$
$\Leftrightarrow x = \frac{10}{9}$

3 Rahme den Fehler ein und schreibe die Verbesserung neben die Aufgabe.

$-24 = \frac{1}{3}x + 21 \quad | - 21$
$-45 = \frac{1}{3}x \quad$ [$| : 3$]
$-15 = x$

$-45 = \frac{1}{3}x \quad | \cdot 3$
$-135 = x$

4 Löse die Gleichung. Markiere dazu die kleinste vorkommende Nachkommastelle. Multipliziere dann die Gleichung mit der passenden Zehnerpotenz.

10 000 | 100 | 1000 | 10

a) $0{,}3x = 0{,}18x + 2{,}4 \quad | \cdot 100$
$\Leftrightarrow 30x = 18x + 240 \quad | -18x$
$\Leftrightarrow 12x = 240 \quad | : 12$
$\Leftrightarrow x = 20$

b) $63 - 2{,}2x = 6{,}8x \quad | \cdot 10$
$\Leftrightarrow 630 - 22x = 68x \quad | +22x$
$\Leftrightarrow 630 = 90x \quad | : 90$
$\Leftrightarrow 7 = x$

c) $5x + 0{,}001 = 0{,}251 \quad | \cdot 1000$
$\Leftrightarrow 5000x + 1 = 251 \quad | -1$
$\Leftrightarrow 5000x = 250 \quad | : 5000$
$\Leftrightarrow x = 0{,}05$

5 Löse die Gleichung.

a) $\frac{3}{4}x = \frac{1}{5}x + \frac{1}{10} \quad | -\frac{1}{5}x$
$\Leftrightarrow \frac{3}{4} \cdot x - \frac{1}{5} \cdot x = \frac{1}{10} \quad | T$
$\Leftrightarrow \frac{15}{20} \cdot x - \frac{4}{20} \cdot x = \frac{1}{10} \quad | T$
$\Leftrightarrow \frac{11}{20} \cdot x = \frac{1}{10} \quad | : \frac{11}{20}$
$\Leftrightarrow x = \frac{2}{11}$

b) $15 \cdot x = \left(\frac{1}{5} \cdot x + \frac{1}{10}\right) \cdot 20 \quad | T$
$\Leftrightarrow 15 \cdot x = 4 \cdot x + 2 \quad | -4 \cdot x$
$\Leftrightarrow 11 \cdot x = 2 \quad | : 11$
$\Leftrightarrow x = \frac{2}{11}$

c) $8\left(\frac{1}{2}x + 49\right) = (-12) \cdot \frac{1}{4}x \quad | T$
$\Leftrightarrow 4x + 392 = -3x \quad | +3x$
$\Leftrightarrow 7x + 392 = 0 \quad | -392$
$\Leftrightarrow 7x = -392 \quad | : 7$
$\Leftrightarrow x = -56$

6 Berechne die Höhe h des Trapezes.

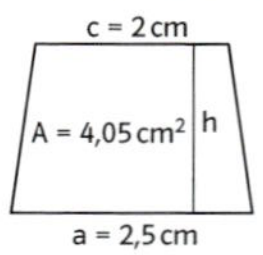

$A = \frac{1}{2} \cdot (a + c) \cdot h \quad |$ Einsetzen
$4{,}05 = \frac{1}{2} \cdot (2 + 2{,}5) \cdot h \quad | T$
$\Leftrightarrow 4{,}05 = 2{,}25 \cdot h \quad | \cdot 100$
$\Leftrightarrow 405 = 225 \cdot h \quad | : 225$
$\Leftrightarrow 1{,}8 = h$

Die Höhe des Trapezes beträgt 1,8 cm.

7 Berechne die Höhe c des Quaders.

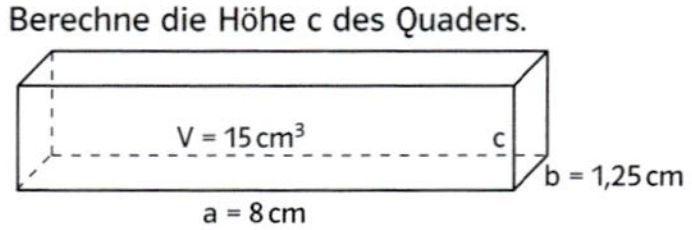

$V = a \cdot b \cdot c$
$\Leftrightarrow 15 = 8 \cdot 1{,}25 \cdot c$
$\Leftrightarrow 15 = 10 \cdot c$
$\Leftrightarrow 1{,}5 = c$

Die Höhe des Quaders beträgt 1,5 cm.

Lineare Ungleichungen

1 Hier sind die Lösungsmengen verschiedener Ungleichungen dargestellt. Gib die Lösungsmengen an.

a) 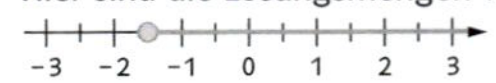
$x \geq -1{,}5$

b) 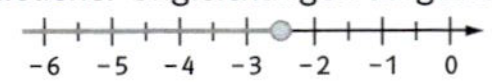
$x \leq -2{,}5$

c) 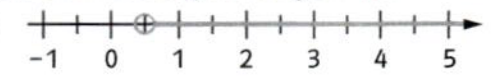
$x > 0{,}5$

2 Löse mithilfe von Äquivalenzumformungen. Veranschauliche die Lösungsmenge an der Zahlengeraden.

a) $5 > x + 4 \quad | -4$
$1 > x$

b) $-4x \leq -116 \quad | : (-4)$
$x \geq 29$

c) $x + 7 < 1 \quad | -7$
$x < -6$
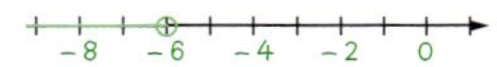

d) $5x - 6 \leq 8x - 6 \quad | +6$
$5x \leq 8x \quad | -5x$
$0 \leq 3x \quad | : 3$
$0 \leq x$

e) $x + 8 > 3x - 6 \quad | +6$
$x + 14 > 3x \quad | -x$
$14 > 2x \quad | : 2$
$7 > x$

f) $-4(x - 3{,}5) \geq -6 \quad |$ ausmult.
$-4x + 14 \geq -6 \quad | -14$
$-4x \geq -20 \quad | : (-4)$
$x \leq 5$
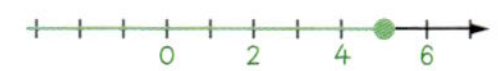

3 a) Notiere die passende Ungleichung.

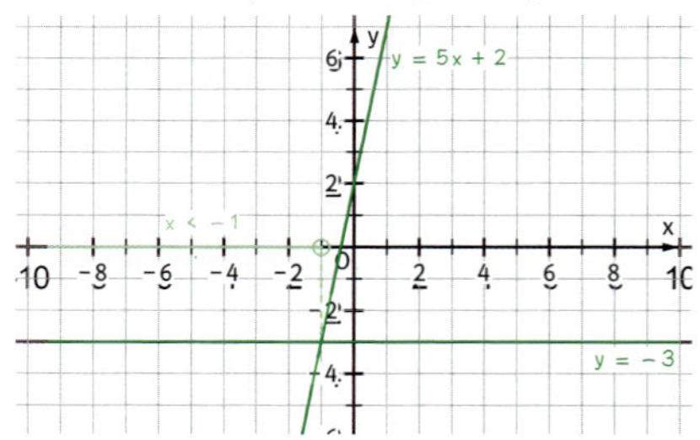

$5x + 2 < -3$

b) Stelle beide Seiten der Ungleichung $2{,}5 < 7 - 3x$ als Geraden dar.

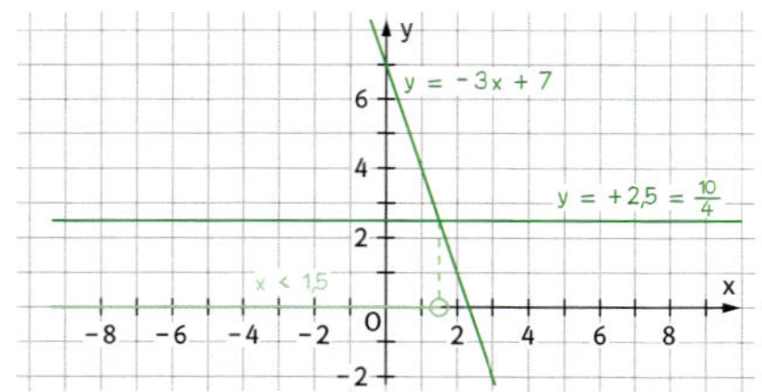

Lies die Koordinaten des Schnittpunktes ab:

S(1,5 | 2,5). Stelle die Lösung auf der x-Achse dar.

4 Maria hat 2,40 m Draht. Sie möchte das Kantenmodell des Körpers bauen. Wie lang darf a höchstens sein, damit der Draht reicht? Verdeutliche deine Lösungen auf der Zahlengeraden.

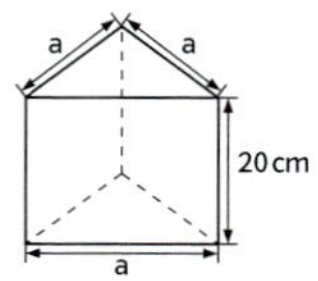

$6a + 3 \cdot 20 \leq 240 \quad | -60$
$6a \leq 180 \quad | : 6$
$a \leq 30$

5 Stelle die passende Ungleichung auf.

a) Das Wasser fließt von A nach B. Ab wann ist im Behälter B mehr Wasser als im Behälter A?
x: Zeit in min $\quad$ y: Menge in l

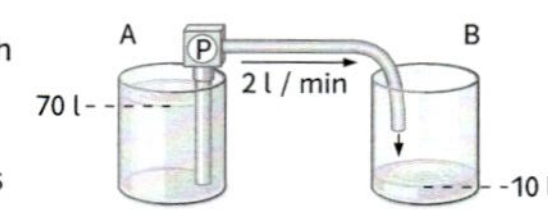

$10 + 2x > 70 - 2x$

b) Bis wie viele Personen ist für eine Kanutour Angebot B billiger?
x: Personenzahl $\quad$ y: Gesamtpreis in €

A Grundpreis: 20,00 €, Preis p. P.: 15,00 €
B Preis p. P.: 20 €

$20x < 20 + 15x$

Training

1 Kreuze die richtige Lösung der Gleichung an und notiere die Probe.

a) $4x - 21 = 51$
☐ −9 ☐ −3 ☒ 18 ☐ 1,5
$4 \cdot 18 - 21 = 51$
$51 = 51$

b) $-4x + 3 = x + 18$
☐ −9 ☒ −3 ☐ 18 ☐ 1,5
$-4 \cdot (-3) + 3 = 15$
$(-3) + 18 = 15$

c) $-2x - 6 = x - 10{,}5$
☐ −9 ☐ −3 ☐ 18 ☒ 1,5
$-2 \cdot 1{,}5 - 6 = -9$
$1{,}5 - 10{,}5 = -9$

d) $-x + 1 = 3x + 37$
☒ −9 ☐ −3 ☐ 18 ☐ 1,5
$-(-9) + 1 = 10$
$3 \cdot (-9) + 37 = 10$

2 Löse die Gleichung. Ergänze die Äquivalenzumformung.

a) 

$2x + 8 = 10 \quad | -8$
$\Leftrightarrow 2x = 2 \quad | :2$
$\Leftrightarrow x = 1$

b) $6x - 28 = 4x - 10 \quad | -4x$
$\Leftrightarrow 2x - 28 = -10 \quad | +28$
$\Leftrightarrow 2x = 18 \quad | :2$
$\Leftrightarrow x = 9$

c) $2(4x + 3) = 5x - 6 \quad | T$
$\Leftrightarrow 8x + 6 = 5x - 6 \quad | -5x$
$\Leftrightarrow 3x + 6 = -6 \quad | -6$
$\Leftrightarrow 3x = -12 \quad | :3$
$\Leftrightarrow x = -4$

3 Überprüfe, ob die Gleichung eine, keine oder unendlich viele Lösungen hat.

a) $4x - 3 = -2x - 3 \quad | +2x$
$\Leftrightarrow 6x - 3 = -3 \quad | +3$
$\Leftrightarrow 6x = 0 \quad | :6$
Lösung: $x = 0$

b) $9x - 5 = 9x - 5 \quad | -9x$
$\Leftrightarrow -5 = -5$
Lösung: unendlich viele

c) $14x + 4 = 14x + 8 \quad | -14x$
$\Leftrightarrow 4 = 8$
Lösung: keine

4 Löse die Ungleichung. Markiere das Ergebnis auf der Zahlengeraden.

a) $2x + 3 < 7 \quad | -3$
$\Leftrightarrow 2x < 4 \quad | :2$
$\Leftrightarrow x < 2$
−6 −5 −4 −3 −2 −1 0 1 2 3

b) $x > 6x + 15 \quad | -6x$
$\Leftrightarrow -5x > 15 \quad | :(-5)$
$\Leftrightarrow x < -3$
−9 −8 −7 −6 −5 −4 −3 −2 −1 0

c) $55 - 3x \geq 10 \quad | -55$
$\Leftrightarrow -3x \geq -45 \quad | :(-3)$
$\Leftrightarrow x \leq 15$
8 9 10 11 12 13 14 15 16 17

5 Ein Heizöltank enthält noch 1000 l Öl. Aus einem Tankwagen mit 5000 l Ladung fließen je Minute 200 l Öl in den Heizöltank.

a) Welche Gerade gehört zu welchem Behälter? Kreuze an.
Heizöltank: g ☐ h ☒ Tankwagen: g ☒ h ☐

b) Gib für beide Geraden die Gleichung an.
Variable x: Zeit in min Variable y: Volumen in l

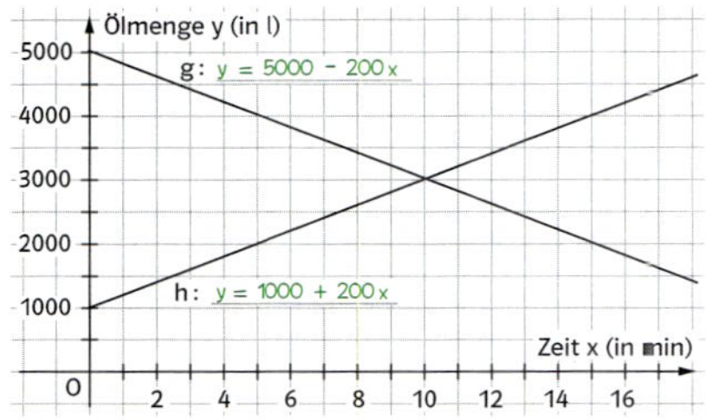

c) Berechne den Schnittpunkt der Geraden.
$200x + 1000 = 5000 - 200x \quad | +200x \quad | -1000$
$400x = 4000 \quad | :400$
$x = 10 \qquad y = 200 \cdot 10 + 1000 = 3000$

d) Nach wie vielen Minuten ist im Heizöltank und im Tankwagen gleich viel Öl?
Antwort: Nach 10 Minuten sind im Heizöltank und im Tankwagen 3000 l Öl.

6 Verbinde zugehörige Karten und ergänze die Lücken.

g: $y = -3x + 4$, h: $y = 4x - 3$ — Geraden schneiden sich — Die Gleichung $-3x + 4 = 4x - 3$ hat eine Lösung.

g: $y = 1{,}5x + 2$, h: $y = \frac{3}{2}x + 2$ — Geraden sind identisch — Die Gleichung $1{,}5x + 2 = \frac{3}{2}x + 2$ hat unendlich viele Lösungen.

g: $y = -2x + 4$, h: $y = -2x - 1$ — Geraden sind echt parallel — Die Gleichung $-2x + 4 = -2x + 1$ hat keine Lösung.

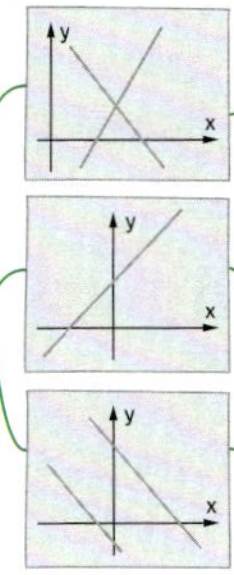

7 Berechne mit Äquivalenzumformungen die Lösung der Gleichung.

a) $\frac{7}{12}x = \frac{5}{6} + \frac{1}{6}x \quad | \cdot 12$
$\Leftrightarrow 7x = 10 + 2x \quad | -2x$
$\Leftrightarrow 5x = 10 \quad | :5$
$\Leftrightarrow x = 2$

b) $1{,}1x + 1 = 4{,}2 + 0{,}7x \quad | \cdot 10$
$\Leftrightarrow 11x + 10 = 42 + 7x \quad | -7x \quad | -10$
$\Leftrightarrow 4x = 32 \quad | :4$
$\Leftrightarrow x = 8$

c) $\frac{2}{3}x + \frac{5}{6} = \frac{1}{4}x \quad | \cdot 12$
$\Leftrightarrow 8x + 10 = 3x \quad | -3x \quad | -10$
$\Leftrightarrow 5x = -10 \quad | :5$
$\Leftrightarrow x = -2$

8 Leo und Lia wollen sich treffen. Sie wohnen 45 km voneinander entfernt. Beide fahren um 8:00 Uhr mit dem Fahrrad los. Leo fährt von A aus durchschnittlich 10 km/h. Lia fährt ihm von B mit 20 km/h entgegen.

a) Gib die Gleichungen des Zusammenhangs zwischen Zeit x (in h) und der Entfernung y von A (in km) an.
Leo: $y = 10x$ Lia: $y = 45 - 20x$

b) Ermittle zeichnerisch. Sie treffen sich nach ungefähr 90 Minuten.

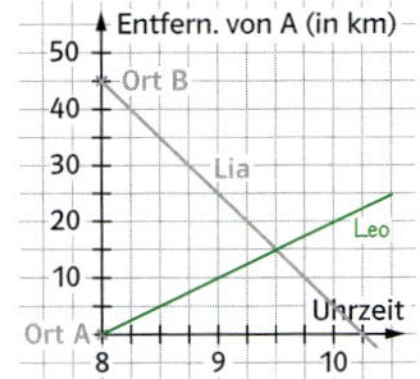

c) Ermittle rechnerisch, wann und wie viele km von A entfernt sie sich treffen.
$10x = 45 - 20x \quad | +20x$
$30x = 45 \quad | :30$
$x = 1{,}5 \qquad y = 15$
Sie treffen sich um 09:30 Uhr, 15 km von A entfernt.

9 a) Der Gepard ist das schnellste Landsäugetier (Geschwindigkeit: 25 m/s). Er erspäht eine Beute und pirscht sich an sie heran. Eine Gazelle flüchtet in einer Entfernung von 300 m mit einer Geschwindigkeit von 15 m/s. Stelle zwei Geradengleichungen für die Bewegung von Gepard (g) und Gazelle (h) auf.

Variable x: Zeit in s Variable y: Position in m
g: $y = 25x$ h: $y = 15x + 300$

b) Wann und in welcher Entfernung vom Startpunkt des Gepards würde er die Gazelle einholen? Berechne.
$25x = 15x + 300 \quad | -15x$
$10x = 300 \quad | :10$
$x = 30 \qquad y = 25 \cdot 30 = 750$

Antwort: Der Gepard würde nach 30 Sekunden 750 m vom Startpunkt aus die Gazelle einholen.

c) Einiges ist in der Realität anders. Nenne verschiedene Aspekte, die hier nicht berücksichtigt wurden. [T1]
Er schlägt die Beute nicht, da er aufgrund seiner Ausdauer nur 600 m durchhält. Die Geschwindigkeit der Tiere ist nicht konstant. Die Laufstrecken von Gepard und Gazelle entsprechen nicht einer Geraden.

[T1] Denke z. B. daran, dass der Gepard seine Geschwindigkeit nur ca. 600 m durchhält.

Mit Winkeln begründen

1 Kennzeichne die angegebenen Paare gleicher Winkel jeweils mit einer Farbe.

a) alle Scheitelwinkel b) alle Stufenwinkel c) alle Wechselwinkel

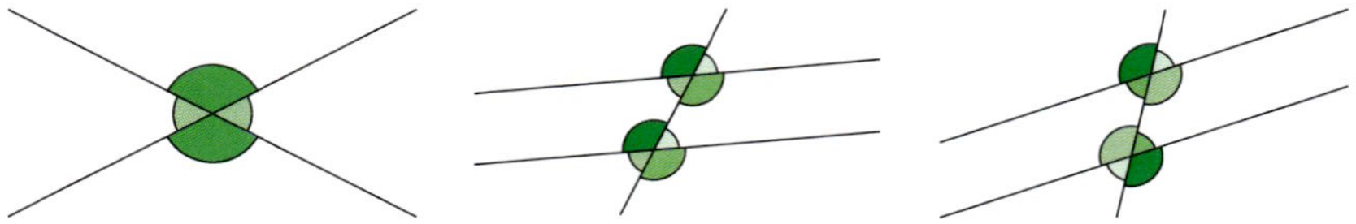

2 Die Geraden g und h sind parallel. Wie groß sind die Winkel α und β? Begründe, indem du die Sätze vervollständigst.

a)

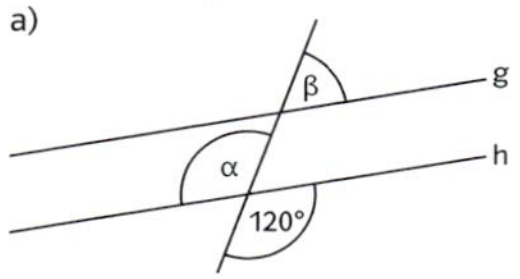

α ist Scheitel winkel zu 120°,

α = 120°.

β = 60° ist Stufen winkel zum Neben winkel rechts von α.

b)

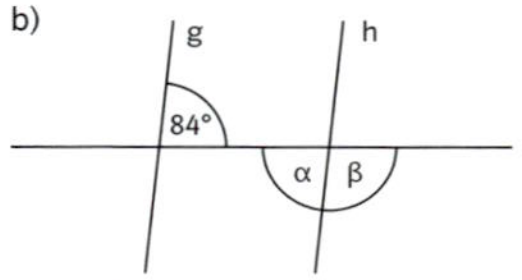

α ist Wechsel winkel zu 84°,

α = 84°.

β ist Neben winkel zu α.

β = 180° – 84° = 96°.

c)

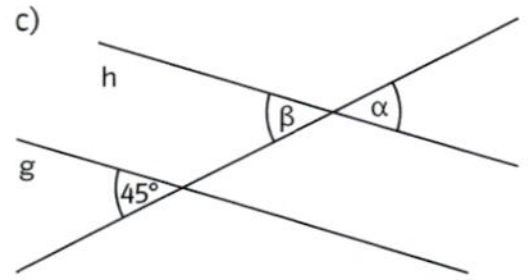

β ist Stufen winkel zu 45°,

β = 45°.

α ist Scheitel winkel zu β,

α = 45°.

3 a) Sind die Geraden g und h parallel? Begründe rechnerisch. Berechne vorher die Winkelweiten der anderen Winkel und trage die Größen ein.

Wären g und h parallel, müssten die beiden Wechselwinkel an der Geraden j gleich sein. Sie sind aber 60° bzw 61°.

b) Sind die Geraden i und j parallel? Begründe deine Meinung.

Die Geraden i und j sind parallel, da die Stufen- und Wechselwinkel an der Geraden h gleich groß sind. (Hinweis: Die Winkel am Schnittpunkt von i und g ergeben sich erst aufgrund der Parallelität von i und j.)

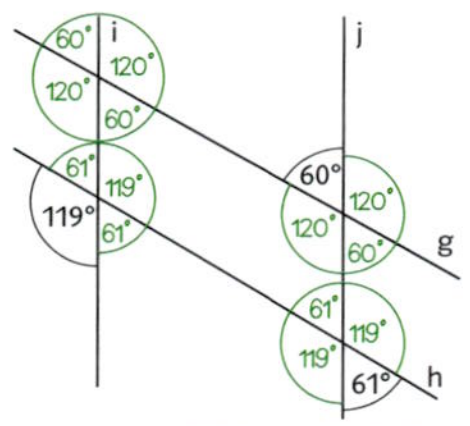

Antwort: g $\nparallel$ h, i ∥ j

4 Bestimme die Winkelweite α, wenn w die Winkelhalbierende der Geraden g und h ist.

a)

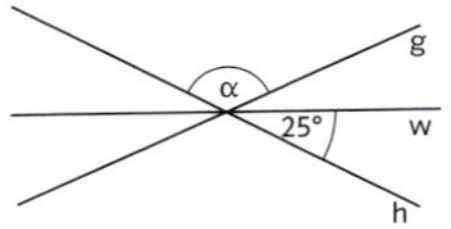

α = 180° – 2 · 25°

α = 130°

b)

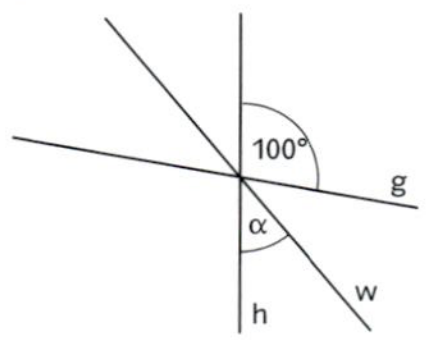

$\alpha = \frac{1}{2} \cdot (180° - 100°)$

α = 40°

Winkelsumme im Dreieck

1 Berechne die Weite der bezeichneten Winkel.

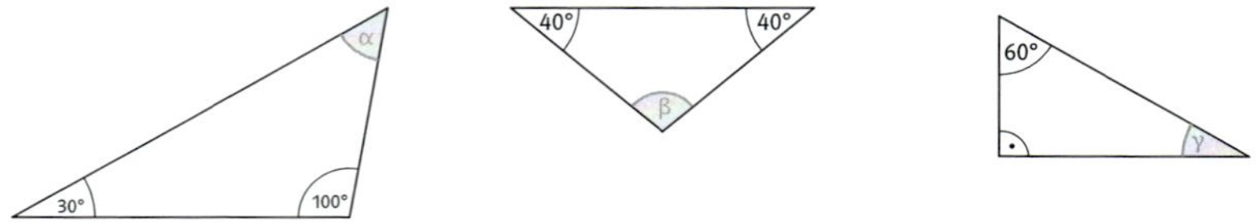

α = 180° – 100° – 30° = 50° β = 180° – 40° – 40° = 100° γ = 180° – 90° – 60° = 30°

2 Berechne die Weite der bezeichneten Winkel.

α = 55° β = 69°

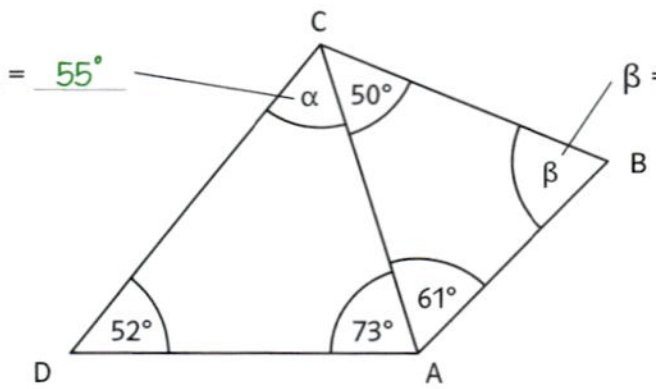

α = 71° β = 57°

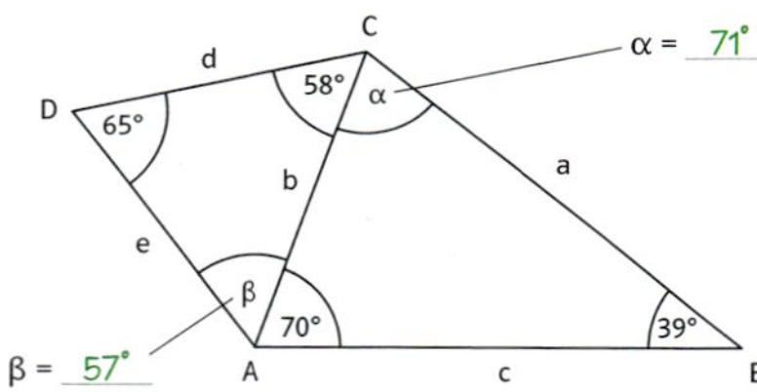

3 Bestimme die Weite der Winkel.

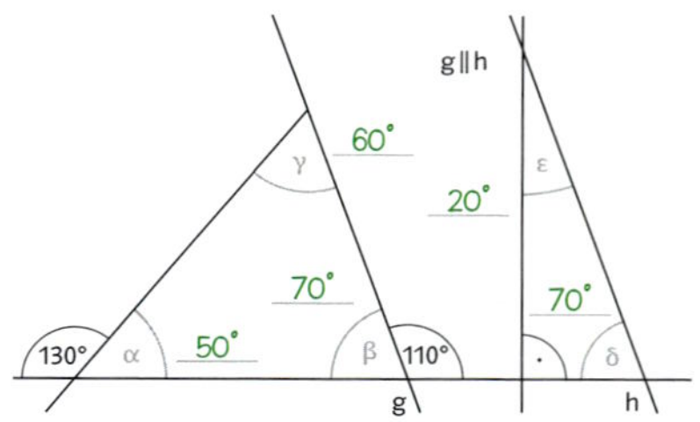

4 Bestimme die Weite der Winkel α, β und γ.

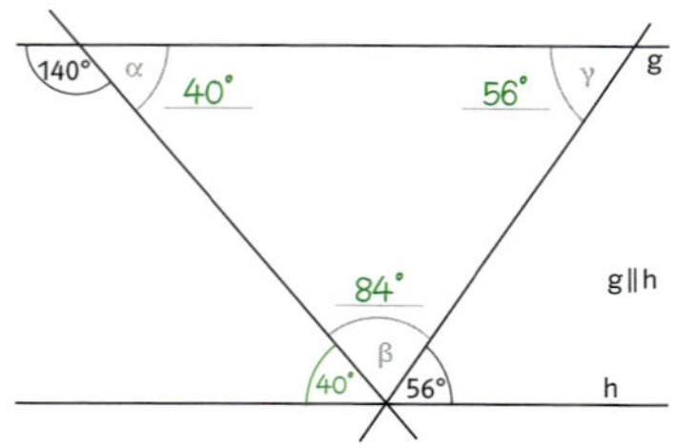

5 Bestimme die Weite der angegebenen Winkel.

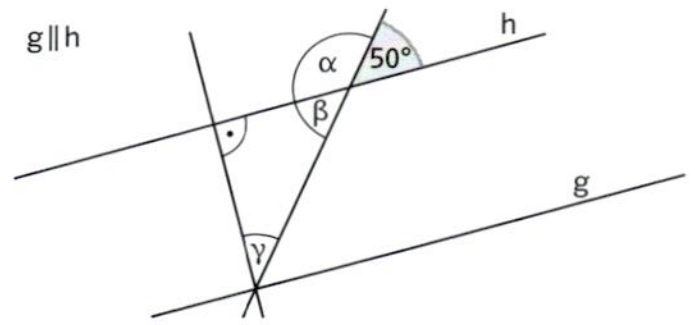

α = 180° – 50° = 130°

β = 50°

γ = 180° – 90° – 50° = 40°

6 Bestimme die Weite der angegebenen Winkel.

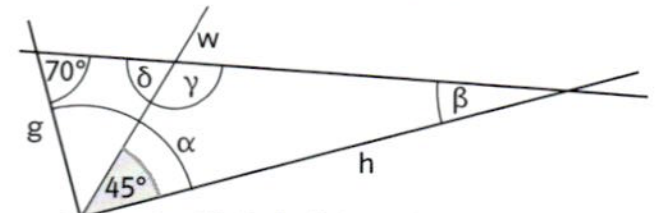

w ist Winkelhalbierende von g und h

α = 2 · 45° = 90°

β = 180° – 45° – γ = 20°

γ = 180° – δ = 115°

δ = 180° – 45° – 70° = 65°

Mit gleichschenkligen Dreiecken begründen

1 Prüfe zunächst mit dem Geodreieck, welche Seiten des gleichschenkligen Dreiecks gleich lang sind. Bestimme dann die fehlenden Weiten der Winkel und trage sie ein.

a) α = 73°, β = 34°

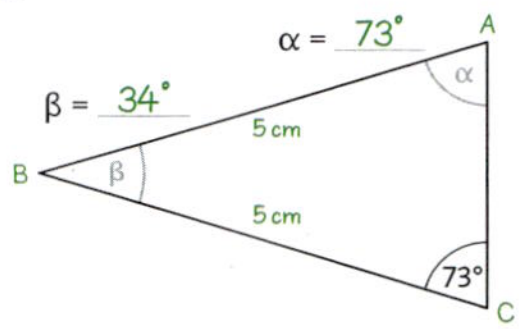

b) β = 80°, α = 50°

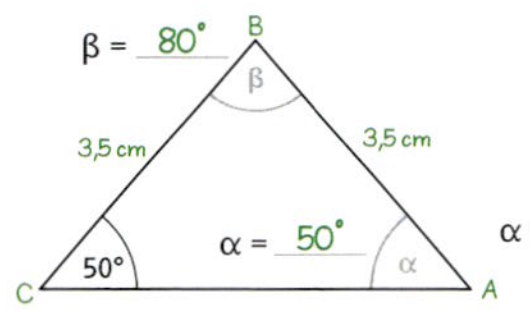

c) α = 60°, β = 60°

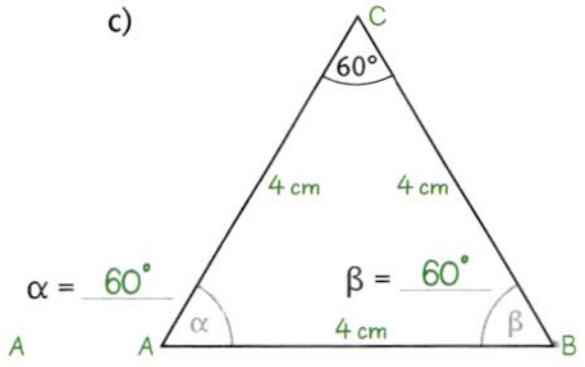

2 Führe die angefangene Konstruktion weiter aus. Markiere zunächst die gegebenen Stücke farbig. Gleichschenkliges Dreieck mit Schenkel $a = 3\,cm$ und Basiswinkel $\alpha = 55°$.

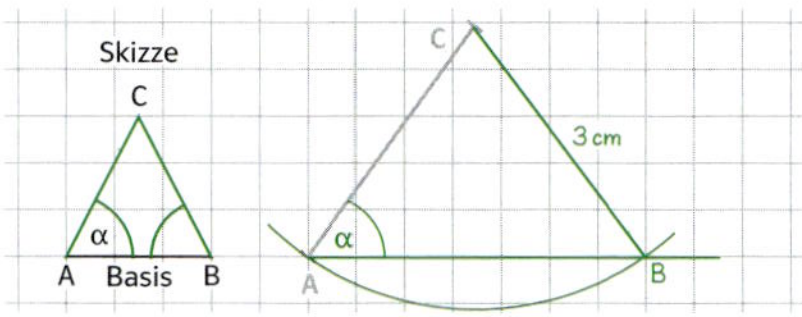

3 Konstruiere ein rechtwinkliges Dreieck ABC, bei dem für die Seitenlängen gilt: $\overline{AC} = \overline{AB} = 2{,}5\,cm$. Fertige zuerst eine Skizze an.

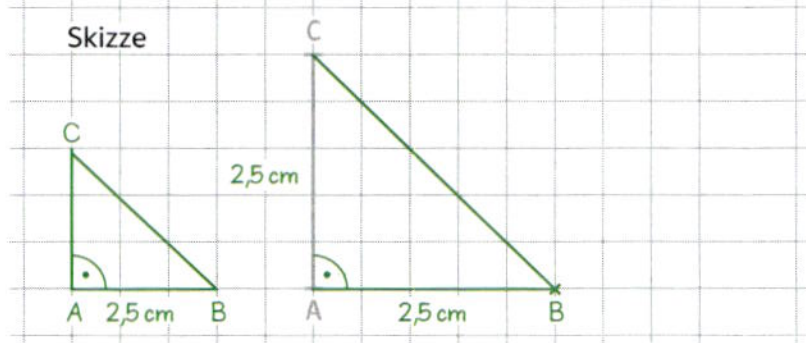

4 Die Innenwinkel des Dreiecks ABC lassen sich bestimmen, da nach Konstruktion $\overline{AB} = \overline{AC}$ ist.

α = 40°, β = 70°, γ = 180° − 110° = 70°

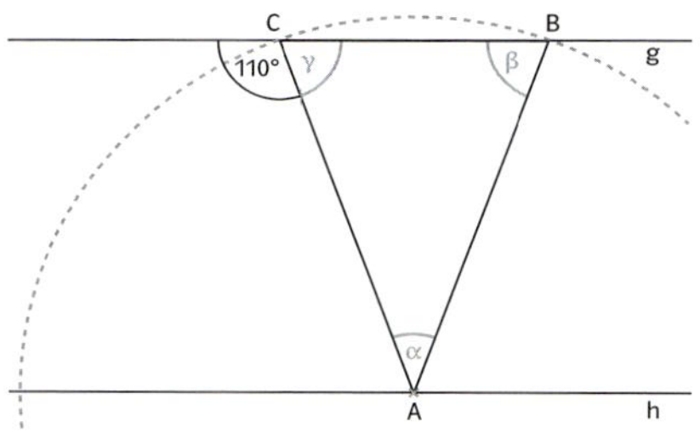

5 Im Dreieck ABC ist $\overline{AB} = \overline{AC}$.

a) Bestimme den Winkel φ. φ = 21°

Trage berechnete Winkeleinheiten in die Zeichnung ein [T1].

b) Welche Eigenschaft hat das Dreieck CDE?

Das Dreieck ist gleichschenklig.

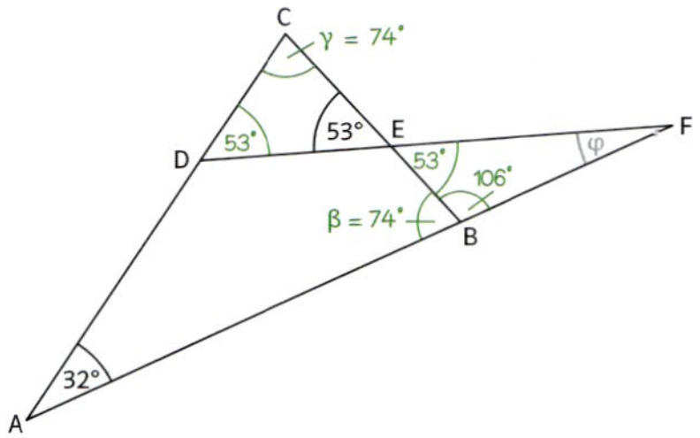

[T1] Betrachte zunächst das Dreieck ABC. Bestimme die Basiswinkel γ und β. Betrachte dann das Dreieck BFE und bestimme dort die Winkel. Dabei musst du den Nebenwinkel- und den Scheitelwinkelsatz anwenden.

Der Satz des Thales

1 Bestimme die fehlenden Winkelweiten.

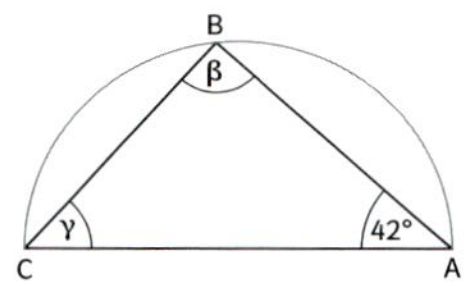

β = 90°

γ = 180° − 90° − 42° = 48°

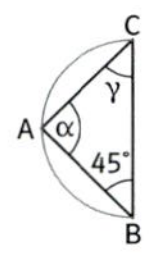

α = 90°

γ = 180° − 90° − 45° = 45°

2 Konstruiere mithilfe des Thaleskreises ein rechtwinkliges Dreieck ABC ($\gamma = 90°$) mit $\beta = 35°$ und $c = 4{,}5\,cm$.

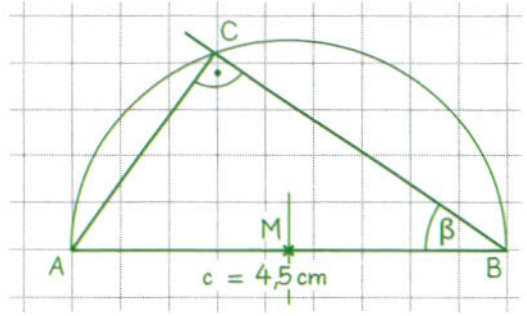

3 Markiere zunächst in der Planfigur die bekannten Stücke. Konstruiere ein Dreieck. (Es gibt 2 Lösungen.)

a) $b = 6\,cm$; $\beta = 90°$; $h_b = 2\,cm$

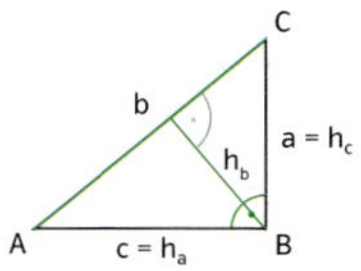

b) $c = 4{,}5\,cm$; $\gamma = 90°$; $h_c = 1{,}5\,cm$

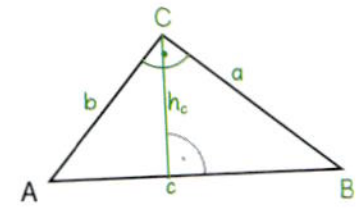

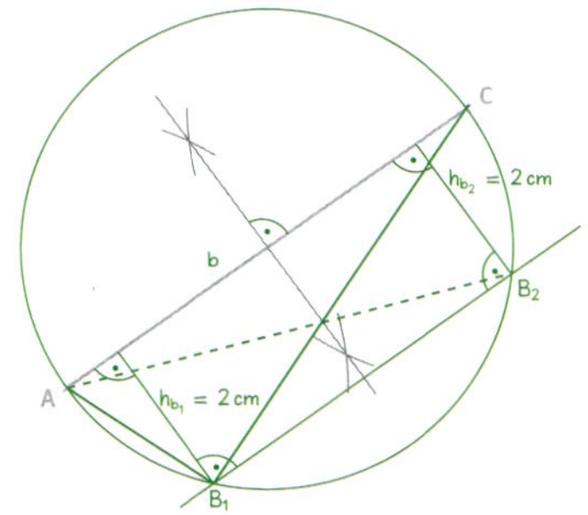

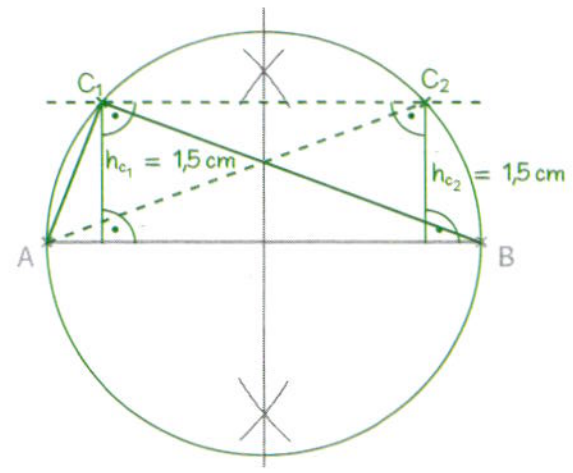

4 a) Zeichne einen Kreis K_1 mit Mittelpunkt M_1 und dem Radius $r_1 = 1{,}5\,cm$.

b) Konstruiere die Tangenten t_1 und t_2 an den Kreis durch den Punkt P [T1].

c) Konstruiere den Kreis K_2 mit Mittelpunkt M_2 und dem Radius $r_2 = 2\,cm$, sodass die Tangenten aus b) auch für ihn Tangenten sind [T2].

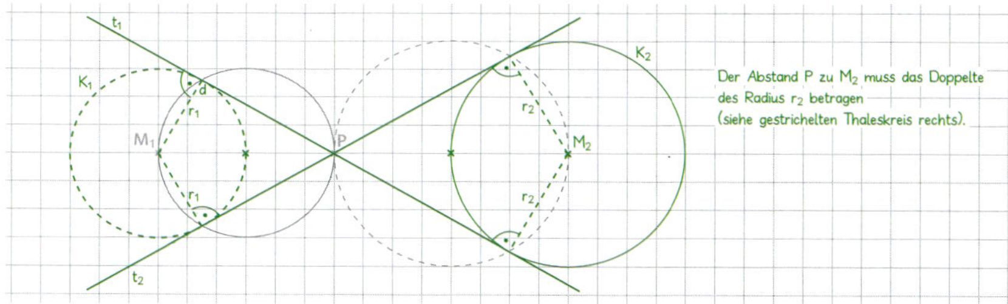

[T1] Konstruiere den Thaleskreis über der Strecke $\overline{M_1P}$.

[T2] M_1, P und M_2 liegen auf einer Geraden. Konstruiere den Thaleskreis über der Strecke $\overline{M_2P}$.

Der Umkreis

1 Betrachte die folgenden Dreiecke.
a) Kreuze jeweils die korrekte Eigenschaft des Dreiecks an.

☒ spitzwinklig	☐ spitzwinklig	☐ spitzwinklig
☐ stumpfwinklig	☐ stumpfwinklig	☒ stumpfwinklig
☐ rechtwinklig	☒ rechtwinklig	☐ rechtwinklig

b) Konstruiere zu jedem Dreieck den Umkreis. Wo liegen die Umkreismittelpunkte?

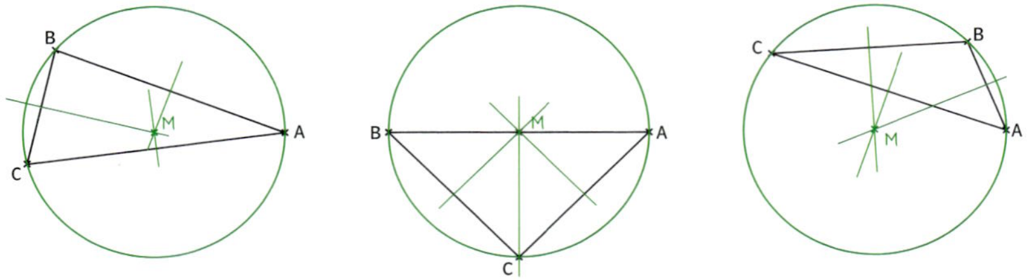

Umkreismittelpunkt liegt	Umkreismittelpunkt liegt	Umkreismittelpunkt liegt
innerhalb des Dreiecks.	auf der Seite des Dreiecks.	außerhalb des Dreiecks.

2 Zeichne das Dreieck mit A(2 | 1), B(6 | 1) und C(7 | 4). Konstruiere den Umkreis. Wo liegt der Mittelpunkt?

Der Kreismittelpunkt U liegt ungefähr bei (4 | 3,3).

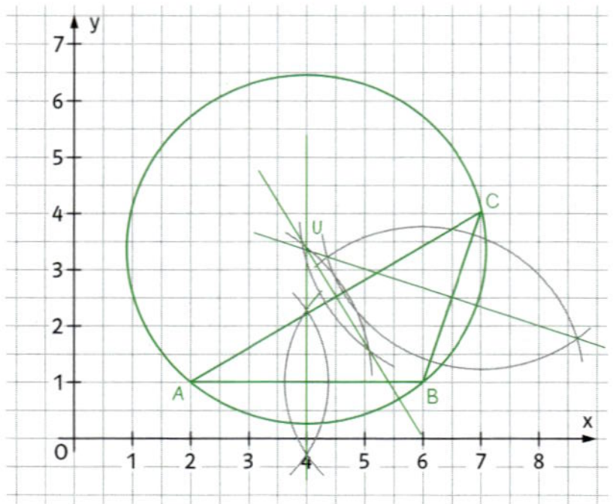

3 Konstruiere einen Kreis um den Menschen, der mindestens eine Fingerspitze der beiden Hände und eine Fußsohle berührt.

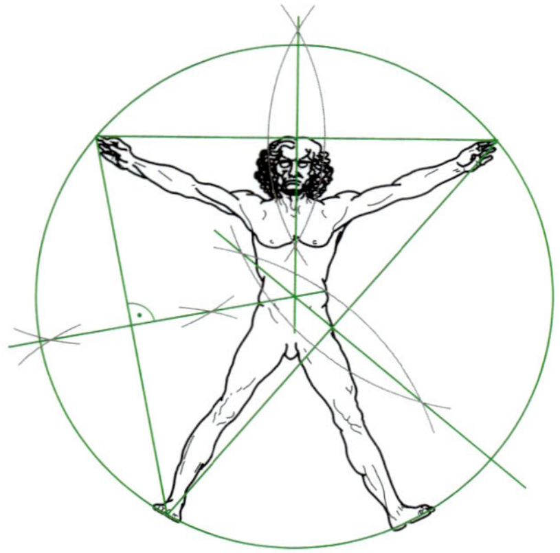

4 a) Markiere gegebene Werte in der Skizze. Konstruiere das Dreieck.
$c = 2\,cm$, $\alpha = 70°$ und $\overline{BC} = 2{,}5\,cm$.
b) Konstruiere den Umkreis. Miss den Umkreisradius. $r \approx$ 1,3 cm.

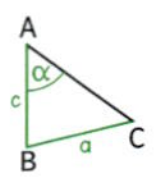

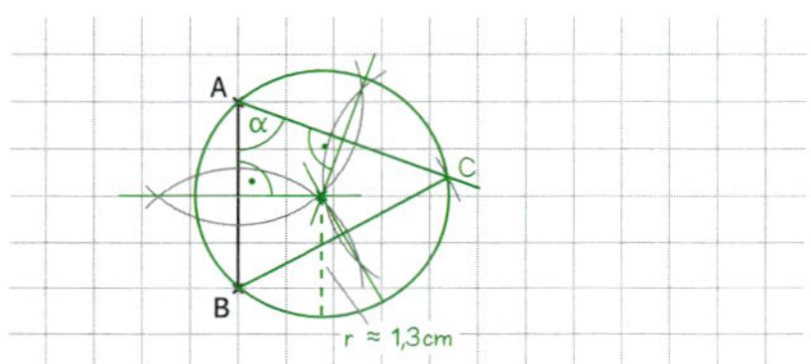

Der Inkreis

1 Konstruiere den Inkreis des Dreiecks.

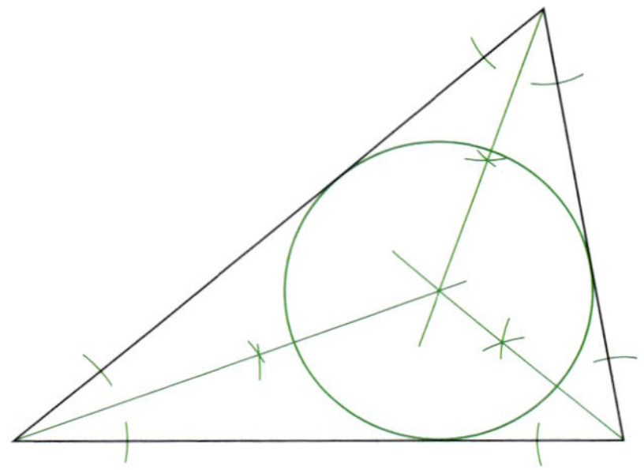

2 Zeichne in diese Uhr den Minutenzeiger in der maximal möglichen Länge auf 12 Uhr ein.

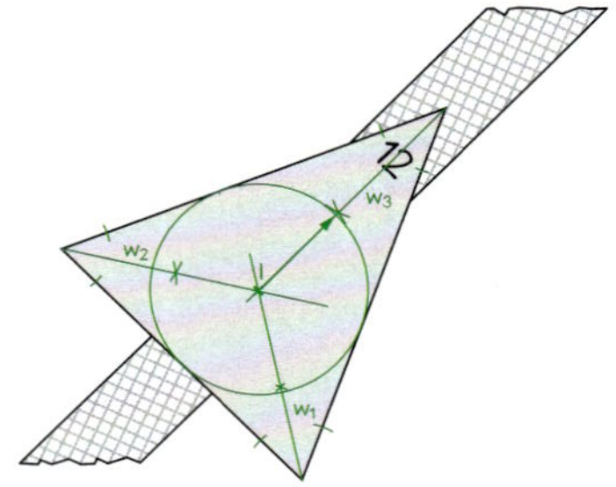

3 Familie Reuter möchte auf der dreieckigen Terrasse ein kreisförmiges Schwimmbecken aufstellen. Dabei soll um das Becken herum mindestens 0,5 m Platz zum Rand der Terrasse bleiben.
a) Zeichne das Schwimmbecken in den Plan ein [T1].

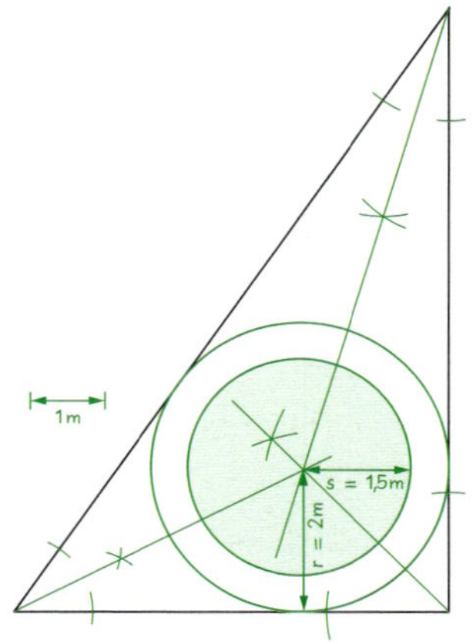

b) Bestimme den Radius des Schwimmbeckens.
s = 1,5 m

4 In ein gleichschenkliges Dreieck mit der Höhe $h = 9\,cm$ und der Basisseite $c = 7\,cm$ sollen zwei Inkreise gezeichnet werden. Dabei hilft die Skizze.
a) Konstruiere die Inkreise und zeichne das Dreieck [T2].

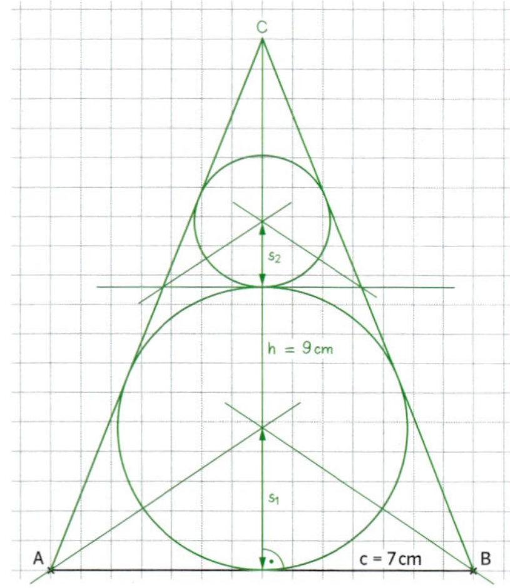

b) Bestimme den Radius der Inkreise.
$s_1 \approx$ 2,4 cm, $s_2 \approx$ 1,1 cm

[T1] Konstruiere zunächst den Inkreis des Dreiecks und zeichne dann den Abstand zum Rand ein.
[T2] Konstruiere die Winkelhalbierenden und den größeren Inkreis. Zeichne die Tangente an den großen Kreis ein, die parallel zur Grundseite des Dreiecks liegt. Dadurch entsteht oben ein kleineres Dreieck.

1 In jeder Zeichnung soll die Weite des Winkels α mithilfe der angegebenen geometrischen Sätze ermittelt werden. Markiere, bezeichne und miss die Weiten der Winkel, die du dazu brauchst.

Nebenwinkelsatz

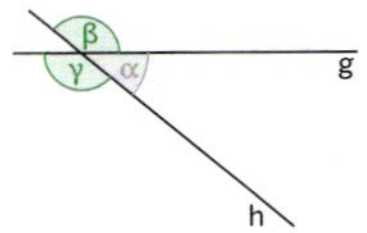

α + β = α + γ = 180°

α = 180° − 140° = 40°

Scheitelwinkelsatz

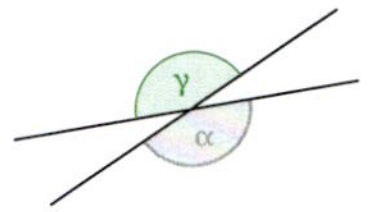

α = γ

α = 155°

Wechselwinkelsatz

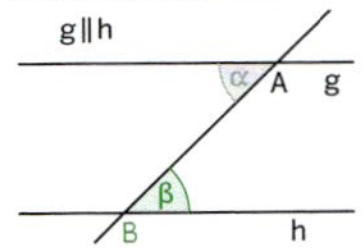

α = β

α = 45°

Stufenwinkelsatz

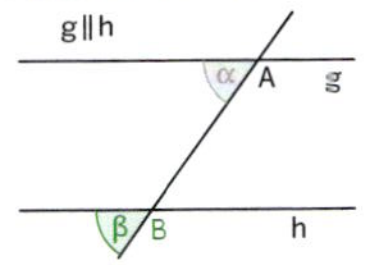

α = β

α = 55°

2 In jedem Dreieck sollst du mit dem angegebenen geometrischen Satz die Weite des Winkels α berechnen. Markiere, bezeichne und miss die Weiten der Winkel, die du für die Berechnung brauchst.

Winkelsumme im Dreieck

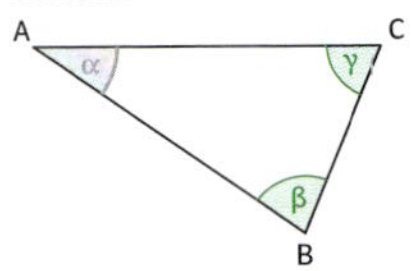

α + β + γ = 180°

α = 180° − 75° − 70°

= 35°

Satz des Thales

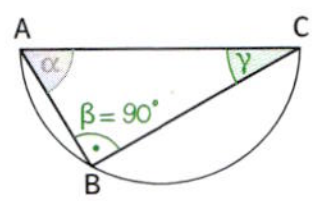

α + 90° + γ = 180°

α = 90° − 30° = 60°

Gleichschenkliges Dreieck

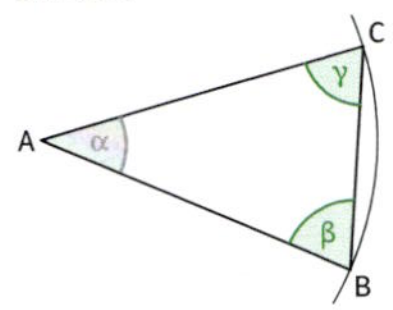

α = 180° − 2·β

= 180° − 2γ

α = 180° − 2·70° = 40°

Gleichseitiges Dreieck

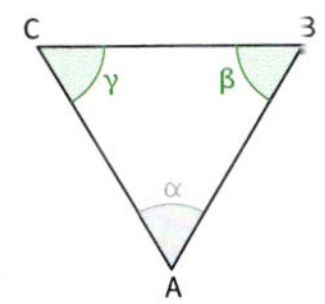

α = β = γ

α = 180° : 3 = 60°

3 Betrachte das Dreieck ABC. Ergänze die Aussagen.

„Der Kreisbogen um C mit dem Radius $\overline{AC}$ zeigt mir, dass das Dreieck ABC gleichschenklig ist. $\overline{CA} = \overline{CB}$"

„Der Halbkreis um M sagt mir, dass das Dreieck ABC rechtwinklig ist: γ = 90°"

„Deshalb gilt für die Größe der Winkel: α = β = (180° − 90°) : 2 = 45° γ = 90°"

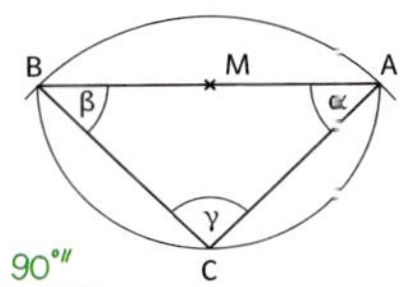

4 Betrachte die Zeichnung.

a) Das Dreieck ABC wird durch die Linie AM in zwei gleichschenklige Dreiecke geteilt. Begründe.

Da C auf dem Thaleskreis liegt, ist $\overline{AM} = \overline{MC}$.

Damit ist das Dreieck Δ AMC gleichschenklig. Es gilt auch $\overline{CM} = \overline{MB}$, damit ist das Dreieck Δ CMB gleichschenklig.

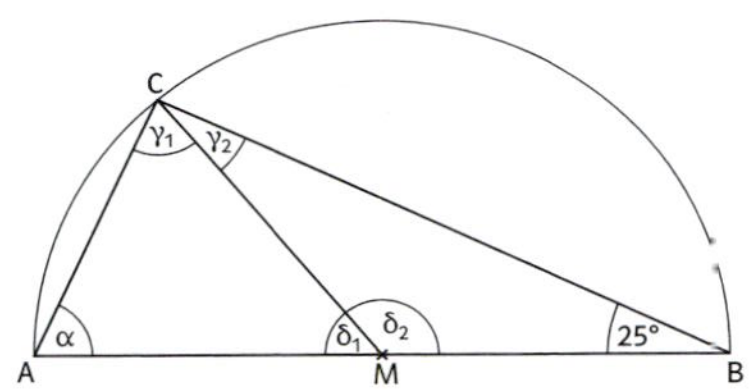

b) Berechne die Weiten der bezeichneten Winkel. Gib die verwendeten Sätze an.

α = 90° − 25° = 65° (Thalessatz, Winkelsumme)

γ_1 = α = 65° (Gleichschenkliges Dreieck ACM)

δ_1 = 180° − 65° − 65° = 50° (Winkelsumme)

δ_2 = 180° − 50° = 130° (Nebenwinkelsatz)

γ_2 = 25° (Gleichschenkliges Dreieck CMB)

1 Miss den angegebenen Winkel α und trage seine Winkelweite ein. Markiere den Scheitelwinkel (Sch), Nebenwinkel (N), Stufenwinkel (StW) und den Wechselwinkel (W) zu dem angegebenen Winkel. Gib alle anderen Winkelweiten an.

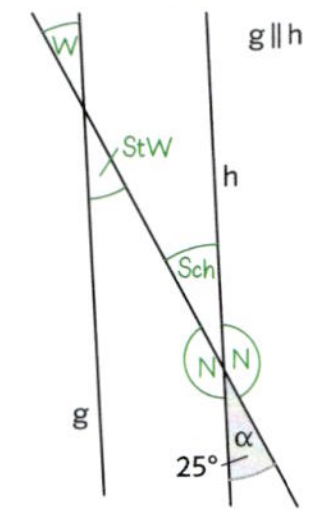

Sch = 25°

N = 180° − 25° = 155°

StW = 25°

W = 25°

2 Bestimme alle fehlenden Winkel. Je zwei Geraden sind parallel zueinander.

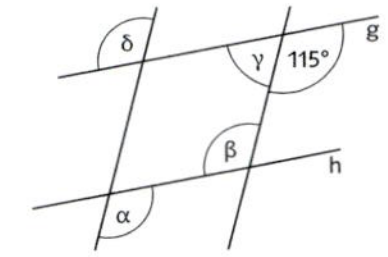

α = 115°   β = 115°

γ = 65°   δ = 115°

3 Konstruiere den Inkreis des Dreiecks und miss seinen Radius: s ≈ 1,3 cm.

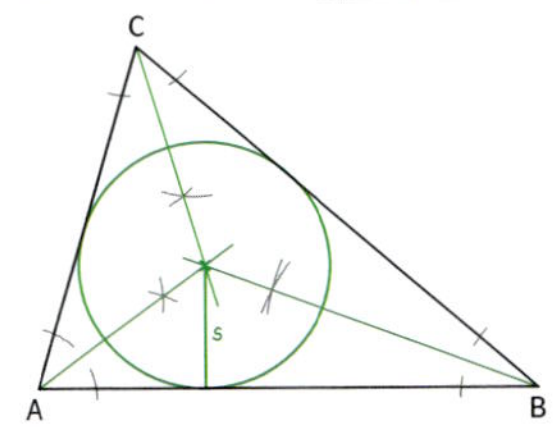

4 Finde einen möglichst kleinen Kreis, der das Flugzeug umschließt. [T1]

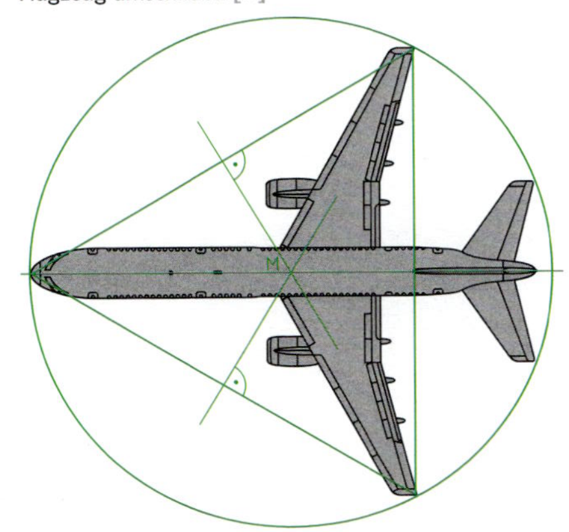

5 Berechne die Weite der angegebenen Winkel [T2]. Notiere die verwendeten Sätze.

Nebenwinkelsatz	α = 180° : 4 = 45°
Nebenwinkel zu γ	β = 180° − 45° = 135°
Wechselwinkelsatz	γ = 45°
Scheitelwinkel zu β	δ = 135°
Stufenwinkelsatz	ε = 45°

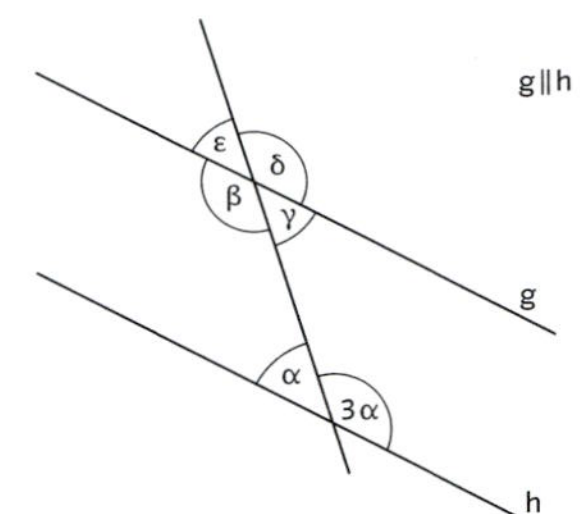

[T1] Denke an den Umkreis eines Dreiecks.
[T2] Berechne zunächst den Winkel α.

Training

6 Bestimme alle fehlenden Winkelweiten.

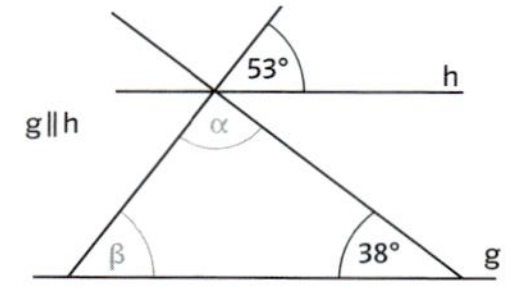

α = 180° − β − 38° = 89°   β = 53°

7 Bestimme die farbig markierten Winkel.

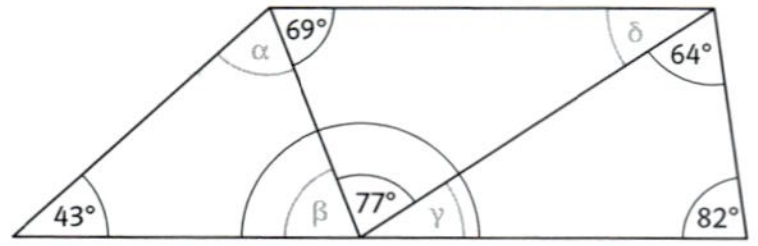

α = 180° − 43° − β = 68°   β = 180° − 77° − γ = 69°

γ = 180° − 64° − 82 = 34°   δ = 180° − 69° − 77° = 340°

8 a) Finde den Mittelpunkt U des Kreises [T1].
b) Zeichne die Tangente t_1 an den Kreis durch den Punkt P.
c) Zeichne die Tangente t_2 an den Kreis durch den Punkt Q [T2].
(Hinweis zu a): Das Dreieck ABC und die dazugehörigen Mittelsenkrechten können sich auch an anderer Stelle der Zeichnung befinden.)

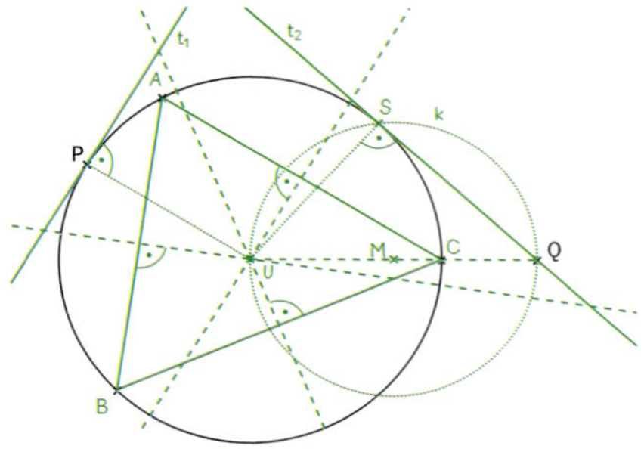

9 a) Zeichne das Dreieck ABC und konstruiere dabei die Punkte E und C. Die Strecke $\overline{AB}$ ist 4 cm lang. Berechne β und γ.

β = 50° : 2 = 25°

γ = 65°

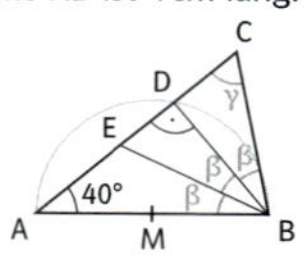

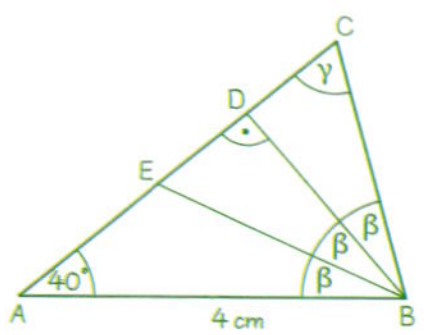

b) Berechne α. Konstruiere dann in Originalgröße.

α = 65°

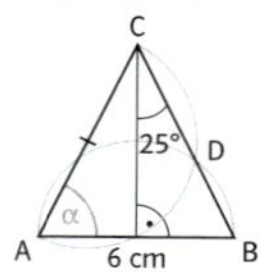

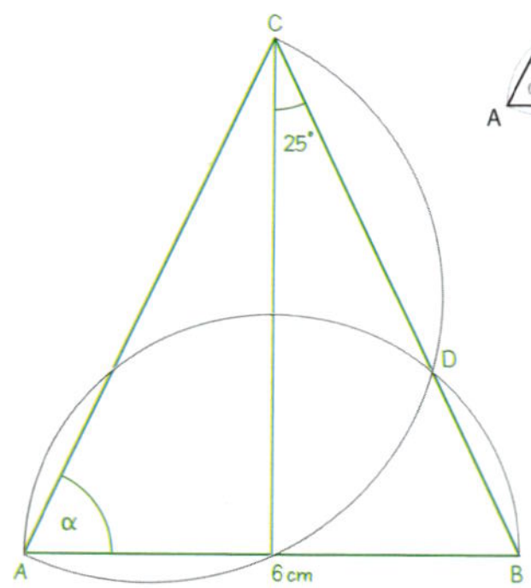

Nach Konstruktion ist das Dreieck ABC gleichschenklig.
α = β; γ = 2 · 25°.
Nach Winkelsummensatz ist dann
α = (180° − 2 · 25°) : 2.

[T1] Zeichne ein Dreieck ABC ein, dessen Eckpunkte auf dem Kreis liegen. Konstruiere die Mittelsenkrechten.
[T2] Zeichne den Thaleskreis k ABC über $\overline{UQ}$. Der Schnittpunkt S beider Kreise liegt auf t_2.

Anteile vergleichen – Prozente

1 Fülle die Lücken in der Tabelle. Verbinde die Prozentangaben nacheinander im Bild.

Bruch	$\frac{3}{4}$	$\frac{9}{10}$	$\frac{2}{5}$	$\frac{7}{20}$	$\frac{17}{10}$	$\frac{37}{25}$	$\frac{1}{8}$	$\frac{42}{25}$
Bruch mit Nenner 100	$\frac{75}{100}$	$\frac{90}{100}$	$\frac{40}{100}$	$\frac{35}{100}$	$\frac{170}{100}$	$\frac{148}{100}$	$\frac{125}{1000}$	$\frac{168}{100}$
Dezimalzahl	0,75	0,9	0,4	0,35	1,7	1,48	0,125	1,68
Prozent	75 %	90 %	40 %	35 %	170 %	148 %	12,5 %	168 %

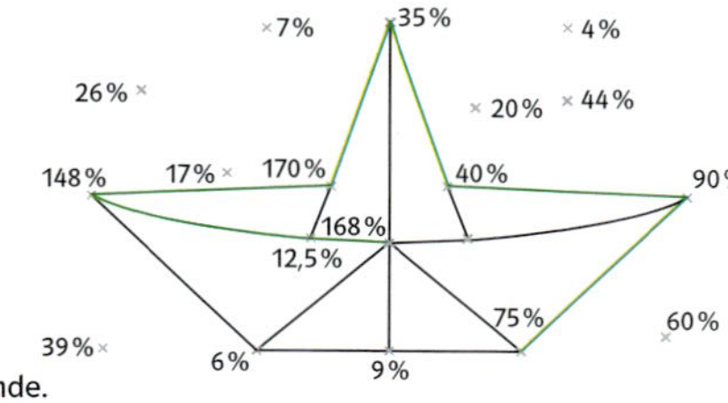

2 Suche zu jedem Kärtchen die passende Prozentzahl. Verbinde.

Ben trifft dreimal bei acht Versuchen. — 37,5 %
Am Glücksrad gewinnt jeder Fünfte. — 20 %
Von 40 Äpfeln sind 16 faul. — 40 %
72 von 200 Kindern sind im Sportverein. — 36 %
Tabea zieht 60 Lose. Sie hat 9 Gewinne. — 15 %

Mögliche Lösungen:
$\frac{3}{8} = \frac{375}{1000} = 0{,}375$ $\frac{1}{5} = \frac{2}{10} = 0{,}2$
$\frac{16}{40} = \frac{4}{10} = 0{,}4$ $\frac{72}{200} = \frac{36}{100} = 0{,}36$
$\frac{9}{60} = \frac{3}{20} = \frac{15}{100} = 0{,}15$

3 In der Klasse 7a sind 3 von 20 bei den Streitschlichtern.
In der Klasse 7b sind es 4 von 25. Vergleiche.

Der Anteil der Streitschlichter ist in Klasse 7b höher.

7a: $\frac{3}{20} = \frac{15}{100}$ = 15 %

7b: $\frac{4}{25} = \frac{16}{100}$ = 16 %

4 Gib den Anteil in Prozent an.

a) $\frac{18}{15} = \frac{6}{5} = \frac{12}{10} = \frac{120}{100}$ = 120 %
b) $\frac{17}{68} = \frac{1}{4} = \frac{25}{100}$ = 25 %
c) $\frac{30}{500} = \frac{6}{100}$ = 6 %
d) $\frac{7}{40} = \frac{175}{1000}$ = 17,5 %
e) $\frac{5}{6}$ = 83,$\overline{3}$ %
f) $\frac{7}{12}$ = 58,$\overline{3}$ %

5 : 6 = 0,83 …
0
50
48
20
18
20 …

7 : 12 = 0,583 …
0
70
60
100
96
40
36
40 …

5 Die drei Geschwister Hanna, Tim und Amelie bekommen eine Taschengelderhöhung. Amelie, die Jüngste, beschwert sich: „Das ist gemein, ich bekomme schon am wenigsten Taschengeld und jetzt kriegen die beiden noch mehr dazu."

	Hanna	Tim	Amelie
Taschengeld vorher	25 €	20 €	12 €
absolute Erhöhung	5 €	4 €	3 €
Erhöhung in %	$\frac{5}{25}$ = 20 %	$\frac{4}{20}$ = 20 %	$\frac{3}{12}$ = 25 %

a) Ergänze die Lücken in der Tabelle.
b) Die Mutter erklärt Amelie: „Das ist nicht gemein, denn im prozentualen Vergleich bekommst du mit 25 % die höchste Taschengelderhöhung, auch wenn du die kleinste Erhöhung in Euro hattest."

1 Färbe die Kästchen vor den Begriffen in drei verschiedenen Farben. Färbe die Textteile auf den Kärtchen, die dem Grundwert entsprechen, in der zugehörigen Farbe. Verfahre ebenso für die anderen Begriffe.

☐ Grundwert ☐ Prozentwert ☐ Prozentsatz

30 von 500 Befragten tragen eine Brille. Das sind 6%.

Von 70 Kindern haben 40%, also 28 Kinder, ein Longboard.

Svenja gibt 12 € von ihren 80 € Taschengeld aus. Das sind 15%.

Peter erhält 8% Rabatt. Er spart dadurch 2,40 € bei einer Rechnung von 30 €.

Etwa 60% der 8 Mrd. Menschen, also 4,8 Mrd. Menschen, leben derzeit in Asien.

2 Berechne den Prozentsatz im Kopf.

a) 10 m von 50 m sind 20 %
b) 90 € von 300 € sind 30 %
c) 24 € von 60 € sind 40 %
d) 7,5 m² von 10 m² sind 75 %
e) 25 m von 200 m sind 12,5 %
f) 45 kg von 180 kg sind 25 %

3 Berechne den Prozentsatz schriftlich. Achte auf die Einheiten.

a) 56 m von 80 m
$\frac{56}{80} = \frac{7}{10} = 0{,}7 = 70\,\%$

b) 24 € von 32 €
$\frac{24}{32} = \frac{3}{4} = \frac{75}{100} = 0{,}75 = 75\,\%$

c) 37,5 € von 500 €
$\frac{37{,}5}{500} = \frac{7{,}5}{100} = 0{,}075 = 7{,}5\,\%$

d) 2 g von 2 kg
$\frac{2}{2000} = \frac{1}{1000} = 0{,}001 = 0{,}1\,\%$

e) 70 ct von 2 €
$\frac{70}{200} = \frac{35}{100} = 0{,}35 = 35\,\%$

f) 150 g von 6 kg
$\frac{150}{6000} = \frac{25}{1000} = 0{,}025 = 2{,}5\,\%$

4 Berechne den Prozentsatz der einzelnen Waren an der Gesamtzahl der verkauften Waren im Schulkiosk. Runde auf eine Nachkommastelle.

Ware	Brezeln	Brötchen	Muffins	Obst	Gesamt
Anzahl	75	69	105	53	302
Prozentsatz	24,8 %	22,8 %	34,8 %	17,5 %	99,9 %

5 Die Klasse 7a hat 15 Jungen und 10 Mädchen.
a) Wie hoch ist der Prozentsatz der Jungen?

$\frac{15}{25} = \frac{60}{100} = 60\,\%$

Der Prozentsatz der Jungen beträgt 60 %.

b) Ein Junge kommt neu in die Klasse. Wie groß ist jetzt der Prozentsatz der Jungen?
$\frac{16}{26} \approx 61{,}5\,\%$

c) Wie groß ist der Prozentsatz der Jungen, wenn statt des Jungen ein Mädchen in die Klasse kommt?
$\frac{15}{26} \approx 57{,}7\,\%$

6 Wegen des Umbaus eines Hallenbades in ein Spaßbad, steigt der Eintrittspreis von 3,50 € auf 6 €. Um wie viel Prozent steigt der Eintrittspreis?

Moritz: GW = 6 €; PW = 3,50 €; p% = ?
Prozentsatz: $\frac{3{,}5}{6} \approx 0{,}583 = 58{,}3\,\%$
Der Eintrittspreis steigt um 58,3 %.

Luca: GW = 3,5 €; PW = 2,50 €; p% = ?
Prozentsatz: $\frac{2{,}5}{3{,}5} \approx 0{,}714 = 71{,}4\,\%$
Der Eintrittspreis steigt um 71,4 %.

Kreuze an: ☐ Moritz hat recht. ☒ Luca hat recht.

Begründe. Der Eintrittspreis ist um 6 € − 3,50 € = 2,50 € gestiegen. Der Prozentwert ist also 2,50 € und 3,50 € ist der Grundwert.

1 Gib die fehlenden Werte an.

a) 100 % → 600 m; :100 → 1 % → 6 m; ·9 → 9 % → 54 m

b) 100 % → 75 €; :10 → 10 % → 7,5 €; ·6 → 60 % → 45 €

c) 100 % → 480 kg; :20 → 5 % → 24 kg; ·3 → 15 % → 72 kg

2 Berechne die Prozentwerte im Kopf. [T1]

G (100 %)	10 %	1 %	5 %	12 %	25 %
50 €	5 €	0,50 €	2,50 €	6 €	12,5 €
300 €	30 €	3 €	15 €	36 €	75 €
560 €	56 €	5,60 €	28 €	67,20 €	140 €

3 Was ist größer? Setze >, < oder = ein.

a) 20 % von 300 € = 30 % von 200 €
300 · 0,2 = 60 200 · 0,3 = 60

b) 60 % von 300 g < 40 % von 500 g
300 · 0,6 = 180 500 · 0,4 = 200

4 Berechne mit dem Taschenrechner. Runde, wenn nötig, auf zwei Nachkommastellen.

	a)	b)	c)	d)
Grundwert	15 €	3,7 t	546 m	17,5 l
Prozentsatz	28 %	37,5 %	2,9 %	0,9 %
Prozentwert	4,20 €	1,39 t	15,83 m	0,16 l

5 In Deutschland konnten 2015 etwa 9,4 % der Menschen nicht lesen und schreiben. Wie viele der ca. 79,8 Mio. Menschen waren Analphabeten?

(79,8 : 100) · 9,4 = 7,5012 oder 79,8 · 0,094 = 7,5012

Es gab 2015 etwa 7,5 Mio. Analphabeten in Deutschland.

6 Ordne den passenden Faktor zur Berechnung des Endpreises zu. Verbinde.

30 % Rabatt | Erhöhung um 7 % | Ermäßigung um 19 %

1,07 | 0,7 | 0,81 | 0,997 | 0,97 | 1,19

Versicherungsbeitrag sinkt um 0,3 % | 3 % Skonto | Preis mit Mehrwertsteuer

7 Frau Christ erhält eine Rechnung über 2895,67 € von ihrem Baumarkt. Da sie gleich bezahlen möchte, erhält sie 3 % Skonto. Wie viel muss sie bezahlen?

Mögliche Rechnungen:
(2895,67 : 100) · 3 = 86,87
2895,67 − 86,87 = 2808,80 €

oder:
100 % − 2895,67 €
1 % − 28,96 €
3 % − 86,87 €

Frau Christ muss 2808,80 € bezahlen.

8 Britta erstellt für die Firma Schuster eine Rechnung. Der Käufer erhält bei Bezahlung innerhalb von 10 Tagen 2 % Skonto. Vervollständige die Rechnung.

Menge	Einzelpreis	Gesamtpreis
1	19,50 €	19,50 €
4	25,00 €	100,00 €
8	34,25 €	274,00 €
200	0,44 €	88,00 €
Summe		481,50 €
+ 19 % Mehrwertsteuer	+	91,49 €
Zwischensumme		572,99 €
− 2 % Skonto	−	11,46 €
Rechnungssumme (innerhalb von 10 Tagen zahlen)		561,53 €

9 Anlässlich der Aktion „Sie bekommen die Mehrwertsteuer geschenkt", möchte Tom ein neues Mobiltelefon, das vorher 499 € gekostet hat, kaufen. Was meinst du? Begründe.

Tom hat ☐ recht. ☒ nicht recht.

499 : 1,19 = 419,33; Tom ist davon ausgegangen, dass 499 € der Grundwert ist, also 100 %. 499 € entspricht aber 119 %, da die Mehrwertsteuer schon enthalten ist.

[T1] Nutze bereits berechnete Werte der Tabelle.

1 Berechne den Grundwert mit dem Dreisatz. Fülle die Lücken.

a)

:90	90 %	630 m	:90
·100	1 %	7 m	·100
	100 %	700 m	

b)

:11	110 %	5500 l	:11
·10	10 %	500 l	·10
	100 %	5000 l	

c)

:7	35 %	700 kg	:7
·20	5 %	100 kg	·20
	100 %	2000 kg	

2 Berechne den Grundwert im Kopf.

	Prozentwert	Prozentsatz	Grundwert
a)	80 €	20 %	400 €
b)	12 kg	5 %	240 kg
c)	240 m	80 %	300 m
d)	49 m²	7 %	700 m²

3 Zu wie viel Prozent sind die Tanks gefüllt? Wie viel Liter fassen die Tanks? Beschrifte die Tanksäulen.

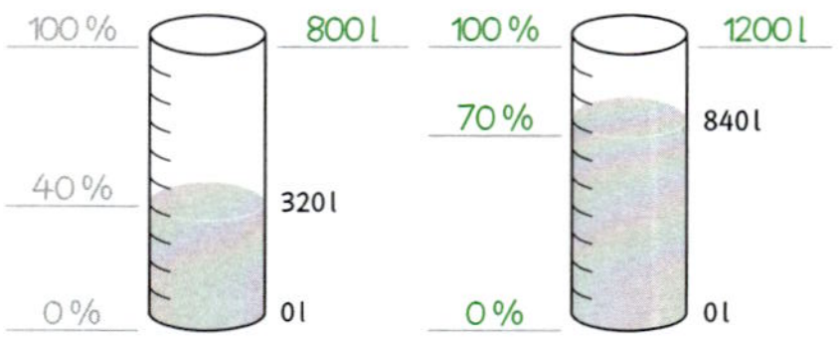

4 Ergänze die Figur auf 100 %. Es hilft, wenn du die Kästchen zählst.

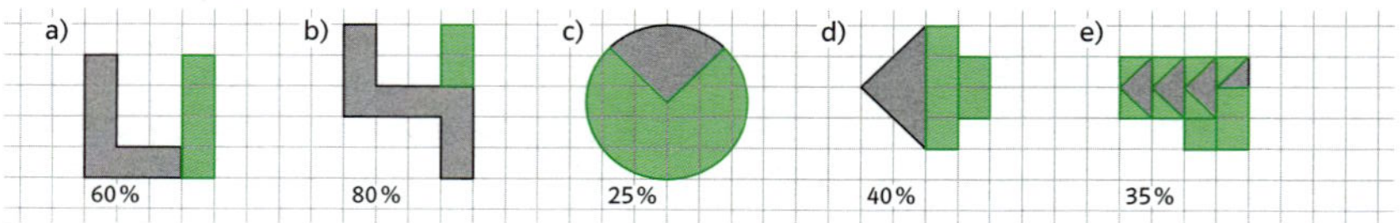

(Es sind auch andere Lösungen möglich.)

5 Familie Berg nach 15 km Wanderung:

60 %	15 km
10 %	2,5 km
100 %	25 km

Sie müssen noch 10 km laufen.

6 Ein Geschäft hat einige seiner Artikel reduziert. Berechne die fehlenden Angaben.

	alter Preis	Rabatt in %	Rabatt in €	neuer Preis
a)	90 €	30 %	27 €	63 €
b)	59,90 €	20 %	11,98 €	47,92 €
c)	19,95 €	24,8 %	4,95 €	15 €
d)	29,90 €	33,1 %	9,90 €	20 €
e)	62 €	21,8 %	13,50 €	48,50 €
f)	129 €	25 %	32,25 €	96,75 €
g)	149,90 €	40 %	59,96 €	89,94 €

7

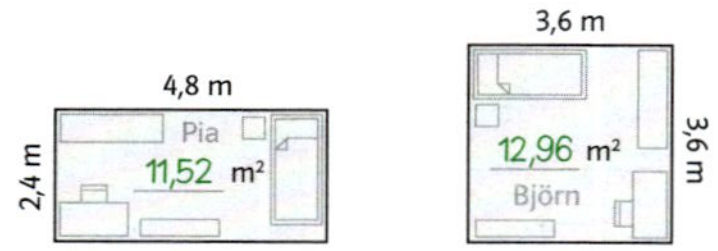

a) Berechne die Größe der beiden Zimmer.

b) Ergänze: Pias Zimmer ist um ca. 11,1 % kleiner als Björns. Björns Zimmer ist um 12,5 % größer als Pias.

$\frac{11,52}{12,96} \approx 88,9\,\%$ 100 % − 88,9 % − 11,1 %

$\frac{12,96}{11,52} = 112,5\,\%$ 112,5 % − 100 % = 12,5 %

1 Trage die Begriffe der Zinsrechnung in die Spaltenköpfe ein. Berechne die fehlenden Werte.

	Kapital Anfang des Jahres	Zinssatz	Zinsen	Kapital Ende des Jahres
a)	800 €	3 %	24 €	824 €
b)	1000 €	1,6 %	16 €	1016 €
c)	5500 €	2 %	110 €	5610 €

100 %	800 €
1 %	8 €
3 %	24 €

2 %	110 €
1 %	55 €
100 %	5500 €

1000 €	100 %
1 €	0,1 %
16 €	1,6 %

2 Ergänze die Lücken.

a) Levin legt 5000 € ein Jahr lang zu einem Zinssatz von 2 % an. Berechne seinen Kontostand nach einem Jahr.
Nach einem Jahr hat Levin 5100 € auf seinem Konto.

100 % 5000 € —(+ 2 %, ·1,02)→ 5100 € 102 %

b) Mia hat Geld zu 1,2 % angelegt. Nach einem Jahr hat sie 2530 € auf dem Konto. Wie hoch ist der angelegte Betrag?
Mia hat 2500 € angelegt.

100 % 2500 € ⇄ (+ 1,2 %, :1,012) 2530 € 101,2 %

c) Lina legt das Geld, das sie zu ihrer Konfirmation bekommen hat, zu 0,9 % Zinsen an. Nach einem Jahr hat sie 1463,05 € Guthaben. Berechne den Betrag, den Mia angelegt hat.
Lina hat 1450 € angelegt.

100 % 1450 € ⇄ (+ 0,9 %, :1,009) 143,05 € 100,9 %

3 Christian legt 5000,00 € für vier Jahre an. Er muss sich zwischen zwei Sparformen entscheiden. Um eine bessere Übersicht zu erhalten, stellt er die Wertentwicklung in Tabellen dar. Fülle sie aus.

a) Zinssatz: 2,5 %; die Zinsen werden mitverzinst.

Jahr	Kapital Anfang des Jahres	Zinsen	Kapital Ende des Jahres
1	5000,00 €	125,00 €	5125,00 €
2	5125,00 €	128,13 €	5253,13 €
3	5253,13 €	131,33 €	5384,46 €
4	5384,46 €	134,61 €	5519,07 €

Insgesamt wurden 519,07 € Zinsen erzielt, das sind 10,38 % des Kapitals.

b) Zinssatz: 2,55 %; Zinsen werden jährlich ausgezahlt.

Jahr	Kapital Anfang des Jahres	Zinsen	Kapital Ende des Jahres
1	5000,00 €	127,50 €	5127,50 €
2	5000,00 €	127,50 €	5127,50 €
3	5000,00 €	127,50 €	5127,50 €
4	5000,00 €	127,50 €	5127,50 €

Insgesamt wurden 510,00 € Zinsen erzielt, das sind 10,2 % des Kapitals.

4 Linus hat 1800 € gespart. Da er das Geld erst in 3 Jahren und 7 Monaten braucht, legt er den Betrag bei der Bank an. Im ersten Jahr erhält er einen Zinssatz von 0,5 %, im zweiten Jahr 1 % und ab dem dritten Jahr 1,5 %. Berechne die jährlichen Kontostände.

Ende des 1. Jahres: 1800 € · 1,005 = 1809 €

Ende des 2. Jahres: 1809 € · 1,01 = 1827,09 €

Ende des 3. Jahres: 1827,09 € · 1,015 = 1854,50 €

Zinsen im 4. Jahr: $1854,50\,€ \cdot 0,015 \cdot \frac{7}{12} = 16,23\,€$

Endkapital: 1870,73 €

1 a) Herr Krause möchte gerne ein neues Auto fahren. Er vereinbart einen endfälligen Kredit über 18 000 €. In den 8 Jahren bezahlt er jährlich nur die Zinsen bei einem Zinssatz von 3,5 %. Berechne die Zinsen.

Zinsen für ein Jahr: 18 000 € · 0,035 = 630 €   Zinsen für die 8 Jahre: 8 · 630 € = 5040 €

b) Für die Rückzahlung des Kredits nach 8 Jahren muss Herr Krause monatlich denselben Betrag ansparen. Wie hoch ist dieser? Herr Krause spart 8 Jahre lang 187,50 € monatlich.

c) Herr Krause bezahlt insgesamt 23 040 € für das Auto.

Er hat also 8 Jahre lang eine monatliche Belastung von 240 €.

d) Frau Sommer finanziert ihren Sportwagen zu denselben Konditionen.

Sie bezahlt jährlich 1155 € Zinsen. Ihr Auto kostet 33 000 €.

b) 18 000 € : (8 · 12) = 187,50 €
c) 23 040 € : (8 · 12) = 240 €
d) 3,5 % – 1155 €
1 % – 330 €
100 % – 33 000 €
oder: 1155 € : 0,035 = 33 000 €

2 Frau Kauf hat 300 € gespart. Sie möchte das restliche Geld für ein 1200 € teures Tablet finanzieren. Vergleiche die Angebote.

Angebot A	Angebot B	Angebot C
Laufzeit: 3 Jahre Monatliche Rate: 30 €	36 monatliche Raten: 25 € + Zinsen: monatl. nur 0,5 % auf den vollen Kreditbetrag	Jahreszinsen: 5,5 % Rate am Jahresende: 300 € Laufzeit: 3 Jahre [T1]
36 · 30 € = 1080 € 1080 € – 900 € = 180 €	900 € · 0,005 = 4,50 € 36 · 4,50 € = 162 €	900 € · 0,055 = 49,50 € 600 € · 0,055 = 33 € 300 € · 0,055 = 16,50 €
Zinsen (gesamt): 180 €	Zinsen (gesamt): 162 €	Zinsen (gesamt): 99 €

Fazit des Vergleichs: Angebot C ist am günstigsten. Bei Angebot A bezahlt man die meisten Zinsen.

3 Für den Umbau seines Elternhauses nimmt Herr Fröhlich ein Darlehen in Höhe von 80 000 € zu einem Zinssatz von 2,3 % auf. Die jährliche Rate beträgt 7200 €. Fülle den Tilgungsplan aus.

	A	B	C	D	E	F
1	Jahr	Restschuld zum Jahresbeginn	Zinssatz in %	Zinsen	Tilgung (Rate – Zinsen)	Restschuld zum Jahresende
2	1	80 000,00 €	2,3	1840,00 €	5360,00 €	74 640,00 €
3	2	74 640,00 €	2,3	1716,72 €	5483,28 €	69 156,72 €
4	3	69 156,72 €	2,3	1590,60 €	5609,40 €	63 547,32 €
5	4	63 547,32 €	2,3	1461,59 €	5738,41 €	57 808,91 €
6	5	57 808,91 €	2,3	1329,60 €	5870,40 €	51 938,51 €

a) In den ersten fünf Jahren bezahlt Herr Fröhlich insgesamt 36 000,00 €. Davon sind 7938,51 € Zinsen und 28 061,49 € Tilgung. Die Restschuld beträgt dann noch 51 938,51 €.

b) Herr Fröhlich notiert seinen Tilgungsplan in einem Tabellenkalkulationsprogramm. Dazu trägt er Formeln in die Zellen ein. Notiere auf den Kärtchen, in welcher Zelle die angegebene Formel jeweils stehen könnte.

= B3*C3/100 | D3   = F2 | B3   = B3–E3 | F3   = B2*0,023 | D2   = 7200–D4 | E4

[T1] Die Schulden werden im Verlauf der Jahre geringer.

1 Je drei Kärtchen gehören zusammen. Kennzeichne sie.

jeder Achte | 80 % | $\frac{2}{25}$ | das $1\frac{1}{2}$-Fache | zwei von drei | 150 % | $\frac{3}{4}$ | 1,5

66,$\bar{6}$ % | 12,5 % | 0,08 | 0,75 | 0,125 | 75 % | 0,8 | 0,$\bar{6}$ | 8 % | $\frac{4}{5}$

2 Anna, Marie und Sofie gehen einkaufen. Anna gibt 30 € von ihren 50 € aus, Marie gibt 42 € von ihren 60 € aus. Sofie hat 40 € dabei und gibt davon 32 € aus. Ermittle die Anteile in Prozent.

Anna: $\frac{30}{50}$ = 0,6 = 60 %   Marie: $\frac{42}{60}$ = 0,7 = 70 %   Sofie: $\frac{32}{40}$ = 0,8 = 80 %

Den höchsten Anteil ihres Geldes hat Sofie ausgegeben.

3 Berechne die fehlenden Werte im Kopf.

	a)	b)	c)	d)	e)
Prozentwert	50 €	60 m	24 l	30 t	8,40 €
Grundwert	1000 €	400 m	80 l	40 t	12 €
Prozentsatz	5 %	15 %	30 %	75 %	70 %

4 Für ein Konzert wurden 251 Karten im Vorverkauf und 294 Karten an der Abendkasse verkauft. 55 Karten wurden nicht verkauft. Berechne den Prozentsatz der verkauften Karten. Runde auf eine Dezimale.

Grundwert: 251 + 294 + 55 = 600

$\frac{545}{600}$ ≈ 0,908

Das Konzert ist zu 90,8 % ausverkauft.

5 Die Abbildung zeigt die Verteilung der Kosten eines T-Shirts.

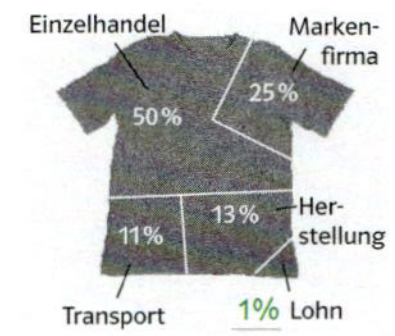

a) Gib die Lohnkosten in Prozent an.

b) Die Herstellungskosten für ein T-Shirt betragen 5,07 €.

Dieses T-Shirt wird für (5,07 € : 13) · 100 = 39 € verkauft.

c) Berechne die Kosten für ein T-Shirt zu 19,99 €.

Transport: 19,99 € · 0,11 ≈ 2,20 €; Lohnkosten: 19,99 € · 0,01 = 0,20 €

6 Berechne die fehlende Größe. Die Lösungszahlen befinden sich auf den Kärtchen.

a) Ein Fernsehgerät wird um 70 € reduziert. Das sind 11,2 %. Preis vorher: 625 €; Preis nachher: 555 €. Zu Weihnachten wird der Fernseher nochmal um 30 % reduziert. Er wird nun für 388,50 € verkauft. Insgesamt wird er um 37,84 % billiger verkauft.

b) Nach einem Rabatt von 40 % kostet ein Mobiltelefon noch 369 €. Preis vorher: 615 €.

c) Ein Auto kostet netto 18 000 €. Hinzu kommt die Mehrwertsteuer von 19 %. Verkaufspreis: 21 420 €. Bei Barzahlung gewährt der Händler 3 % Skonto. Neuer Preis: 20 777,40 €.

d) Jana hat 50 € und Nele hat 62,50 €. Nele besitzt also 25 % mehr Geld als Jana und Jana hat 20 % weniger Geld als Nele. [T1]

Mögliche Rechnungen:
a) (70 € : 11,2) · 100 = 625 €
555 € · 0,7 = 388,50 €;
$\frac{236,5}{625}$ ≈ 0,378
b) (369 € : 60) · 100 = 615 €
c) 18 000 € · 1,19 = 21 420 €
21 420 € · 0,97 = 20 777,40 €
d) $\frac{12,5}{50}$ = 25 %; $\frac{12,5}{62,5}$ = 20 %

555 | 1,256 | 625 | 37,84 | 25 | 21 420 | 20 777,40 | 21 460 | 615 | 1,259 | 388,5 | 20

[T1] Überlege dir, was jeweils der Grundwert (100 %) ist.

7 Berechne die fehlenden Werte.

	Anfangskapital	Zeitraum	Zinssatz	Zinsen	Endkapital
a)	500 €	1 Jahr	1,8 %	9 €	509 €
b)	3000 €	1 Jahr	2,5 %	75 €	3075 €
c)	8000 €	1 Jahr	0,75 %	60 €	8060 €
d)	3000 €	2 Monate	2,2 %	11 €	3011 €
e)	200 €	3 Jahre	1,5 %	9,14 €	209,14 €
f)	4500 €	5 Jahre	2 %	468,36 €	4968,36 €

a) $500\,€ \cdot 0{,}018 = 9\,€$
b) $\frac{75}{3000} = 0{,}025 = 2{,}5\,\%$
c) $(60\,€ : 0{,}75) \cdot 100 = 8000\,€$
d) $(3000 \cdot 0{,}022) \cdot \frac{2}{12} = 11\,€$
e) $200\,€ \cdot 1{,}015 \cdot 1{,}015 \cdot 1{,}015 = 209{,}14\,€$
f) $4968{,}36\,€ : (1{,}02 \cdot 1{,}02 \cdot 1{,}02 \cdot 1{,}02 \cdot 1{,}02) \approx 4500\,€$

8 Herr Kurz möchte sein Dach neu eindecken lassen.

a) Firma Hölzer bietet 24 000 € zuzüglich Mehrwertsteuer an. Herr Kurz kann noch 5 % Rabatt aushandeln. Würdest du Herrn Hölzers Angebot rechts annehmen? Kreuze an und begründe. ☐ Ja ☒ Nein

Preis in zwei Schritten: $24\,000\,€ \cdot 1{,}19 = 28\,560\,€$; $28\,560\,€ \cdot 0{,}95 = 27\,132\,€$

Preisvorschlag von Herrn Hölzer: $24\,000\,€ \cdot 1{,}14 = 27\,360\,€$

Nach Herrn Hölzers Vorschlag müsste Herr Kurz 228 €, also etwa 1 % des Nettopreises, mehr bezahlen.

b) Zur Finanzierung vereinbart er einen Kredit über 24 000 € zu einem Zinssatz von 1,95 % mit der Bank. In den ersten drei Jahren zahlt er nur die Zinsen. Ende des 4., 5. und 6. Jahres zahlt er 8000 € und die für dieses Jahr angefallenen Zinsen zurück. Herr Hölzer hat eine Finanzplanung gemacht. Dabei sind ihm Fehler unterlaufen. Finde und korrigiere sie.

Zinsen für die ersten drei Jahre: 24 000 € · 0,0195 = 468 €	$(24\,000\,€ \cdot 0{,}0195) \cdot 3 = 1404\,€$
Zahlungen im 4. Jahr: 8000 € + (16 000 € · 0,0195) = 8312 €	$8000\,€ + (24\,000\,€ \cdot 0{,}0195) = 8468\,€$
Zahlungen im 5. Jahr: 8000 € + (8000 € · 0,0195) = 8156 €	$8000\,€ + (16\,000\,€ \cdot 0{,}0195) = 8312\,€$
Zahlungen im 6. Jahr: 8000 € · 0,0195 = 156 €	$8000\,€ + (8000\,€ \cdot 0{,}0195) = 8156\,€$

Insgesamt hat Herr Kurz 2340,00 € Zinsen bezahlt. Das sind 9,75 % der Finanzierungssumme.

9 Fülle den Tilgungsplan für einen Zinssatz von 2 % aus.

Die Restschuld am Ende des 2. Jahres beträgt 34 698,00 €. Aus den Zinsen im 2. Jahr erhält man die Restschuld zu Beginn des 2. Jahres mit 39 900,00 €. [T1] Die Tilgung im 2. Jahr beträgt dann 34 698,00 €. Daraus ergibt sich eine jährlich zu zahlende Rate von 6000,00 €. [T2]
Die Zinsen im 1. Jahr betragen 900,00 € und die Darlehenssumme ergibt sich dann mit 45 000,00 €. Nach insgesamt 9 Jahren ist das Darlehen abgezahlt.

Jahr	Restschuld am Jahresanfang	Zinsen	Tilgung	Restschuld am Jahresende
1	45 000,00 €	900,00 €	5100 €	39 900,00 €
2	39 900,00 €	798 €	5202,00 €	34 698,00 €
3	34 698 €	693,96 €	5306,04 €	29 391,96 €

[T1] Die Zinsen entsprechen 2 % der Restschuld am Jahresanfang. [T2] Zinsen + Tilgung = Rate

Mittelwert und Median

1 Fülle die Lücken.

Zahlenliste	11; 3; 7	7; 3; 5; 1	19; 10; 16; 10; 20	−3; 5; 2; 3; −1; 6
geordnete Liste	3; 7; 11	1; 3; 5; 7	10; 10; 16; 19; 20	−3; −1; 2; 3; 5; 6
Summe	3 + 7 + 11 = 21	16	75	12
Mittelwert	21 : 3 = 7	16 : 4 = 4	75 : 5 = 15	12 : 6 = 2
Median	7	(3 + 5) : 2 = 4	16	(2 + 3) : 2 = 2,5

2 Berechne den Mittelwert und den Median. Wandle, falls notwendig, zunächst in die geeignete Einheit um.

a) 36 ct | 1,24 € | 2 € | 60 ct

Mittelwert: $(36 + 124 + 200 + 60)\,ct : 4$
$= 420\,ct : 4 = 105\,ct$ (= 1,05 €)
Median: $(60 + 124)\,ct : 2 = 92\,ct$

b) 1,250 km | 550 m | 350 m | 0,250 km

Mittelwert: $(1250 + 550 + 350 + 250)\,m : 4$
$= 2400\,m : 4 = 600\,m$ (= 0,6 km)
Median: $(350 + 550)\,m : 2 = 450\,m$

3 Der Mittelwert der Zahlen ist angegeben. Leider ist eine Zahl verloren gegangen. Wie muss sie heißen? Bestimme auch den Median der Liste.

a) Mittelwert: 18 | 14 | 12 | 22 | 20 | [T1] 22 | Median: 20

b) Mittelwert: 5 | −12 | 17 | −4 | 25 | 5 | −1 | Median: $(-1 + 5) : 2 = 4 : 2 = 2$

4 Hier siehst du eine geordnete Liste von Daten.

1	1	3	4	4	6	7	7	8	9

a) Mittelwert: $50 : 10 = 5$ Median: $(4 + 6) : 2 = 5$

b) Welche der Zahlen auf den Kärtchen kannst du der Liste zufügen, sodass

Kärtchen: 2 | 4 | 280 | 7 | 9 | 16

- der Mittelwert 6 beträgt? 16 (66 : 11 = 6)
- der Mittelwert 30 beträgt? 280
- der Median 6 wird? 7; 9; 16; 280
- der Median 4 wird? 2; 4

5

a) Drei Zahlen haben den Mittelwert 4, drei weitere Zahlen haben den Mittelwert 6. Welchen Mittelwert haben alle sechs Zahlen? Begründe. [T2] $3 \cdot 4 + 3 \cdot 6 = 30$; $30 : 6 = 5$

b) Drei Zahlen haben den Mittelwert 4 und fünf weitere haben den Mittelwert 8. Welchen Mittelwert haben alle acht Zahlen? Begründe. [T3] $3 \cdot 4 + 5 \cdot 8 = 52$; $52 : 8 = 6{,}5$

c) Fünf Zahlen haben den Mittelwert 90. Drei dieser Zahlen haben den Mittelwert 100. Welchen Mittelwert haben die restlichen beiden Zahlen? Begründe. $5 \cdot 90 = 450$; $450 - 300 = 150$; $150 : 2 = 75$

[T1] Die Summe der Zahlen muss 5 · 18 = 90 ergeben.
[T2] Du kannst Zahlenbeispiele suchen.
[T3] Überlege zuerst die Summe der drei und der fünf Werte.

1 Tom und Gitta haben über einen längeren Zeitraum gemessen, wie lange sie für die Mathematik-Hausaufgaben gebraucht haben. Die Ergebnisse haben sie in Boxplots dargestellt.

a) Lies die Kennwerte ab und notiere sie in der Tabelle.

	Median	Mittelwert	unteres Quartil	oberes Quartil	Quartilsabstand	Minimum	Maximum
Tom	20	15	5	30	25	0	45
Gitta	20	22	10	30	20	5	35

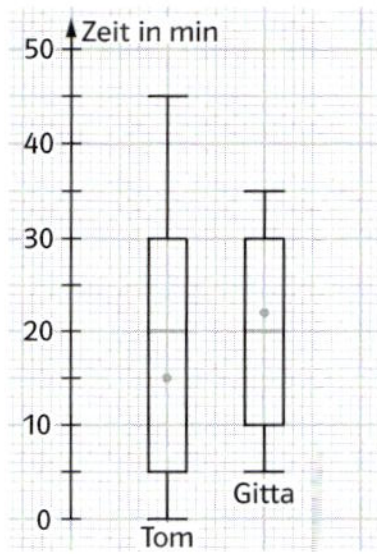

b) Woran erkennt man, dass

- Gitta durchschnittlich mehr gearbeitet hat als Tom?

  größerer Mittelwert

- Tom mindestens einmal nichts gemacht hat?

  Minimum 0

- Gitta gleichmäßiger gearbeitet hat?

  kleinerer Quartilsabstand

- Tom an einem Tag mehr gearbeitet hat als Gitta?

  größeres Maximum

- Gitta in etwa einem Viertel aller Fälle weniger als 10 Minuten gearbeitet hat?

  untere Antenne

2 a) Kennzeichne in den geordneten Listen Minimum und Maximum, den Median und die Quartile jeweils in einer anderen Farbe.

b) Bestimme jeweils den Mittelwert der Datenreihe.

A: 1; 1; 2; 2; 3; 4; 4; 4; 7; 7; 8; 8; 9; 9; 9; 10; 14 (2,5)

Mittelwert: 102 : 17 = 6

B: 0; 0; 1; 2; 3; 3; 3; 5; 6; 8; 8; 8; 8; 9; 9; 10; 11; 14 (7)

Mittelwert: 108 : 18 = 6

c) Ordne den Datenreihen den passenden Boxplot zu und trage den Mittelwert ein.

A

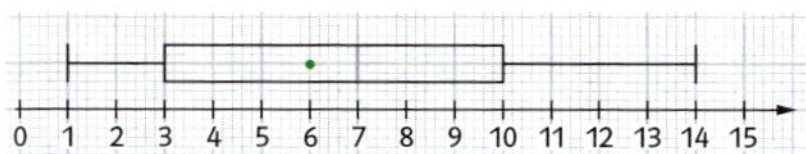

B

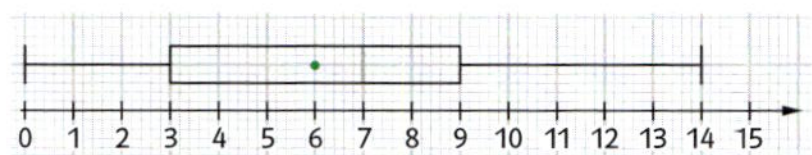

3 Ein Speerwerfer wertet seine Trainingswürfe aus. Zeichne den Boxplot.

Median	Mittelwert	unteres Quartil	oberes Quartil	Minimum	Maximum
75 m	74 m	67 m	80 m	59 m	89 m

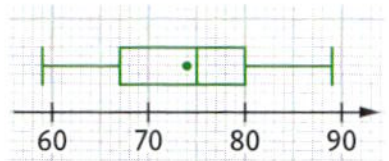

4 Ergänze die Tabelle. Beim Zeichnen der Boxplots sind Fehler gemacht worden. Zeichne die richtigen Boxplots über die fehlerhaften.

	Median	Mittelwert	unteres Quartil	oberes Quartil	Quartilsabstand	Minimum	Maximum
a)	27	30	25	35	10	15	42
b)	27	30	20	35	15	15	42
c)	30	27	20	35	15	15	42
d)	27	30	25	35	10	15	50

a)

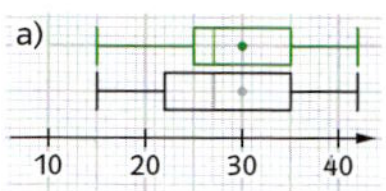

b)

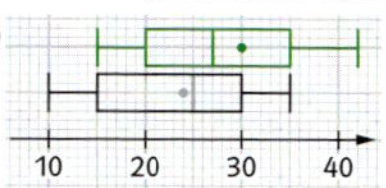

c)

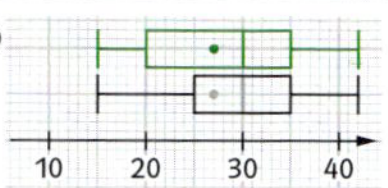

d)

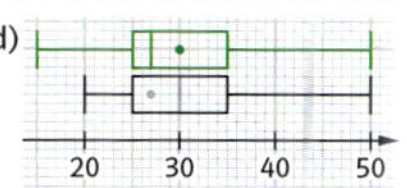

5 Bei einer Untersuchung wurden Mädchen und Jungen befragt: „Wie viele Stunden pro Woche treibst du Sport?" Unten siehst du die geordneten Listen.

Mädchen	0	0	0	1	1	1	2	2	3	3	3	3	3	4	4	4	4	5	5	6	9	
Jungen	0	0	1	1	2	3	3	3	4	4	5	5	5	6	6	6	7	7	9	10	11	12

a) Insgesamt wurden 21 Mädchen und 22 Jungen befragt.

b) Teile die beiden geordneten Listen in Quartile ein. Berechne die Mittelwerte und ergänze dann folgende Tabelle.

	Summe	Median	Mittelwert	unteres Quartil	oberes Quartil	Minimum	Maximum
Mädchen	63	3	63 : 21 = 3	1	4	0	9
Jungen	110	5	110 : 22 = 5	3	7	0	12

c) Stelle jeweils den Boxplot für die Mädchen und die Jungen dar.

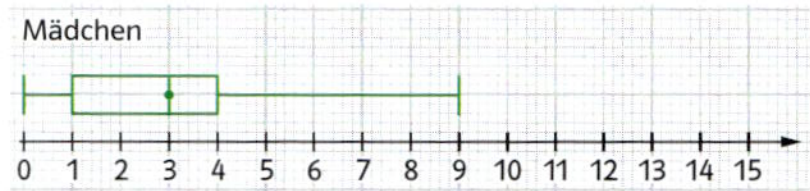

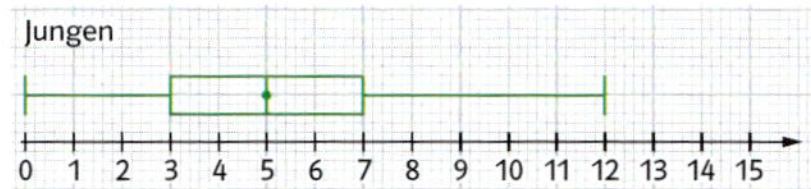

d) Die Klasse bekommt eine neue Mitschülerin.
Nun sieht der Boxplot der Mädchen so aus:

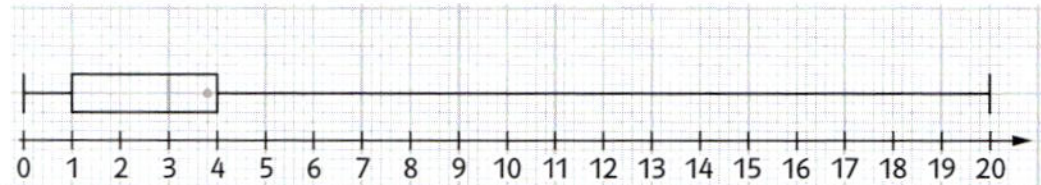

Beschreibe die Änderung im Boxplot der Mädchen.

Das neue Mädchen treibt 20 Stunden in der Woche Sport, viel mehr als die anderen Mädchen. Ihr Wert ist als Ausreißer an der nun viel längeren rechten Antenne und am größeren Mittelwert zu erkennen.

6 Schülerinnen und Schüler wurden befragt, wie viele Stunden pro Monat sie am Computer spielen.

2	13	3	14	4	20	5	27	7	28
8	48	8	56	9	10	0	11	4	23

a) Erstelle erst eine geordnete Liste.

0	2	3	4	4	5	7	8	8	9
10	11	13	14	20	23	27	28	48	56

b) Bestimme die Kennwerte der Liste.

Median	Mittelwert	unteres Quartil	oberes Quartil	Minimum	Maximum
9,5	15	4,5	21,5	0	56

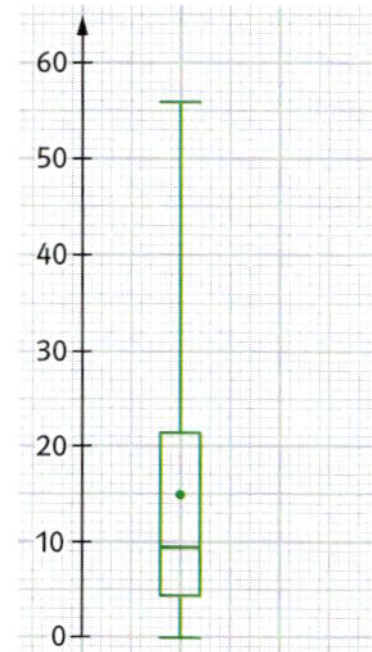

c) Zeichne den Boxplot.

d) Kreuze die Aussagen an, die auf die Daten zutreffen.

- [x] Von den Befragten spielen mindestens 25 % nicht mehr als vier Stunden im Monat am Computer.
- [x] Mindestens 50 % der Befragten spielen höchstens 9,5 Stunden pro Monat Computerspiele.
- [ ] Die Daten im unteren Bereich liegen weiter auseinander als im oberen Bereich.
- [ ] Es gibt keine Ausreißer.
- [x] 25 % aller Befragten spielen mehr als 20 Stunden im Monat.

○ **1** Frau Fröhlich notiert, wie lange sie morgens auf ihrem Weg zur Arbeit unterwegs ist.

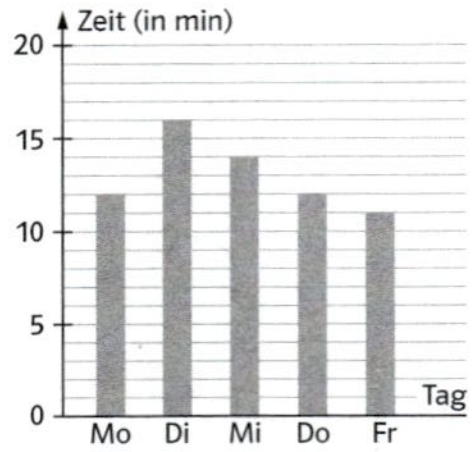

a) geordnete Liste: 11 min; 12 min; 12 min; 14 min; 16 min

b) Mittelwert: 65 min : 5 = 13 min

c) Median: 12 min

d) Wie verändern sich Mittelwert und Median, wenn Frau Fröhlich an einem weiteren Tag 55 Minuten braucht?

Mittelwert: 120 min : 6 = 20 min   Median: 13 min

○ **2** Leseratte Tina hat sechs Tage lang gemessen, wie viel Zeit sie an den einzelnen Tagen mit ihren Büchern verbracht hat: 1 h 6 min; 2 h 30 min; 1 h 20 min; 1 h 12 min; 4 h 15 min; 1 h 40 min.

a) geordnete Liste: 1 h 6 min; 1 h 12 min; 1 h 20 min; 1 h 40 min; 2 h 30 min; 4 h 12 min

b) Das Minimum ist 66 min, das Maximum ist 252 min, der Median lautet 90 min,

der Mittelwert beträgt 12 h : 6 = 2 h = 120 min.

Das untere Quartil liegt bei 72 min,

das obere Quartil bei 150 min.

c) Stelle die Ergebnisse in einem Boxplot dar.

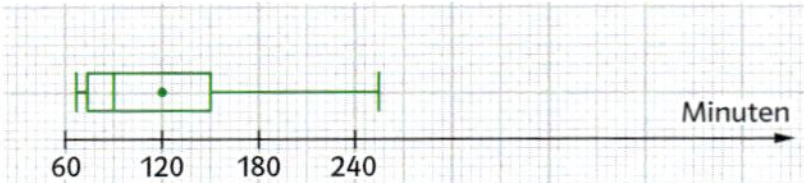

○ **3** Der Mittelwert der Zahlen soll 10 betragen. Wie muss die fehlende Zahl heißen?

a) 4; 2; 12; 10; 22   b) 8; 15; 6; 11; 12; 18; 0   c) 13; −5; 12; 8; 22; 5; 15   d) 6,5; 21; 10,5; 8,5; 3,5

◒ **4** Eine Bürgerinitiative kämpft für besseren Lärmschutz an der Stadtautobahn. Dazu wertet sie an verschiedenen Standorten (E, F, G, H) Messreihen aus.
a) Ordne den Boxplots die passenden Ergebnisse zu.
b) Kann die Bürgerinitiative mit diesem Ergebnis argumentieren?

Die Lärmschutzwände vermindern die Belastung erheblich.

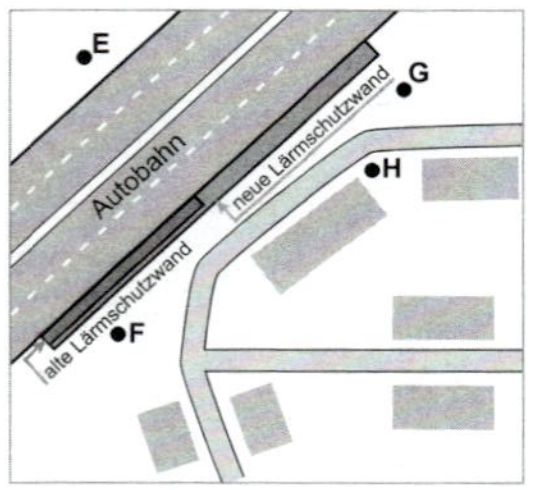

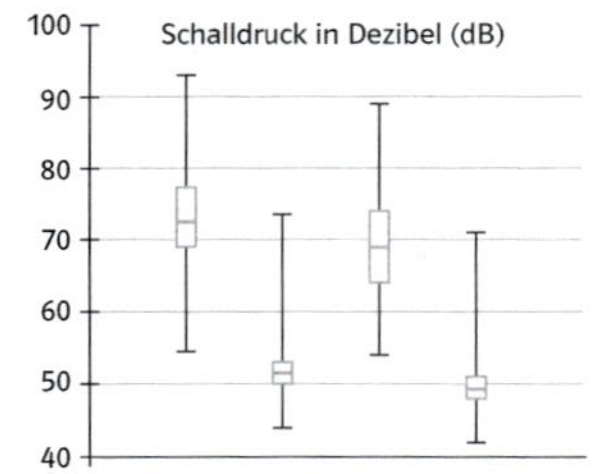

Messstelle: E F G H

● **5** Die Kinder einer 7. Klasse wurden befragt, wie viele Stunden in der Woche sie in ihrer neuen Lektüre gelesen haben. Das Ergebnis zeigt der unvollständige Boxplot:

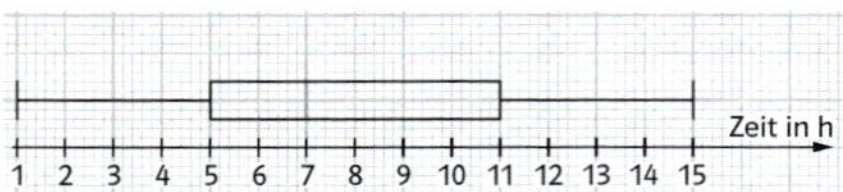

Tino überlegt, welche Daten diesen Boxplot ergeben haben könnten. Er behauptet, er habe eine Datenreihe mit einem Mittelwert von über 8,55 Stunden gefunden. Wie sieht seine Verteilung aus? [T1]

Schüler	1	2	3	4	5	6	7	8	9	10	11	12	13	14	15	16	17	18	19	20	21
Zeit in h	1	4	4	4	4	6	7	7	7	7	7	10	10	10	10	10	12	15	15	15	15

Mittelwert 180 : 21 ≈ 8,5714

[T1] Trage alle festen Werte, die du dem Boxplot entnehmen kannst, ein.

Beilage zum Arbeitsheft Lambacher Schweizer 7, Baden-Württemberg

ISBN: 978-3-12-733376-3
ISBN: 978-3-12-733375-6

Illustrationen: Datex Gerd Blumenstein, Leipzig; Druckmedienzentrum, Gotha; imprint, Zusmarshausen; Annette Liese, Dortmund; media office gmbH, Kornwestheim; Dorothee Wolters, Köln
Satz: imprint, Zusmarshausen

1 Begründe, welche der Graphen einen proportionalen Zusammenhang beschreiben.

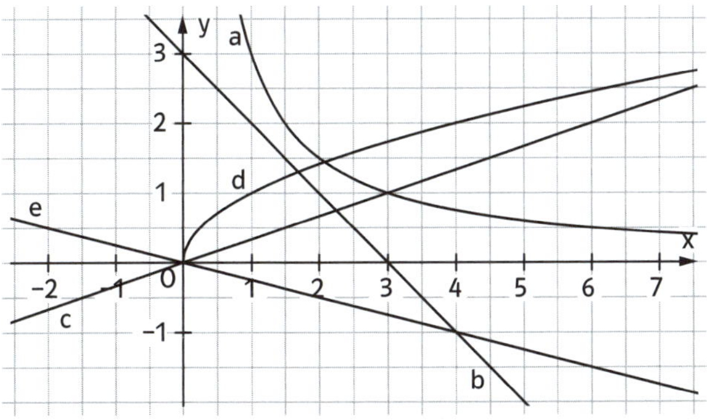

2 a) Die Tabelle stellt einen proportionalen Zusammenhang dar. Ergänze die fehlenden Werte.

x	1	4	5		9
y	0,4			3,2	

b) Die Tabelle stellt einen antiproportionalen Zusammenhang dar. Ergänze die fehlenden Werte.

x	24	3		8	
y	10		40		5

c) Man erhält eine Gerade, wenn man den Zusammenhang aus Teilaufgabe ______ grafisch darstellt.

3 a) Die Wertetabelle beschreibt einen proportionalen Zusammenhang. Gib die zugehörige Gleichung an und ergänze die Tabelle.

y = ______

x	0	1	5	6	11
y				24	

b) Prüfe, ob die Wertetabelle einen proportionalen Zusammenhang beschreibt. Begründe.

x	−2	−1	0	2	4	10	20	50
y	1	0,5	0	−1	−2	−5	−15	−25

4 Carla wirft am ersten Tag jedes Monats 1,50 € in eine große Sparbüchse.

a) Gib die Gleichung des Zusammenhangs zwischen Zeit x (in Monaten) und Geld y (in €) an.

b) Wie viel Geld ist nach 8 Monaten in ihrer Sparbüchse?

c) Wie lange muss Carla sparen, um 30 € in ihrer Sparbüchse zu haben?

d) Kann Carla so lange sparen, bis sie 15 000 € hat?

5 Ein Betrag von 600 € soll an 2, 3, 4, 5 oder 6 Personen zu gleichen Teilen verteilt werden. Welchen Betrag bekommt jede einzelne Person?

a) Ergänze die Tabelle.

Personenzahl x					
Betrag y (in €)					

b) Zeichne die Wertepaare in das Koordinatensystem.

c) Gib die Gleichung des Zusammenhangs zwischen der Personenzahl x und dem Betrag y (in €) an.

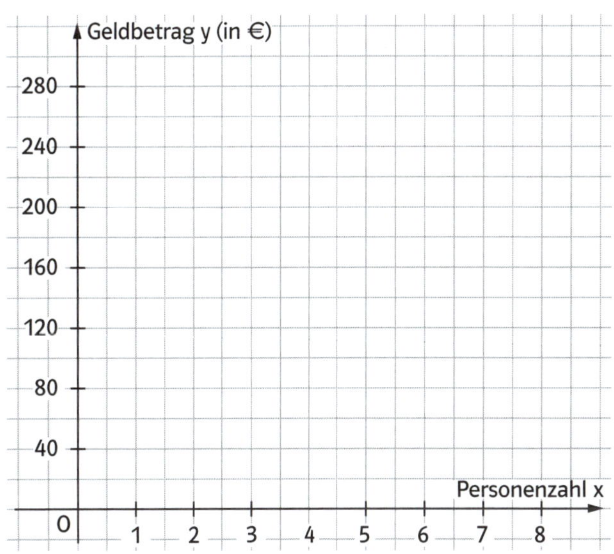

○ **1** a) Die Wertetabellen beschreiben jeweils einen proportionalen Zusammenhang. Ergänze die Tabellen und gib jeweils die Gleichung der zur Tabelle zugehörigen Funktion an.

Tabelle A Gleichung: y = ______

x	−4	1	5	8	20
y			2,5		

Tabelle B Gleichung: y = ______

x	−2	1	4	10	14
y			−8		

b) Zeichne die Graphen der beiden Zusammenhänge sowie jeweils ein geeignetes Steigungsdreieck.

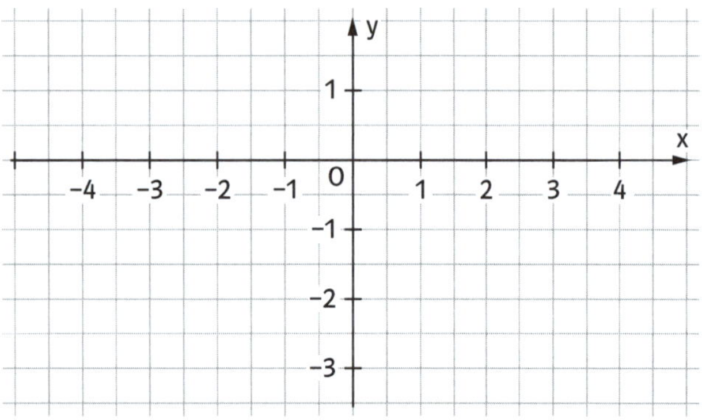

○ **2** Bestimme die Funktionsgleichungen der Geraden.

A: y = ______ B: y = ______

C: y = ______ D: y = ______

E: y = ______ F: y = ______

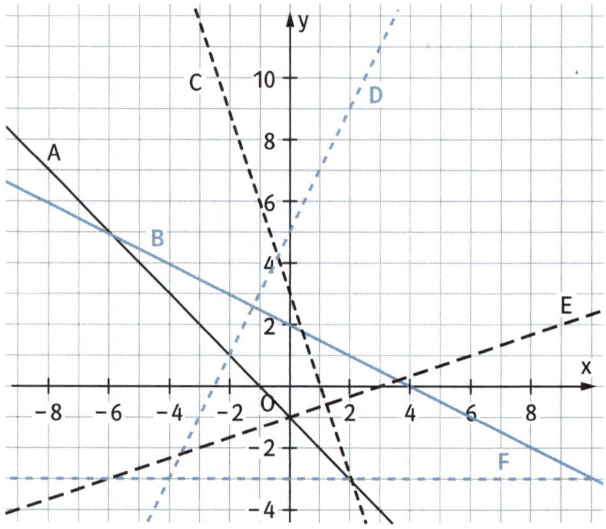

○ **3** Zeichne die Geraden in das Koordinatensystem.

A: $y = -2x + 5$ B: $y = \frac{3}{5}x - 6$

C: $y = -\frac{7}{2}x - 1$ D: $y = \frac{5}{2}$

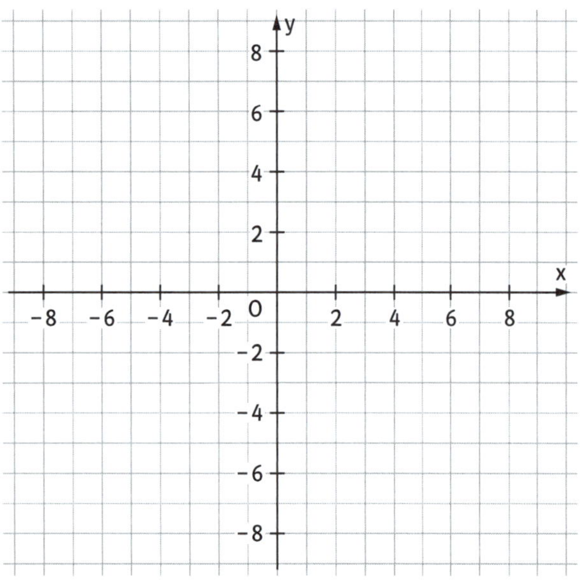

Die Geraden ___ und ___ haben eine negative Steigung. Die Gerade ___ hat die Steigung 0.

◒ **4** a) Eine der Wertetabellen beschreibt einen proportionalen, die andere einen antiproportionalen Zusammenhang. Kreuze an und ergänze die Tabelle.

Tabelle A: ☐ proportional ☐ antiproportional

x	−2	1	3	6	8
y		7,2		1,2	

Tabelle B: ☐ proportional ☐ antiproportional

x	−4	0,5	3	7	11
y		−2		−28	

b) Die zum antiproportionalen Zusammenhang aus

a) gehörige Funktionsgleichung lautet: y = ______

c) Umkreise den Namen des Graphen, der den antiproportionalen Zusammenhang aus a) beschreibt.

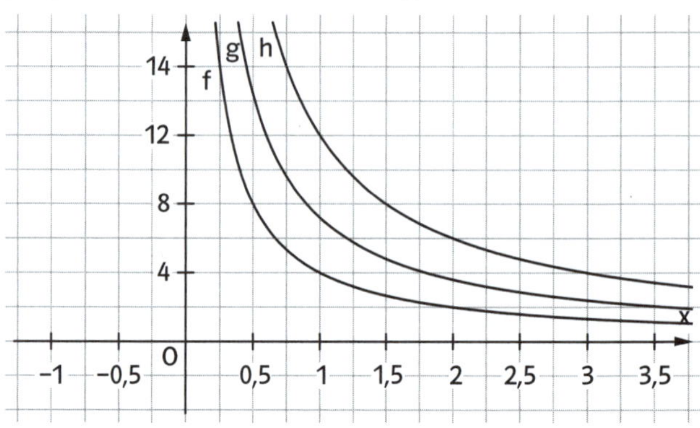

5 a) Die Graphen beschreiben den Zusammenhang zwischen der Zeit (x) und der Entfernung (y) vom Startpunkt bei verschiedenen Sportarten. Ordne jedem Graphen zwei Aussagen zu.

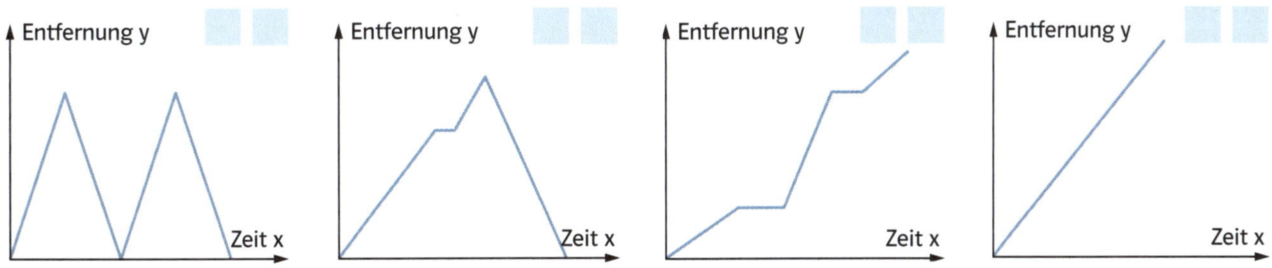

A Der Sportler legt (genau) eine Pause ein.

B Der Sportler bewegt sich mit konstanter Geschwindigkeit.

C Der Sportler kehrt zweimal zum Startpunkt zurück.

D Der Sportler kommt zum Startpunkt zurück.

E Er entfernt sich zweimal über einen gewissen Zeitraum nicht vom Startpunkt.

F Die Entfernung vom Startpunkt wird immer größer.

b) Stellen alle vier Graphen aus Teilaufgabe a) Funktionen dar? Begründe.

____

____

6 In einem 10 Liter fassenden Eimer befinden sich 4 Liter Wasser. Er wird gleichmäßig mit 0,75 Liter Wasser pro Sekunde befüllt.

a) Die Gleichung der Funktion, die den Zusammenhang zwischen der Zeit x (in s) und der sich im Eimer befindenden Wassermenge y (in l) beschreibt, lautet y = ______________.

b) Zeichne den Graphen der Funktion in das Koordinatensystem.

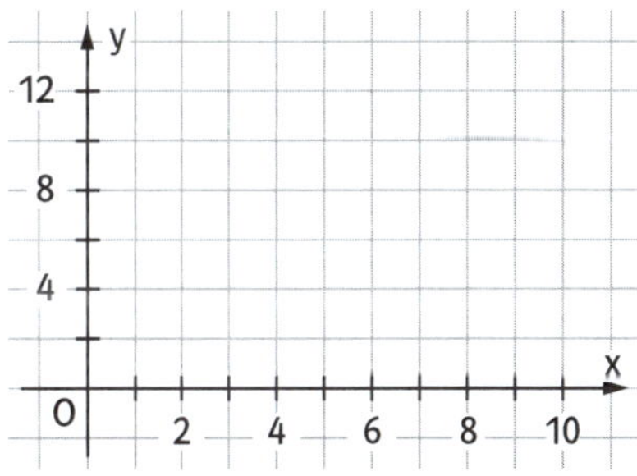

c) Nach 4 Sekunden befinden sich ______________ Liter Wasser in dem Eimer.

d) Nach ____ Sekunden ist der Eimer voll. Markiere den zugehörigen Punkt P(____ | ____) des Graphen.

7 Linus und sein Freund Jonas möchten sich die gleichen neuen Sportschuhe kaufen. Beide haben bereits 20 € gespart. Ab jetzt spart Linus jede Woche 5 €, Jonas aber nur 2 € pro Woche vom Taschengeld.

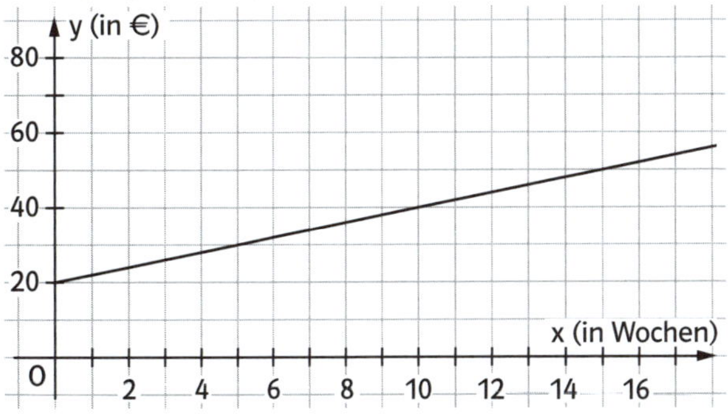

a) Kreuze an. Der Graph beschreibt den Zusammenhang zwischen der Spardauer x (in Wochen) und dem insgesamt ersparten Geld y (in €) für

☐ Linus ☐ Jonas

b) Die Gleichung der Funktion, die das Sparverhalten des anderen Jungen beschreibt, lautet

y = ______________________.

c) Zeichne den zu Teilaufgabe b) gehörenden Graphen in das Koordinatensystem.

d) Jonas muss genau 9 Wochen länger sparen als sein Freund, bis er sich die neuen Sportschuhe kaufen kann. Die Schuhe kosten ______ €. [T1]

[T1] Lies am Graphen ab, für welchen y-Wert die Differenz aus dem zugehörigen x-Wert von Linus und dem zugehörigen x-Wert von Jonas genau 9 beträgt.

Lösung einer Gleichung

1 Überprüfe, ob die Zahl auf dem blauen Feld eine Lösung der Gleichung ist. Kreuze an.

		ja	nein
$7x + 8 = 22$	3		
$x + 4 = 3x$	2		
$10 - x = x + 8$	1		
$-4x + 5 = 11 - x$	2		

2 Verbinde die Gleichung mit der passenden Lösung.

Gleichung	Lösung
$2x + 5 = 29$	-2
$6x - 8 = 40$	2
$20x + 16 = 12x$	3
$-3x - 12 = -9x$	12
$6x + 1 = 4x + 7$	8

3 Gib die Lösung der Gleichung an.

$3 \cdot x = 60$ $x =$

$x + 21 = 63$ $x =$

$x : 5 = 7$ $x =$

$x - 10 = -9$ $x =$

$6x = -42$ $x =$

4 Ergänze im Kästchen eine passende Zahl, sodass die Zahl 2 eine Lösung der Gleichung ist.

$\square \cdot x - 8 = -2$

$\square \cdot x + \square = 8$

$2x + \square = 5x$

$\square \cdot x + 6 = 0$

$-78 + \square \cdot x = -100$

5 a) Bestimme die Anzahl der Hölzer für die jeweilige Figur. Fülle die Lücken.

					…	?
Figur Nr.	1	2	3	4	…	x
Anzahl der Hölzer	$5 = 2 + 3$ $= 2 + 3 \cdot 1$	$\square = 2 + 3 + 3$ $= 2 + 3 \cdot 2$	$\square = 2 + 3 + 3 + \square$ $= 2 + \square \cdot 3$	$\square = 2 + 3 + \square + \square + \square$ $= \square + \square \cdot \square$	… …	$2 + 3 + \ldots + 3$ $= 2 + \square \cdot x$

b) Welche Nummer hat die Figur mit 152 Hölzern? Ergänze zuerst die Gleichung.

$152 = \_\_\_ + \_\_\_ \cdot x$

$x = \_\_\_$

c) Flo und Leo finden für die Figuren zwei weitere Terme. Überprüfe, ob die Terme für die 4. und 8. Figur den gleichen Wert annehmen.

Figur Nr.	4	8
$5 + 3 \cdot (x - 1)$	$5 + 3 \cdot$	
$x + 2 \cdot (x + 1)$		

6 Wie lautet die gesuchte Zahl? Stelle eine Gleichung auf und gib die Lösung an.

Ich denke mir eine Zahl,	Gleichung	Lösung
a) multipliziere sie mit 5, addiere 20 und erhalte 100.	$x \cdot \_\_\_ = \_\_\_$	$x = \_\_\_$
b) addiere 30, dividiere das Ergebnis durch 7 und erhalte 6.	$\_\_\_ = \_\_\_$	$x = \_\_\_$

Äquivalenzumformungen von Gleichungen (1)

1 Notiere die Gleichung und löse sie. Veranschauliche die Lösungsschritte und fülle die Lücken.

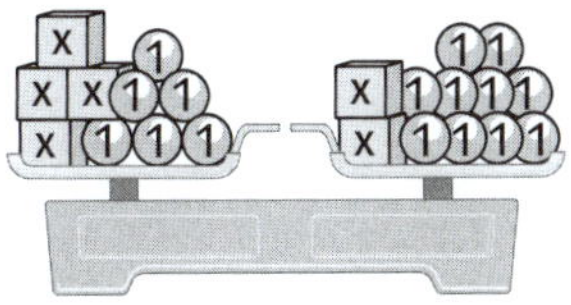

$4x +$ ________ $=$ ________

Auf beiden Seiten der Gleichung subtrahiert man den Term ________.

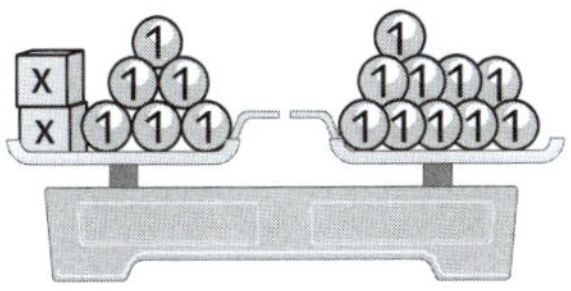

$4x +$ ________ $- 2x$ $=$ ________ $- 2x$

$2x +$ ________ $=$ ________

Auf beiden Seiten der Gleichung ________ man die Zahl ________.

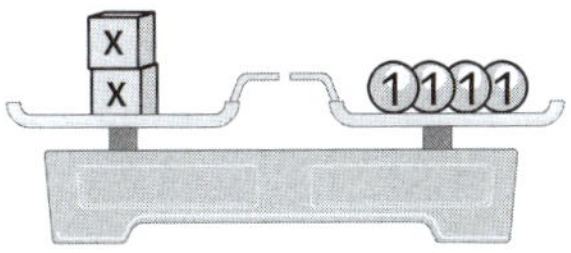

$2x +$ ________ $=$ ________

________ $=$ ________

Auf beiden Seiten der Gleichung ________ ________.

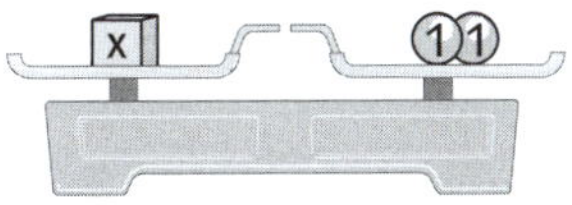

$2x :$ ________ $= 4 :$ ________

$x =$ ________

2 Notiere die Gleichung und löse sie. Stelle die Lösung auch zeichnerisch dar.

a)

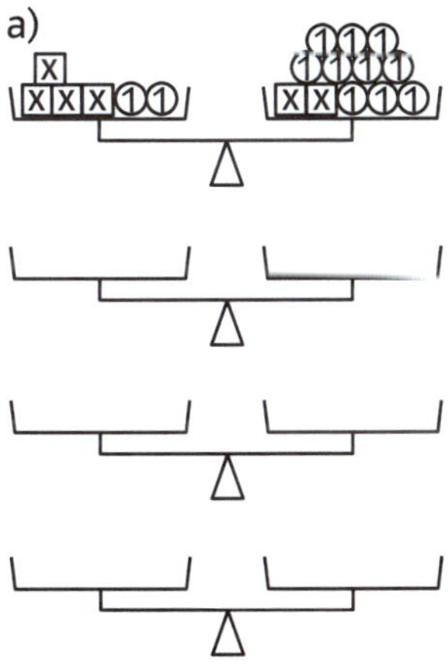

$4x + 2 =$ ________ | $-2x$

$\Leftrightarrow$ ________ | ____

$\Leftrightarrow$ ________ | ____

$\Leftrightarrow$ ________

b)

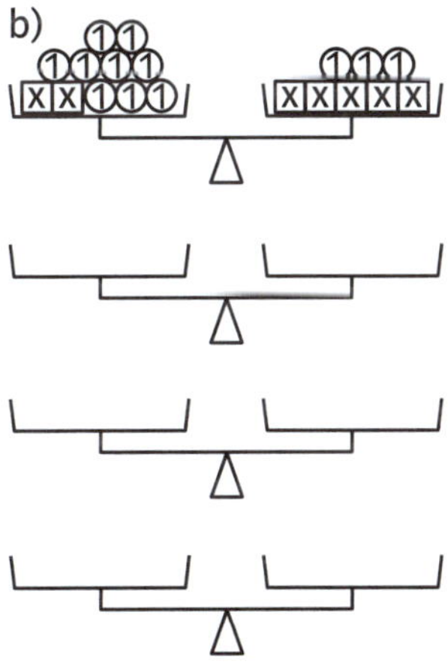

________ | ____

$\Leftrightarrow$ ________ | ____

$\Leftrightarrow$ ________ | ____

$\Leftrightarrow$ ________

3 Löse mithilfe von Äquivalenzumformungen. Ergänze die Lücken.

a)

	$18x + 54$	$=$	$6x + 108$	| ____
$\Leftrightarrow$	____ $x + 54$	$=$	108	| -54
$\Leftrightarrow$	$12x$	$=$	____	| ____
$\Leftrightarrow$	x	$=$	____	

Lösung ist die Zahl ____

b)

	$7x - 35$	$=$	$49 - 14x$	| ____
$\Leftrightarrow$	21 $x - 35$	$=$	____	| ____
$\Leftrightarrow$	____	$=$	____	| ____
$\Leftrightarrow$	x	$=$	____	

Lösung ist die Zahl ____

c)

	$-4x + 3$	$=$	$x + 18$	| ____
$\Leftrightarrow$	____	$=$	____	| ____
$\Leftrightarrow$	____	$=$	____	| ____
$\Leftrightarrow$	x	$=$	____	

Lösung ist die Zahl ____

d)

	$4x - 2$	$=$	$2x - 3$	| ____
$\Leftrightarrow$	____	$=$	____	| ____
$\Leftrightarrow$	____	$=$	____	| ____
$\Leftrightarrow$	x	$=$	____	

Lösung ist die Zahl ____

4 a) Rechne jeweils die Gleichung zu Ende.

(1) $2x - 4 = 6x + 16 \mid +4$
⇔ ____________ $\mid -6x$
⇔ ____________
⇔ ____________

(2) $2x - 4 = 6x + 16 \mid -6x$
⇔ ____________ $\mid +4$
⇔ ____________
⇔ ____________

(3) $2x - 4 = 6x + 16 \mid :2$
⇔ $x - 2 =$ ____________
⇔ ____________
⇔ ____________
⇔ ____________

b) Welcher Weg erscheint dir am vorteilhaftesten?

____

5 Der Computer kostet mit Monitor 650 €. Der Monitor kostet 300 € weniger als der Computer. Berechne den Preis für jeden Artikel.
Festlegen der Variablen x: Preis für den PC
Aufstellen der Gleichung: ____________
Rechnung: ⇔ ____________
⇔ ____________
⇔ ____________
Antwort:
Der PC kostet ______, der Monitor kostet ______.

6 Leo hat bei den Bundesjugendspielen doppelt so viele Punkte wie sein Freund Jan. Zusammen kommen sie auf 1950 Punkte.
Wie viele Punkte hat jeder erzielt?
Festlegen der Variablen x: ____________
Aufstellen der Gleichung: ____________
Rechnung: ⇔ ____________
⇔ ____________
Antwort: Jan hat ______ Punkte und Leo hat ______ Punkte erzielt.

7 Stelle die passende Gleichung auf und berechne die Seitenlänge.
a) Der Umfang des Dreiecks beträgt 28 cm.

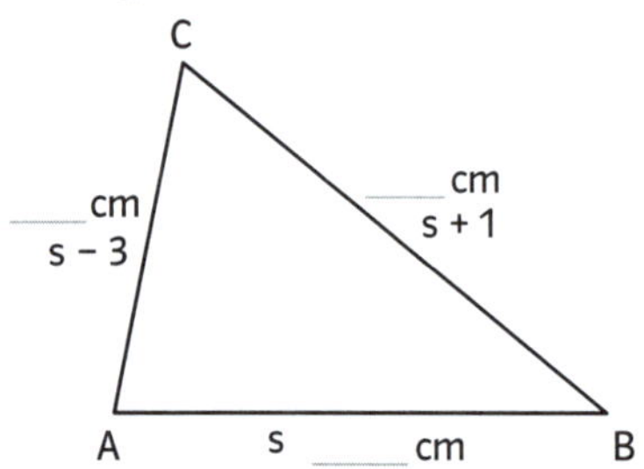

____
⇔ ____________
⇔ ____________
⇔ ____________

b) Der Umfang beträgt 40 cm.

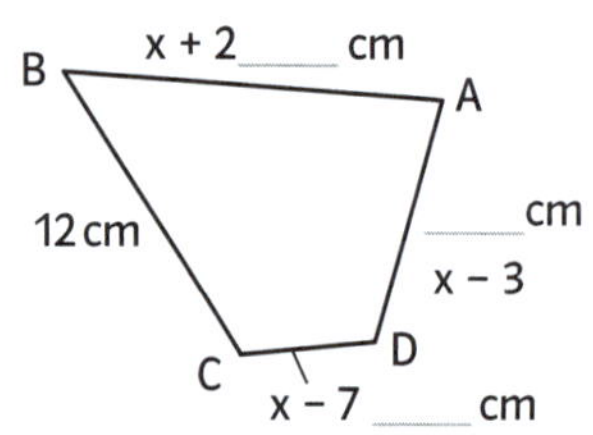

$12 +$ ____________
⇔ ____________
⇔ ____________
⇔ ____________
⇔ ____________

8 Fülle die Lücken der Additions-Zahlenmauer und stelle eine Gleichung auf, um den Wert von a zu berechnen.

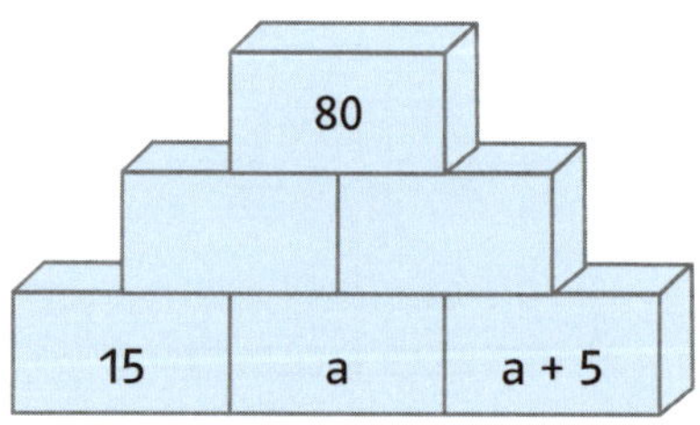

____
⇔ ____________
⇔ ____________
⇔ ____________

9 Das Paket ist doppelt so lang wie breit und 4 cm breiter als hoch. Das blaue Band ist 3,60 m lang. Für die Schleife wird 40 cm Band benötigt.
Berechne die Maße des Paketes. [T1]

____
⇔ ____________
⇔ ____________
⇔ ____________
⇔ ____________
Breite ______; Länge: ______; Höhe: ______

[T1] Wähle für die Breite des Paketes x.

1 a) Gib die Koordinaten der Punkte an.

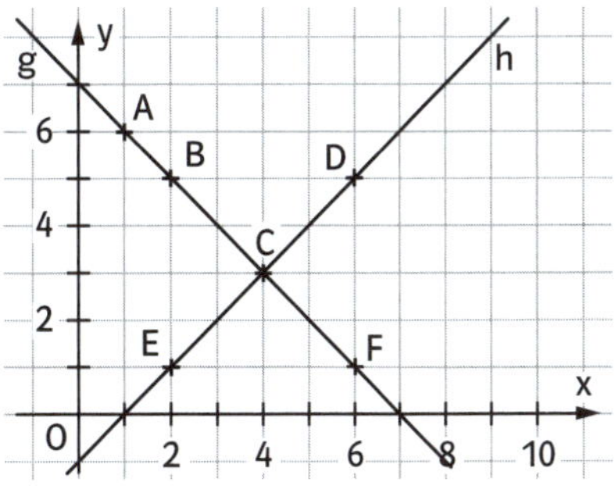

A(___ | ___)

B(___ | ___)

C(___ | ___)

D(___ | ___)

E(___ | ___)

F(___ | ___)

b) Prüfe, welcher Punkt auf welcher Geraden liegt.

	A	B	C	D	E	F
Gerade g						
Gerade h						

c) Der Punkt ___ (___ | ___) liegt auf beiden Geraden, er ist ______________ der Geraden g und h. Also haben g und h für den x-Wert ___ denselben y-Wert ___ .

2 a) Gib ohne Zeichnung und Rechnung an, ob die Geraden g und h einen Schnittpunkt haben, echt parallel oder identisch sind. Fülle die Lücken.
b) Zeichne die Geraden in das Koordinatensystem.

Geraden	Steigung m	y-Achsenabschnitt c	Geraden g und h: haben einen Schnittpunkt	sind echt parallel	sind identisch
g: $y = -\frac{2}{3}x + 4$ h: $y = \frac{2}{3}x + 1$	m_g = ______ m_h = ______	c_g = ______ c_h = ______			
g: $y = \frac{1}{2}x + 3$ h: $y = \frac{1}{2}x + 2$	m_g = ______ m_h = ______	c_g = ______ c_h = ______			
g: $y = \frac{2}{5}x + 1$ h: $y = \frac{2}{5}x + 1$	m_g = ______ m_h = ______	c_g = ______ c_h = ______			

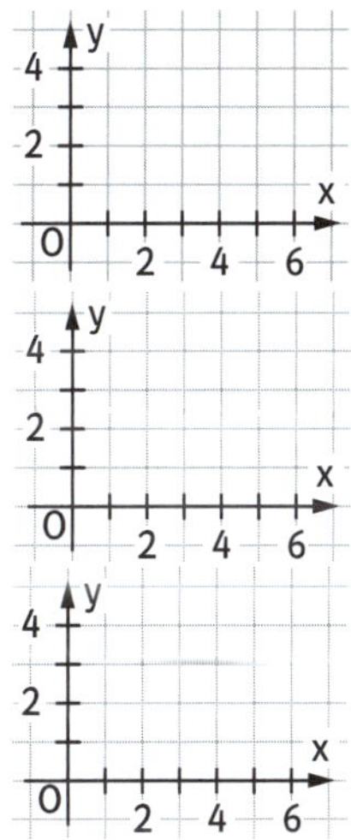

3 Die Geraden g und h schneiden sich. Berechne die Koordinaten des Schnittpunkts S.

a) g: $y = 2x + 3$
h: $y = 0{,}5x + 6$

$2x + 3 =$ ______ | ______

⇔ ______ | ______

⇔ ______

⇔ ______

y = ______ S(___ | ___)

b) g: $y = -2x - 13$
h: $y = x + 8$

______

S(___ | ___)

c) g: $y = 8x + 6$
h: $y = 4x - 18$

______

S(___ | ___)

4 Die Gerade g verläuft durch den Punkt P(0 | 2) und hat die Steigung $m = \frac{3}{4}$.
a) Gib die Gleichung einer Geraden an, die echt parallel zu g ist. ______
b) Gib die Gleichung einer Geraden an, die die Gerade g schneidet. ______

5 Bestimme die Lösung der Gleichung.

a) $4x + 9 = 4x - 8$ | ______
⇔ ______
Lösung: ______

b) $5x + 6 = 5x + 6$ | ______
⇔ ______
Lösung: ______

Lineare Gleichungen mit Termumformungen und Brüchen

1 Verbinde Kärtchen mit äquivalenten Gleichungen.

$\frac{2}{3}x = 6$ | $0{,}03x = 1{,}8$ | $3(x - 2) = 2x - 18$ | $3x - 6 = 2x - 18$

$2x = 18$ | $\frac{3}{2}(x - 2) = x - 9$ | $3x = 180$

2 Juli und Leo rechnen die Gleichungen mit Brüchen unterschiedlich. Ergänze.

$\frac{3}{5}x = \frac{2}{3}$ $\quad|:$ ____

$\Leftrightarrow x = \frac{2}{3} \cdot$ ____

$\Leftrightarrow x =$ ____

$\frac{3}{5}x = \frac{2}{3}$ $\quad|\cdot 15$

$\Leftrightarrow$ ____ $x =$ ____ $\quad|:$ ____

$\Leftrightarrow$ $x =$ ____

3 Rahme den Fehler ein und schreibe die Verbesserung neben die Aufgabe.

$-24 = \frac{1}{3}x + 21 \quad |-21$

$-45 = \frac{1}{3}x \quad |:3$ ____

$-15 = x$ ____

4 Löse die Gleichung. Markiere dazu die kleinste vorkommende Nachkommastelle. Multipliziere dann die Gleichung mit der passenden Zehnerpotenz.

10 000 | 100 | 1000 | 10

a) $0{,}3x = 0{,}18x + 2{,}4 \quad |\cdot 1$____

$\Leftrightarrow$ 30

$\Leftrightarrow$ ____

$\Leftrightarrow x =$ ____

b) $63 - 2{,}2x = 6{,}8x \quad |\cdot 1$____

$\Leftrightarrow$ ____

$\Leftrightarrow$ ____

$\Leftrightarrow$ ____

c) $5x + 0{,}001 = 0{,}251 \quad |\cdot 1$____

$\Leftrightarrow$ ____

$\Leftrightarrow$ ____

$\Leftrightarrow$ ____

5 Löse die Gleichung.

a) $\frac{3}{4}x = \frac{1}{5}x + \frac{1}{10} \quad |-$ ____

b) $15 \cdot x = \left(\frac{1}{5} \cdot x + \frac{1}{10}\right) \cdot 20 \quad |\,T$

c) $8\left(\frac{1}{2}x + 49\right) = (-12) \cdot \frac{1}{4}x \quad |\,T$

6 Berechne die Höhe h des Trapezes.

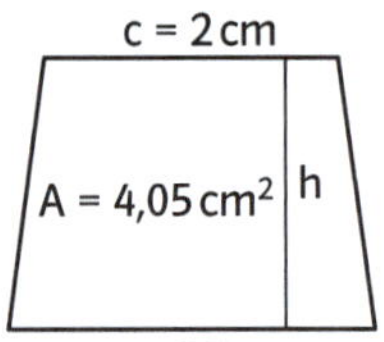

$A = \frac{1}{2} \cdot (a + c) \cdot h \quad |$ Einsetzen

$4{,}05 = \frac{1}{2} \cdot (2 + 2{,}5) \cdot h \quad |\,T$

$\Leftrightarrow$ ____

$\Leftrightarrow$ ____

$\Leftrightarrow$ ____

Die Höhe des Trapezes beträgt ____ cm.

7 Berechne die Höhe c des Quaders.

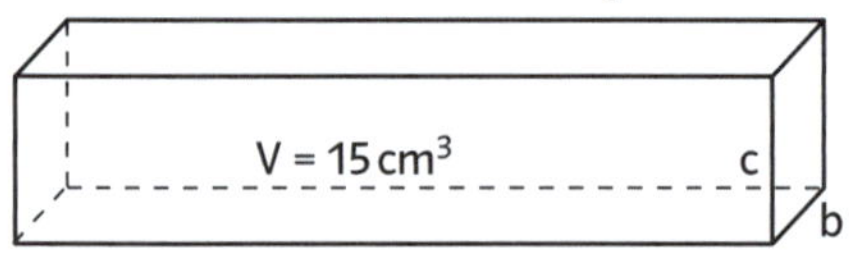

$V = a \cdot b \cdot c$

$\Leftrightarrow$ ____

$\Leftrightarrow$ ____

$\Leftrightarrow$ ____

Die Höhe des Quaders beträgt ____ cm.

Lineare Ungleichungen

1 Hier sind die Lösungsmengen verschiedener Ungleichungen dargestellt. Gib die Lösungsmengen an.

a) 

b) 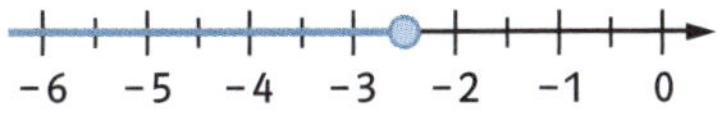

c) 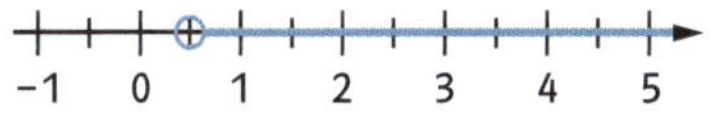

x ______ x ______ x ______

2 Löse mithilfe von Äquivalenzumformungen. Veranschauliche die Lösungsmenge an der Zahlengeraden.

a) $5 > x + 4$ | ______

b) $-4x \leq -116$ | ______

c) $x + 7 < 1$ | ______

d) $5x - 6 \leqq 8x - 6$ | ______

e) $x + 8 > 3x - 6$ | ______

f) $-4(x - 3{,}5) \geqq -6$ | ______

3 a) Notiere die passende Ungleichung.

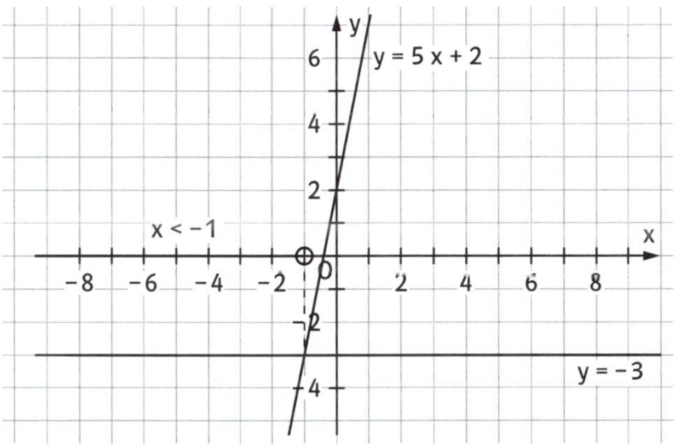

b) Stelle beide Seiten der Ungleichung $2{,}5 < 7 - 3x$ als Geraden dar.

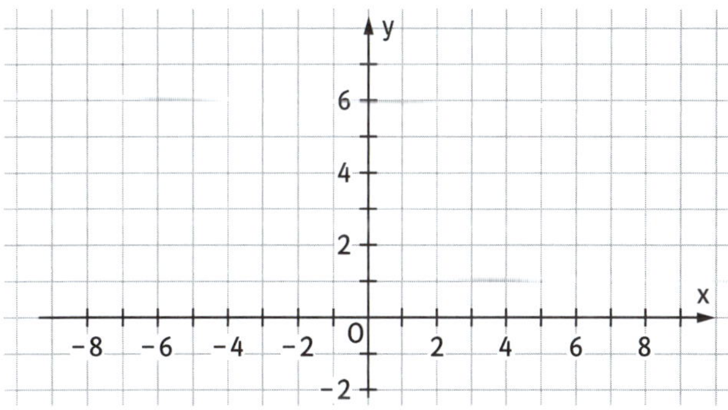

Lies die Koordinaten des Schnittpunktes ab:

S(___ | ___). Stelle die Lösung auf der x-Achse dar.

4 Maria hat 2,40 m Draht. Sie möchte das Kantenmodell des Körpers bauen. Wie lang darf a höchstens sein, damit der Draht reicht? Verdeutliche deine Lösungen auf der Zahlengeraden.

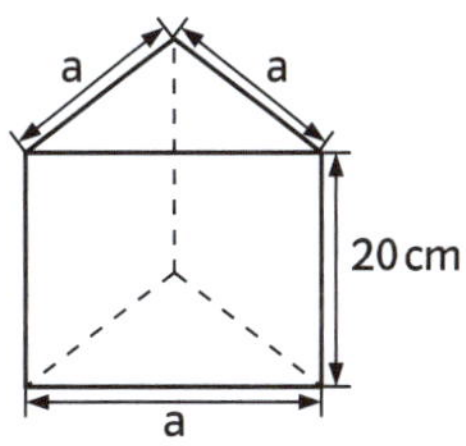

5 Stelle die passende Ungleichung auf.

a) Das Wasser fließt von A nach B. Ab wann ist im Behälter B mehr Wasser als im Behälter A?

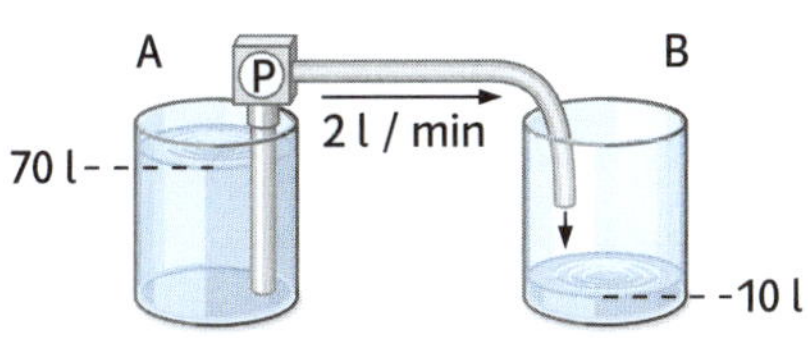

x: Zeit in min y: Menge in l

b) Bis wie viele Personen ist für eine Kanutour Angebot B billiger?

A Grundpreis: 20,00 €
Preis p. P.: 15,00 €

B Preis p. P.: 20 €

x: Personenzahl y: Gesamtpreis in €

○ **1** Kreuze die richtige Lösung der Gleichung an und notiere die Probe.

a) $4x - 21 = 51$
☐ −9 ☐ −3
☐ 18 ☐ 1,5

$4 \cdot$ ___ $- 21 =$ ___
$51 = 51$

b) $-4x + 3 = x + 18$
☐ −9 ☐ −3
☐ 18 ☐ 1,5

$-4 \cdot$ ___ $+ 3 =$ ___
___ $+ 18 =$ ___

c) $-2x - 6 = x - 10{,}5$
☐ −9 ☐ −3
☐ 18 ☐ 1,5

d) $-x + 1 = 3x + 37$
☐ −9 ☐ −3
☐ 18 ☐ 1,5

○ **2** Löse die Gleichung. Ergänze die Äquivalenzumformung.

a) 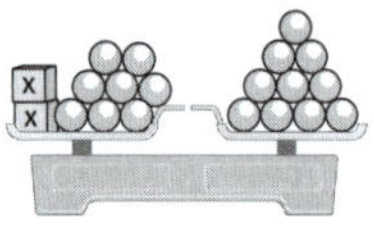

$2x + 8 =$ ___ | ___
⇔ ___ = ___ | ___
⇔ x = ___

b) $6x - 28 = 4x - 10$ | ___
⇔ ___ = ___ | ___
⇔ ___ = ___ | ___
⇔ x = ___

c) $2(4x + 3) = 5x - 6$ | T
⇔ ___ $= 5x - 6$ | ___
⇔ ___ = ___ | ___
⇔ ___ = ___ | ___
⇔ x = ___

◒ **3** Überprüfe, ob die Gleichung eine, keine oder unendlich viele Lösungen hat.

a) $4x - 3 = -2x - 3$ | ___
⇔
⇔
Lösung:

b) $9x - 5 = 9x - 5$ | ___
Lösung:

c) $14x + 4 = 14x + 8$ | ___
Lösung:

◒ **4** Löse die Ungleichung. Markiere das Ergebnis auf der Zahlengeraden.

a) $2x + 3 < 7$ | −3

b) $x > 6x + 15$ | −6x

c) $55 - 3x \geq 10$ | −55

◒ **5** Ein Heizöltank enthält noch 1000 l Öl. Aus einem Tankwagen mit 5000 l Ladung fließen je Minute 200 l Öl in den Heizöltank.

a) Welche Gerade gehört zu welchem Behälter? Kreuze an.
Heizöltank: g ☐ h ☐ Tankwagen: g ☐ h ☐

b) Gib für beide Geraden die Gleichung an.
Variable x: Zeit in min Variable y: Volumen in l

c) Berechne den Schnittpunkt der Geraden.

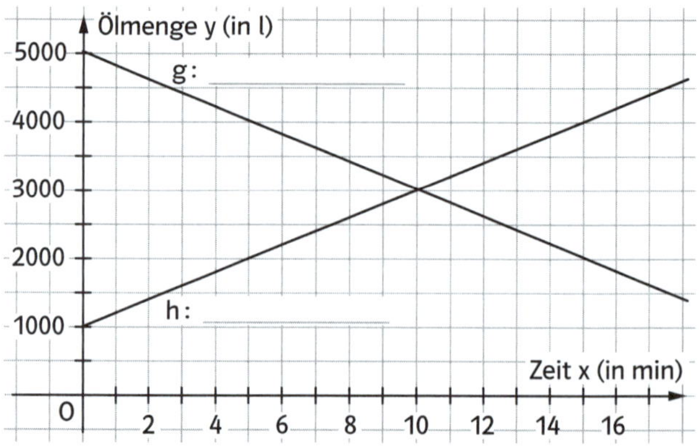

d) Nach wie vielen Minuten ist im Heizöltank und im Tankwagen gleich viel Öl?

Antwort:

6 Verbinde zugehörige Karten und ergänze die Lücken.

g: $y = -3x + 4$ **h: $y = 4x - 3$**	**Geraden sind echt parallel**	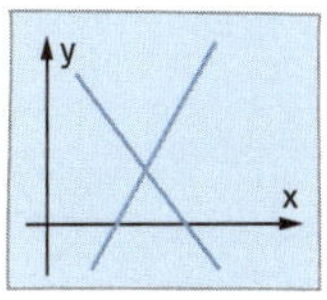	**Die Gleichung** $-3x + 4$ = ______ **hat eine Lösung.**
g: $y = 1{,}5x + 2$ **h: $y = \frac{3}{2}x + 2$**	**Geraden schneiden sich**	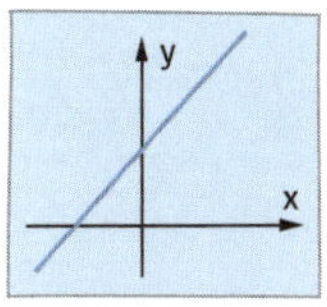	**Die Gleichung** ______ = ______ **hat keine Lösung.**
g: $y = -2x + 4$ **h: $y = -2x - 1$**	**Geraden sind identisch**	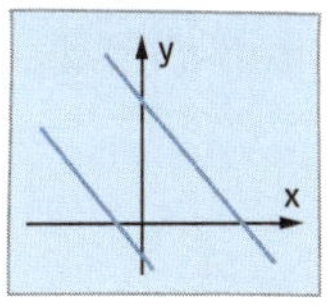	**Die Gleichung** ______ = ______ **hat unendlich viele Lösungen.**

7 Berechne mit Äquivalenzumformungen die Lösung der Gleichung.

a) $\frac{7}{12}x = \frac{5}{6} + \frac{1}{6}x \quad |$ ______

b) $1{,}1x + 1 = 4{,}2 + 0{,}7x \quad |$ ______

c) $\frac{2}{3}x + \frac{5}{6} = \frac{1}{4}x \quad |$ ______

8 Leo und Lia wollen sich treffen. Sie wohnen 45 km voneinander entfernt. Beide fahren um 8:00 Uhr mit dem Fahrrad los. Leo fährt von A aus durchschnittlich 10 km/h. Lia fährt ihm von B mit 20 km/h entgegen.

a) Gib die Gleichungen des Zusammenhangs zwischen Zeit x (in h) und der Entfernung y von A (in km) an.

Leo: y = ______ Lia: y = ______

b) Ermittle zeichnerisch. Sie treffen sich nach ungefähr ______ Minuten.

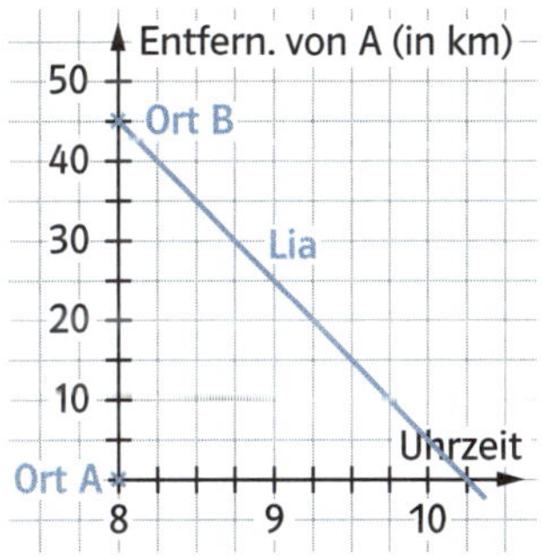

c) Ermittle rechnerisch, wann und wie viele km von A entfernt sie sich treffen.

Sie treffen sich um ______, ______ km von A entfernt.

9 a) Der Gepard ist das schnellste Landsäugetier (Geschwindigkeit: 25 m/s). Er erspäht eine Beute und pirscht sich an sie heran. Eine Gazelle flüchtet in einer Entfernung von 300 m mit einer Geschwindigkeit von 15 m/s. Stelle zwei Geradengleichungen für die Bewegung von Gepard (g) und Gazelle (h) auf.

Variable x: ______ Variable y: Position in m g: y = ______ h: y = ______

b) Wann und in welcher Entfernung vom Startpunkt des Gepards würde er die Gazelle einholen? Berechne.

25x = ______

______

x = ______ y = ______

Antwort: Der Gepard würde nach ______ Sekunden ______ vom Startpunkt aus die Gazelle einholen.

c) Einiges ist in der Realität anders. Nenne verschiedene Aspekte, die hier nicht berücksichtigt wurden. [T1]

[T1] Denke z. B. daran, dass der Gepard seine Geschwindigkeit nur ca. 600 m durchhält.

Mit Winkeln begründen

1 Kennzeichne die angegebenen Paare gleicher Winkel jeweils mit einer Farbe.

a) alle Scheitelwinkel

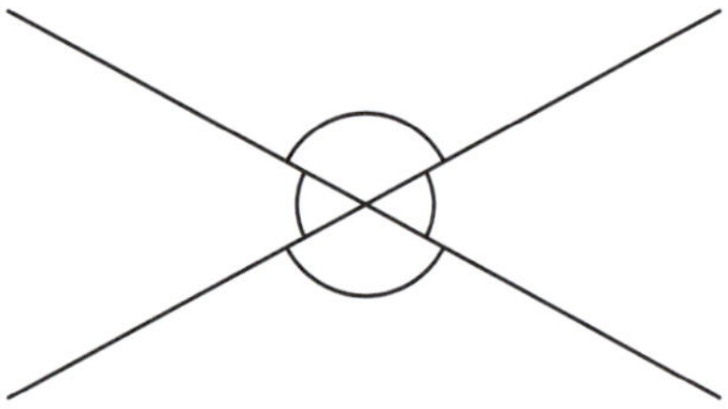

b) alle Stufenwinkel

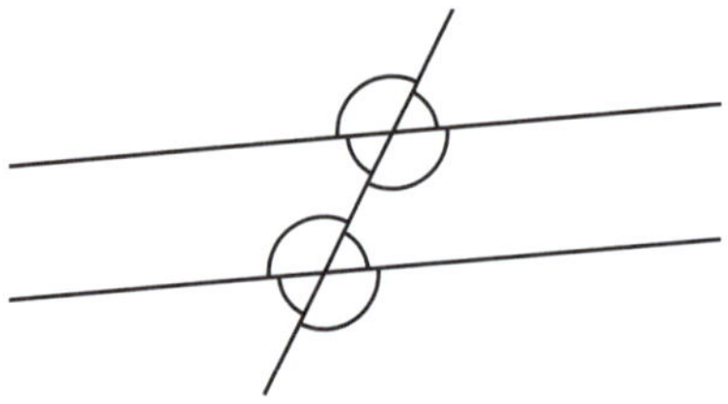

c) alle Wechselwinkel

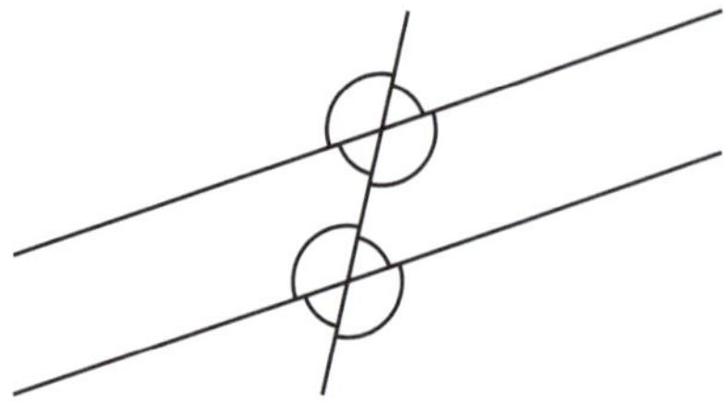

2 Die Geraden g und h sind parallel. Wie groß sind die Winkel α und β? Begründe, indem du die Sätze vervollständigst.

a)

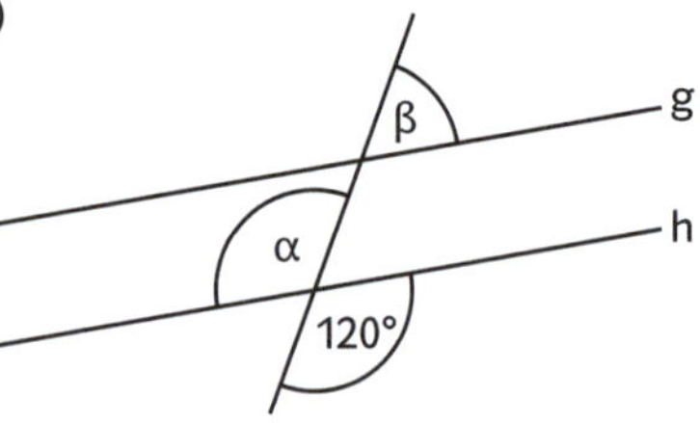

α ist ________ winkel zu 120°,

α = ______ .

β = ______ ist ________ winkel

zum ______ winkel rechts von α.

b)

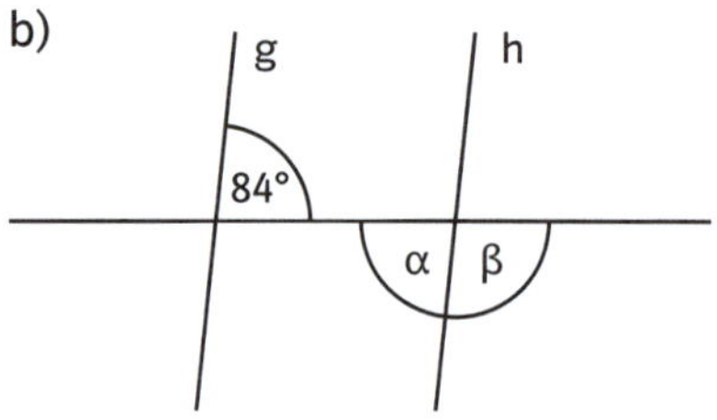

α ist ________ winkel zu 84°,

α = ______ .

β ist ________ winkel zu α.

β = ________________ .

c)

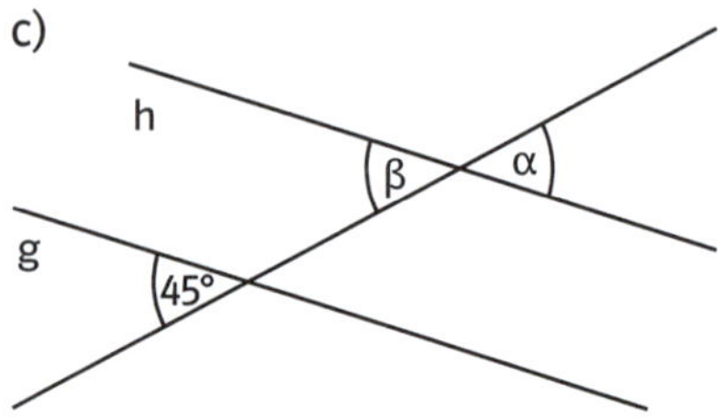

β ist ________ winkel zu 45°,

β = ______ .

α ist ________ winkel zu β,

α = ______ .

3 a) Sind die Geraden g und h parallel? Begründe rechnerisch. Berechne vorher die Winkelweiten der anderen Winkel und trage die Größen ein.

____

____

____

____

____

b) Sind die Geraden i und j parallel? Begründe deine Meinung.

____

____

____

____

____

____

____

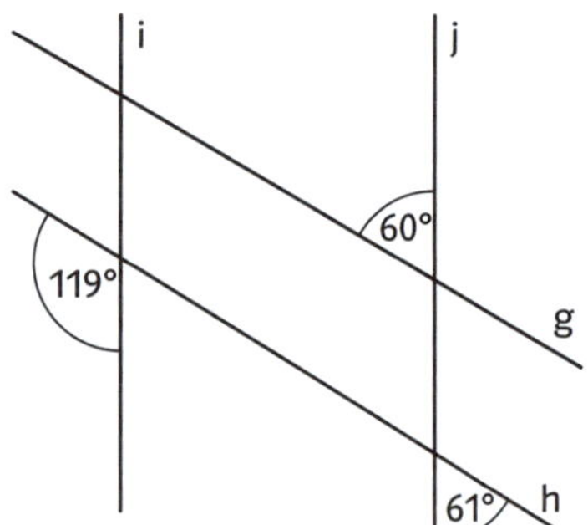

Antwort: g ______ h, i ______ j

4 Bestimme die Winkelweite α, wenn w die Winkelhalbierende der Geraden g und h ist.

a)

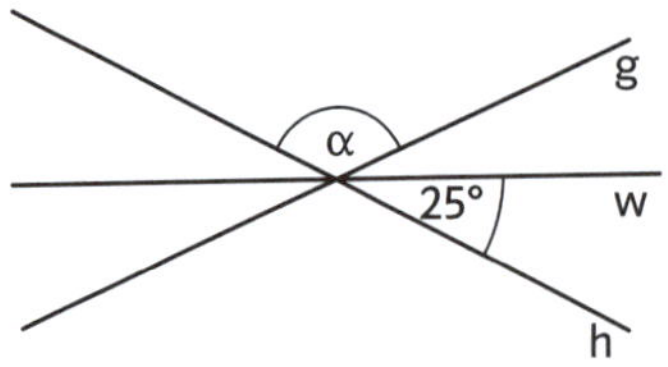

α = ________________

____

b)

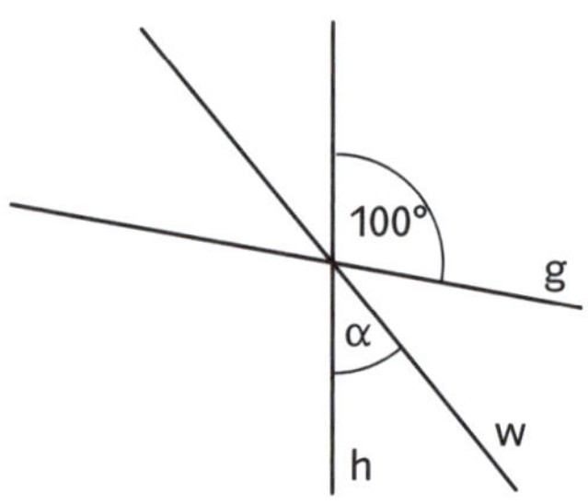

α = ________________

____

Winkelsumme im Dreieck

1 Berechne die Weite der bezeichneten Winkel.

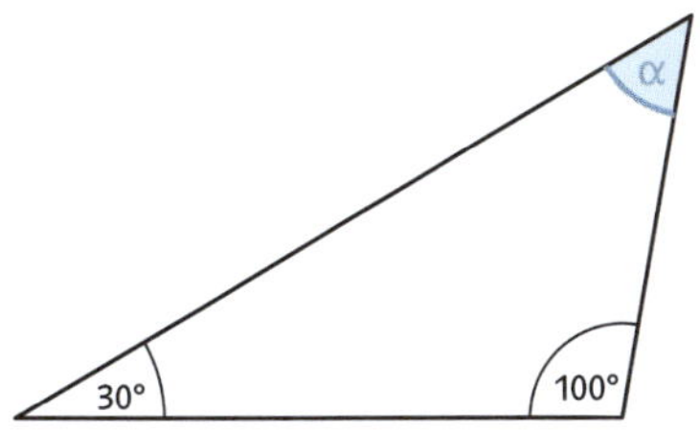

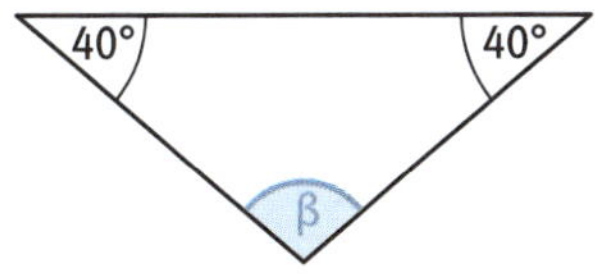

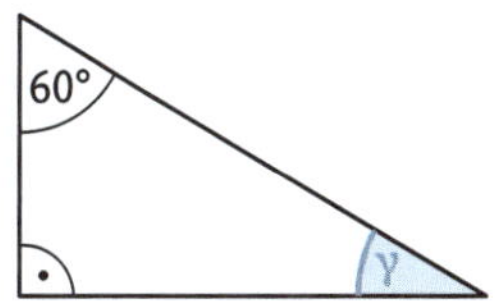

α = ______ β = ______ γ = ______

2 Berechne die Weite der bezeichneten Winkel.

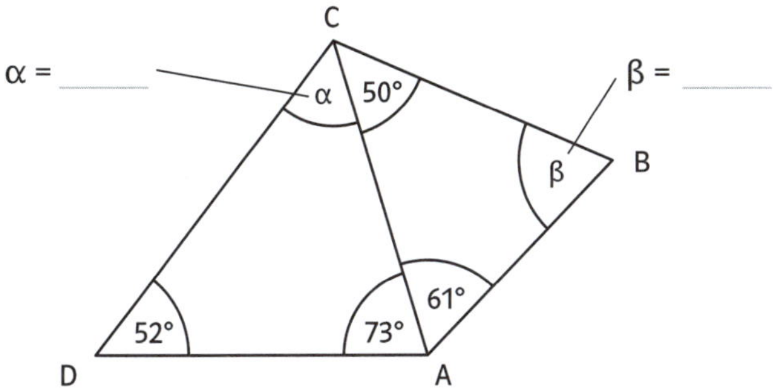

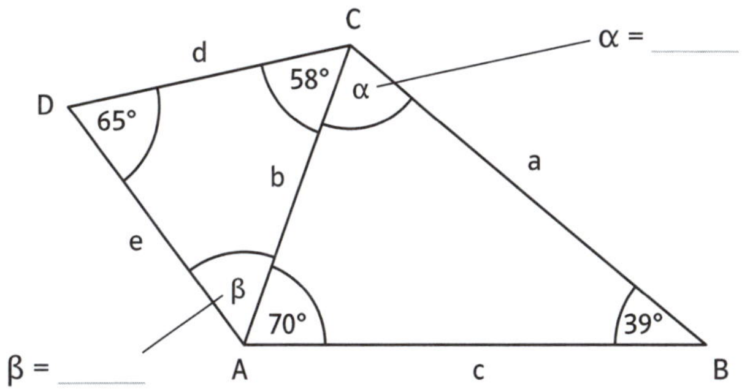

3 Bestimme die Weite der Winkel.

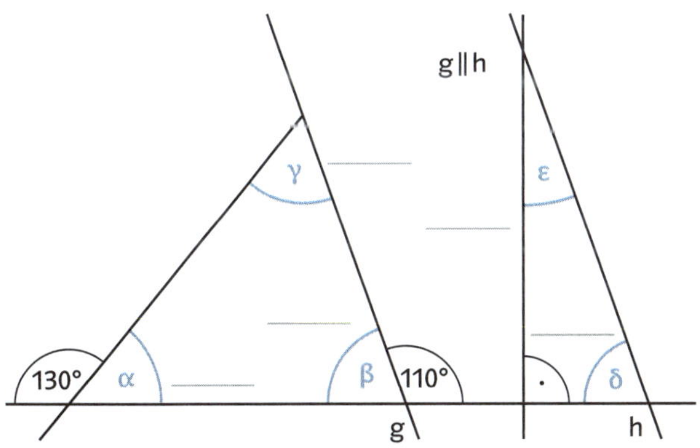

4 Bestimme die Weite der Winkel α, β und γ.

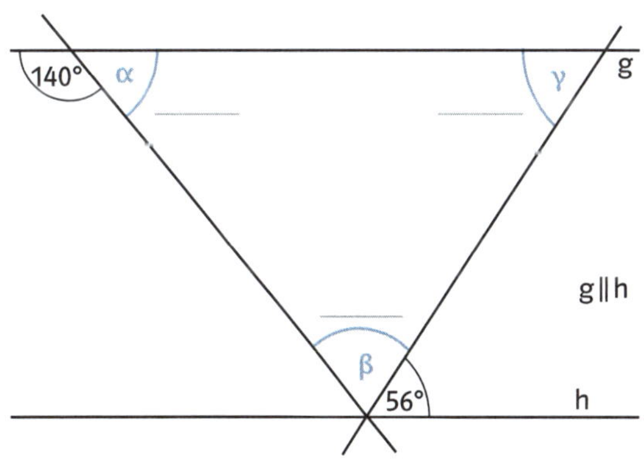

5 Bestimme die Weite der angegebenen Winkel.

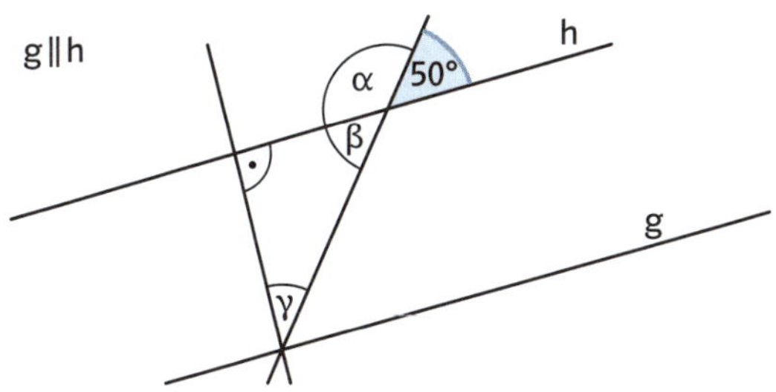

α = ______

β = ______

γ = ______

6 Bestimme die Weite der angegebenen Winkel.

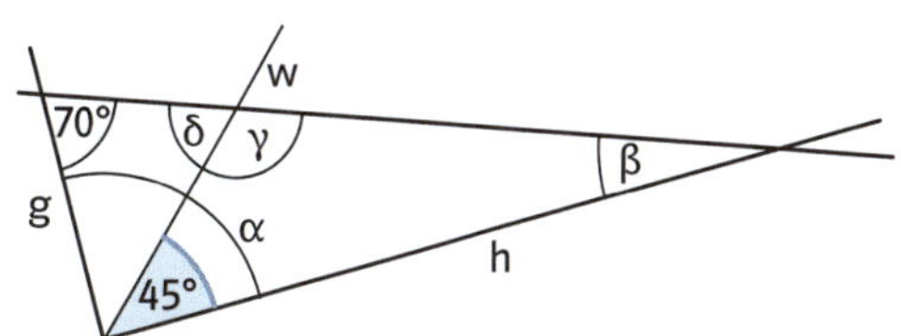

w ist Winkelhalbierende von g und h

α = ______

β = ______

γ = ______

δ = ______

Mit gleichschenkligen Dreiecken begründen

1 Prüfe zunächst mit dem Geodreieck, welche Seiten des gleichschenkligen Dreiecks gleich lang sind. Bestimme dann die fehlenden Weiten der Winkel und trage sie ein.

a)

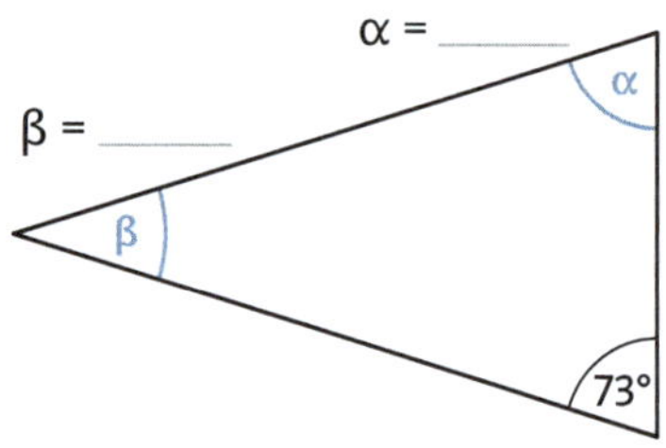

b)

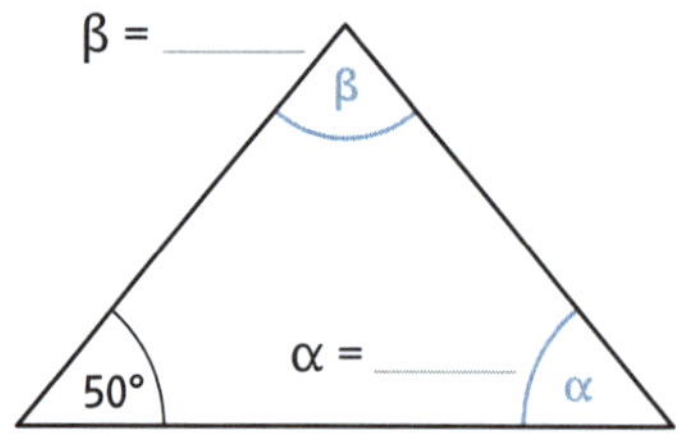

c)

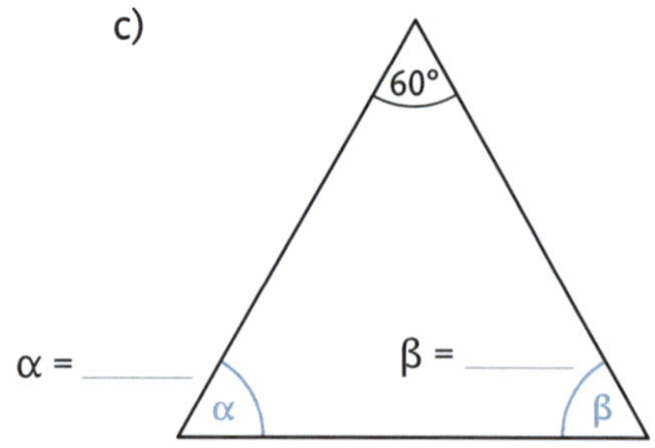

2 Führe die angefangene Konstruktion weiter aus. Markiere zunächst die gegebenen Stücke farbig. Gleichschenkliges Dreieck mit Schenkel $a = 3\,\text{cm}$ und Basiswinkel $\alpha = 55°$.

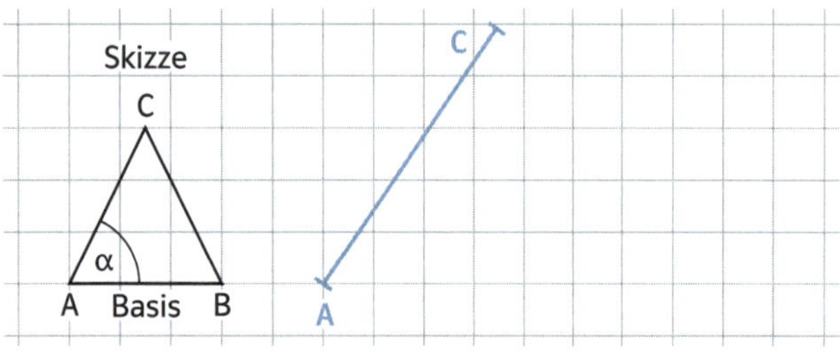

3 Konstruiere ein rechtwinkliges Dreieck ABC, bei dem für die Seitenlängen gilt: $\overline{AC} = \overline{AB} = 2{,}5\,\text{cm}$. Fertige zuerst eine Skizze an.

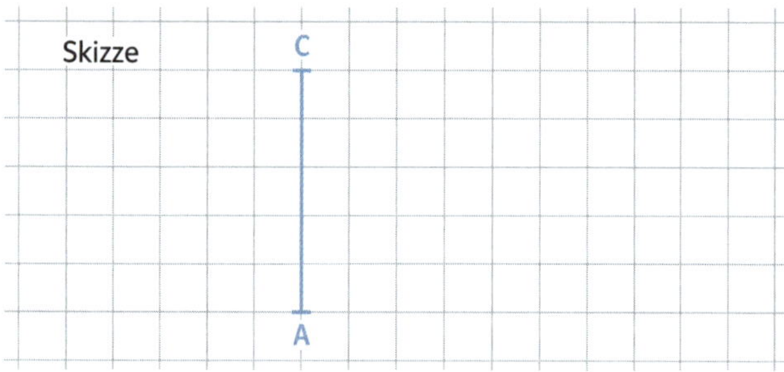

4 Die Innenwinkel des Dreiecks ABC lassen sich bestimmen, da nach Konstruktion $\overline{AB}$ = ______ ist.

α = ______, β = ______, γ = ______

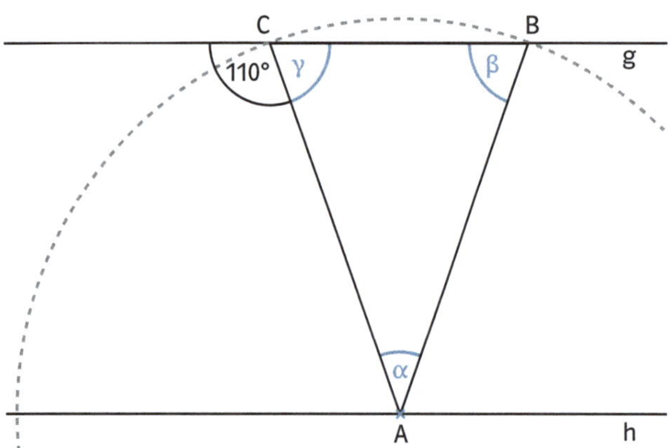

5 Im Dreieck ABC ist $\overline{AB} = \overline{AC}$.

a) Bestimme den Winkel φ. φ = ______

Trage berechnete Winkeleinheiten in die Zeichnung ein [T1].

b) Welche Eigenschaft hat das Dreieck CDE?

______

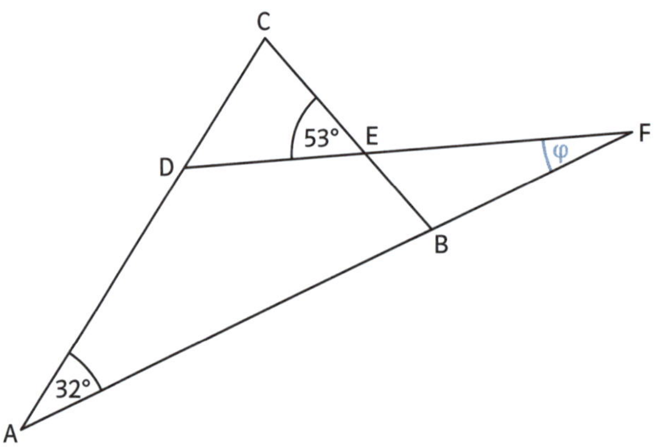

[T1] Betrachte zunächst das Dreieck ABC. Bestimme die Basiswinkel γ und β. Betrachte dann das Dreieck BFE und bestimme dort die Winkel. Dabei musst du den Nebenwinkel- und den Scheitelwinkelsatz anwenden.

1 Bestimme die fehlenden Winkelweiten.

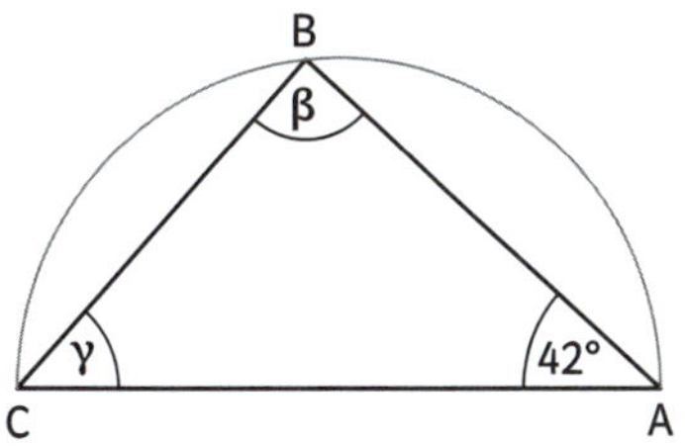

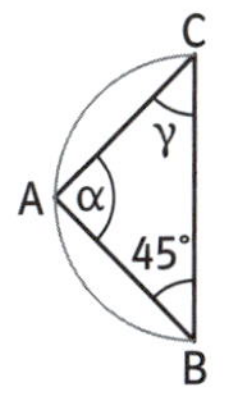

β = ______________ α = ______________

γ = ______________ γ = ______________

2 Konstruiere mithilfe des Thaleskreises ein rechtwinkliges Dreieck ABC ($\gamma = 90°$) mit $\beta = 35°$ und $c = 4{,}5\,cm$.

3 Markiere zunächst in der Planfigur die bekannten Stücke. Konstruiere ein Dreieck.

a) $b = 6\,cm$;
$\beta = 90°$;
$h_b = 2\,cm$

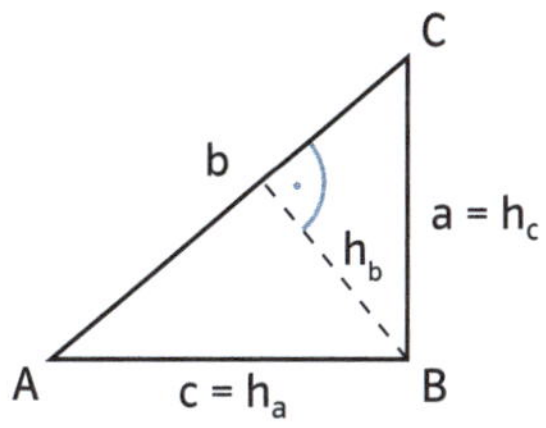

b) $c = 4{,}5\,cm$;
$\gamma = 90°$;
$h_c = 1{,}5\,cm$

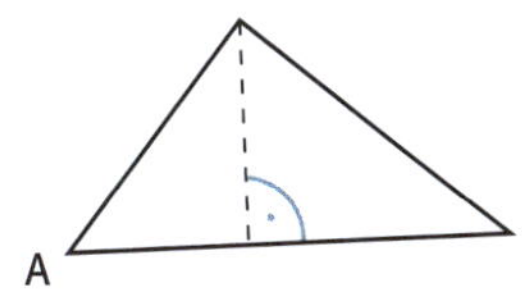

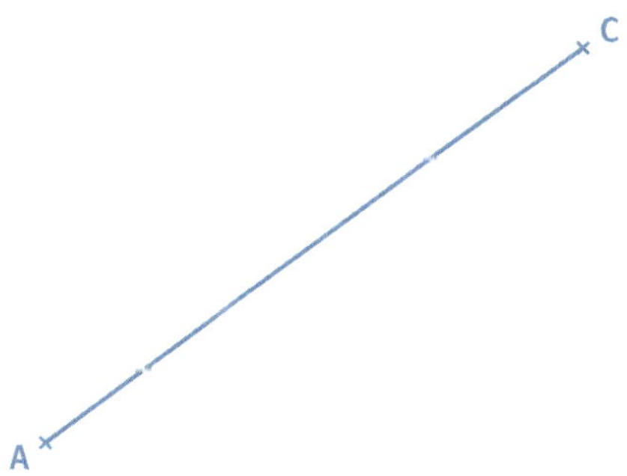

4 a) Zeichne einen Kreis K_1 mit Mittelpunkt M_1 und dem Radius $r_1 = 1{,}5\,cm$.
b) Konstruiere die Tangenten t_1 und t_2 an den Kreis durch den Punkt P [T1] .
c) Konstruiere den Kreis K_2 mit Mittelpunkt M_2 und dem Radius $r_2 = 2\,cm$, sodass die Tangenten aus b) auch für ihn Tangenten sind [T2].

[T1] Konstruiere den Thaleskreis über der Strecke $\overline{M_1P}$.
[T2] M_1, P und M_2 liegen auf einer Geraden. Konstruiere den Thaleskreis über der Strecke $\overline{M_2P}$.

Der Umkreis

1 Betrachte die folgenden Dreiecke.
a) Kreuze jeweils die korrekte Eigenschaft des Dreiecks an.

☐ spitzwinklig	☐ spitzwinklig	☐ spitzwinklig
☐ stumpfwinklig	☐ stumpfwinklig	☐ stumpfwinklig
☐ rechtwinklig	☐ rechtwinklig	☐ rechtwinklig

b) Konstruiere zu jedem Dreieck den Umkreis. Wo liegen die Umkreismittelpunkte?

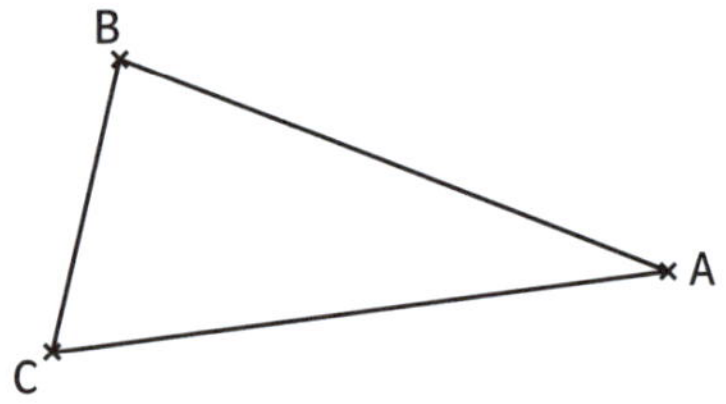

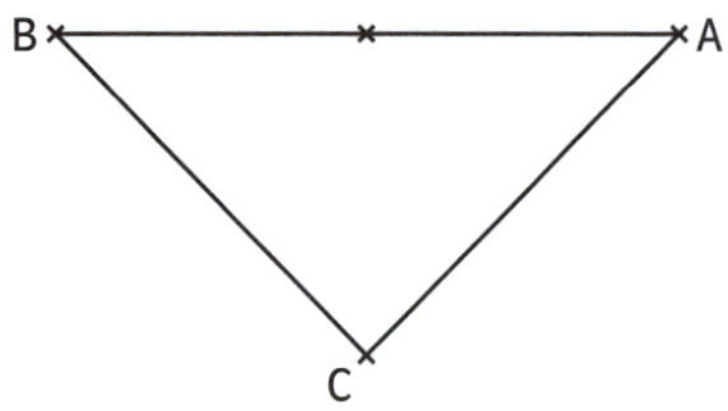

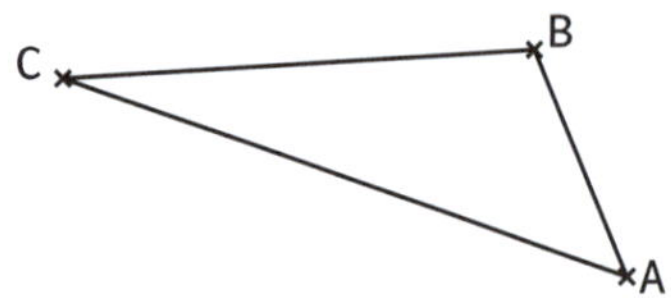

Umkreismittelpunkt liegt ______ Umkreismittelpunkt liegt ______ Umkreismittelpunkt liegt ______

2 Zeichne das Dreieck mit A(2 | 1), B(6 | 1) und C(7 | 4). Konstruiere den Umkreis. Wo liegt der Mittelpunkt?

Der Kreismittelpunkt U liegt ungefähr bei (___ | ___).

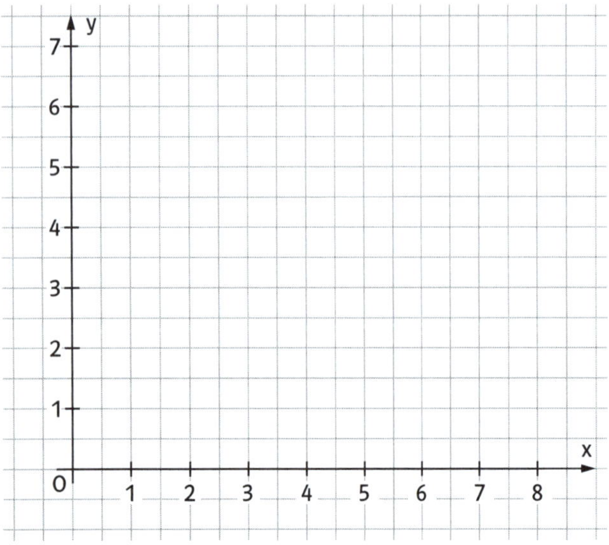

3 Konstruiere einen Kreis um den Menschen, der mindestens eine Fingerspitze der beiden Hände und eine Fußsohle berührt.

4 a) Markiere gegebene Werte in der Skizze. Konstruiere das Dreieck.
c = 2 cm, $\alpha = 70°$ und $\overline{BC}$ = 2,5 cm.
b) Konstruiere den Umkreis. Miss den Umkreisradius. r ≈ ______ cm.

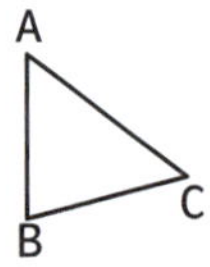

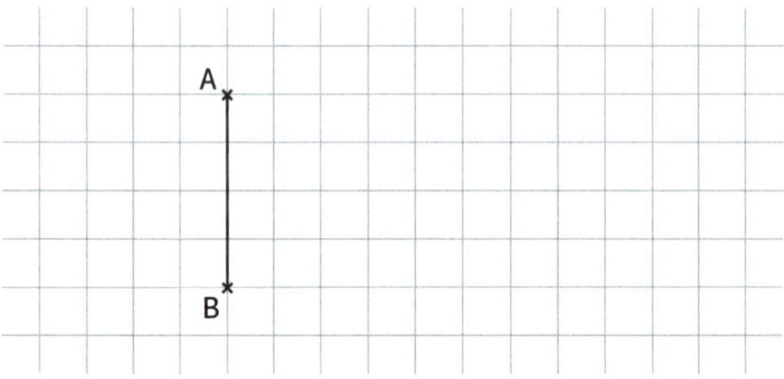

Der Inkreis

1 Konstruiere den Inkreis des Dreiecks.

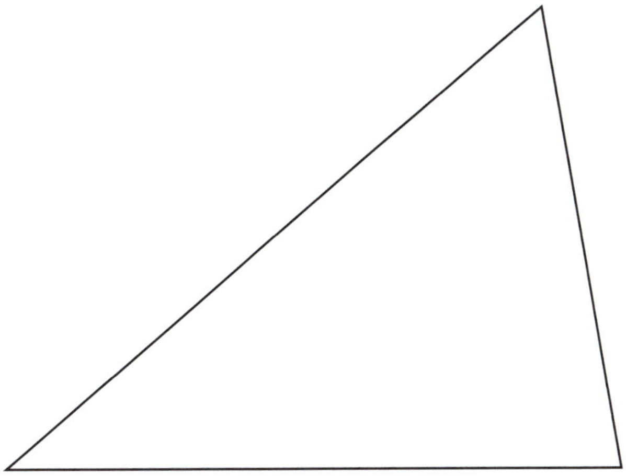

2 Zeichne in diese Uhr den Minutenzeiger in der maximal möglichen Länge auf 12 Uhr ein.

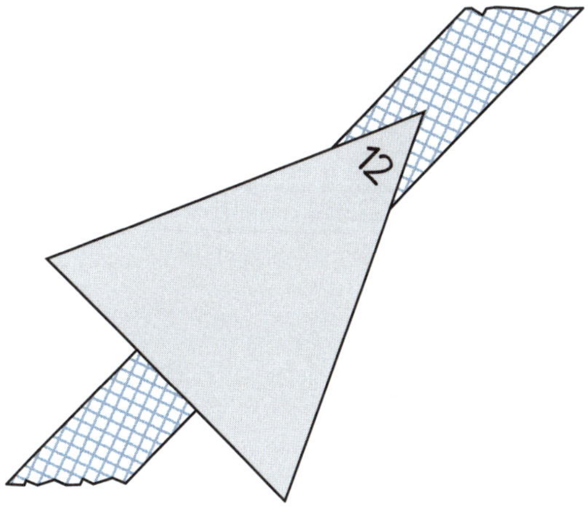

3 Familie Reuter möchte auf der dreieckigen Terrasse ein kreisförmiges Schwimmbecken aufstellen. Dabei soll um das Becken herum mindestens 0,5 m Platz zum Rand der Terrasse bleiben.

a) Zeichne das Schwimmbecken in den Plan ein [T1].

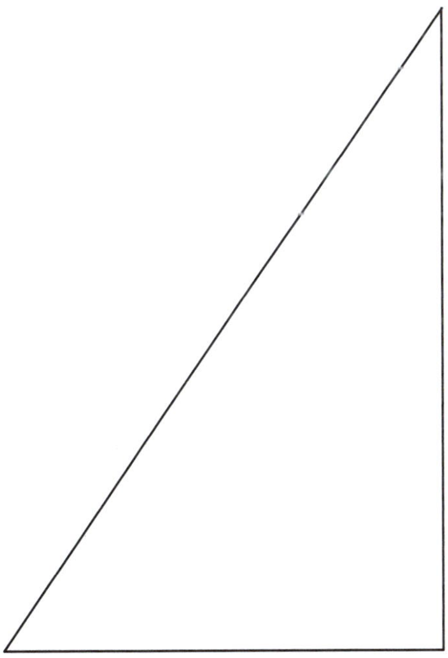

b) Bestimme den Radius des Schwimmbeckens.

s = ____ m

4 In ein gleichschenkliges Dreieck mit der Höhe h = 9 cm und der Basisseite c = 7 cm sollen zwei Inkreise gezeichnet werden. Dabei hilft die Skizze.

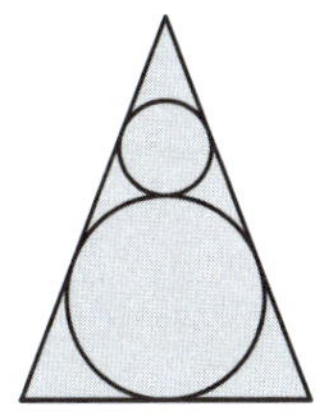

a) Konstruiere die Inkreise und zeichne das Dreieck [T2].

b) Bestimme den Radius der Inkreise.

s_1 ≈ ____ cm, s_2 ≈ ____ cm

[T1] Konstruiere zunächst den Inkreis des Dreiecks und zeichne dann den Abstand zum Rand ein.

[T2] Konstruiere die Winkelhalbierenden und den größeren Inkreis. Zeichne die Tangente an den großen Kreis ein, die parallel zur Grundseite des Dreiecks liegt. Dadurch entsteht oben ein kleineres Dreieck.

1 In jeder Zeichnung soll die Weite des Winkels α mithilfe der angegebenen geometrischen Sätze ermittelt werden. Markiere, bezeichne und miss die Weiten der Winkel, die du dazu brauchst.

Nebenwinkelsatz

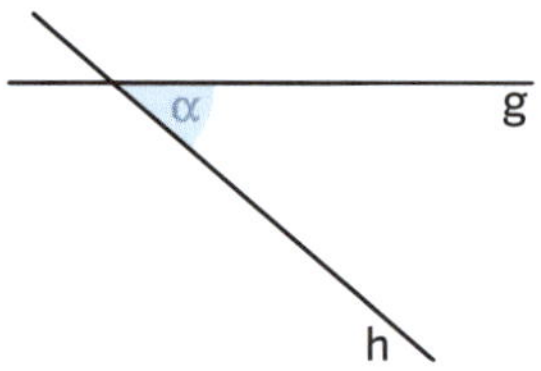

$\alpha + \beta = \alpha + \gamma = 180°$

α = ______

Scheitelwinkelsatz

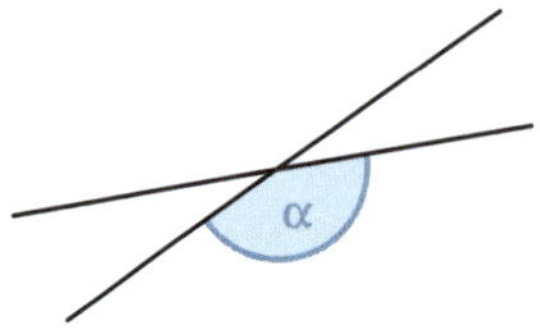

______

α = ______

Wechselwinkelsatz

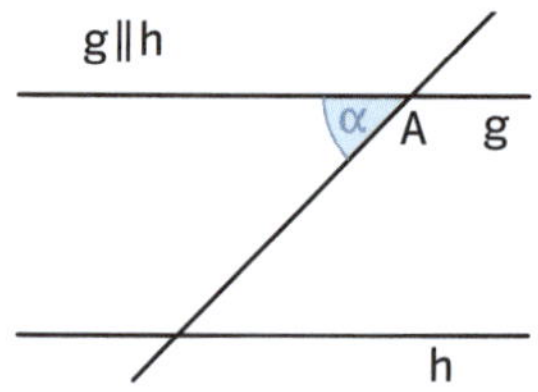

______

α = ______

Stufenwinkelsatz

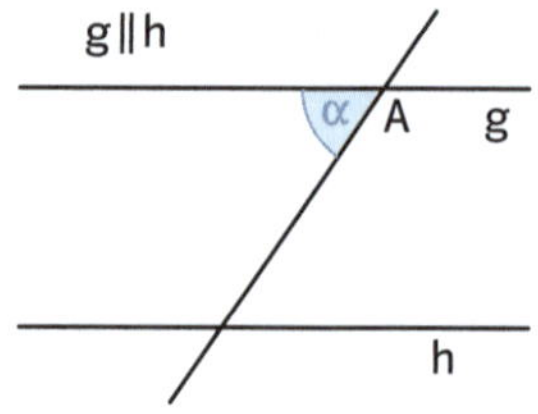

______

α = ______

2 In jedem Dreieck sollst du mit dem angegebenen geometrischen Satz die Weite des Winkels α berechnen. Markiere, bezeichne und miss die Weiten der Winkel, die du für die Berechnung brauchst.

Winkelsumme im Dreieck

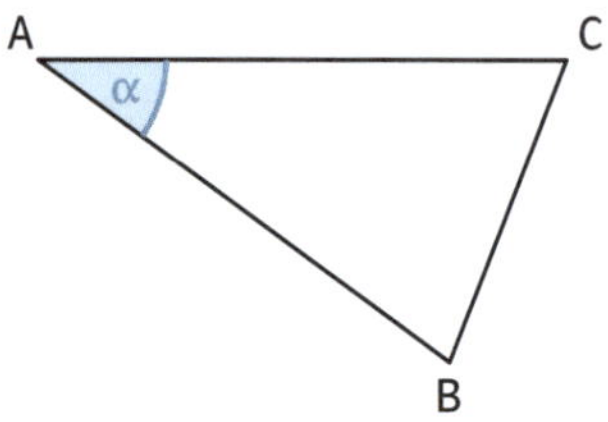

$\alpha + \beta + \gamma = 180°$

α = ______

______

Satz des Thales

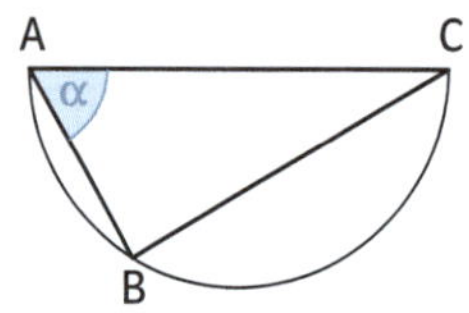

______

α = ______

Gleichschenkliges Dreieck

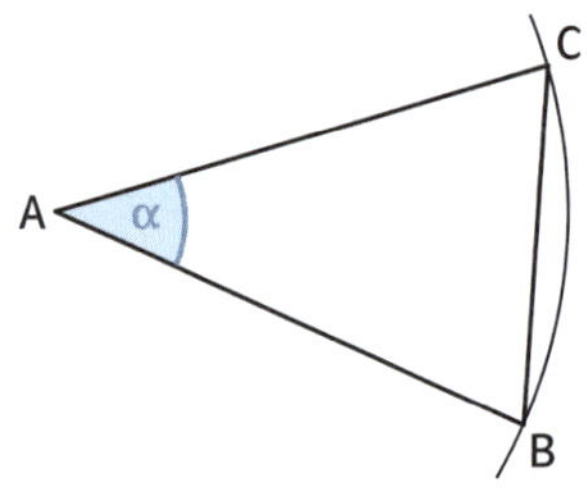

______

______

α = ______

Gleichseitiges Dreieck

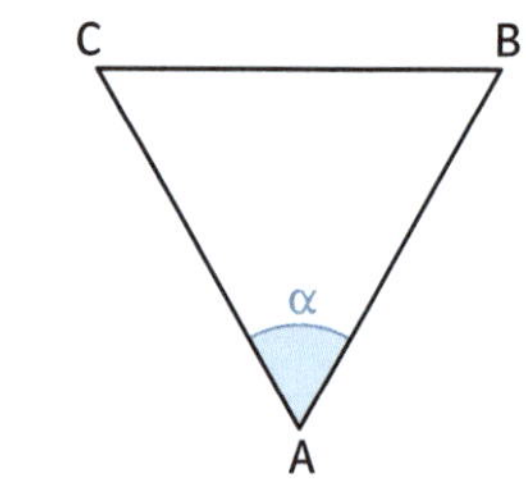

______

α = ______

3 Betrachte das Dreieck ABC. Ergänze die Aussagen.

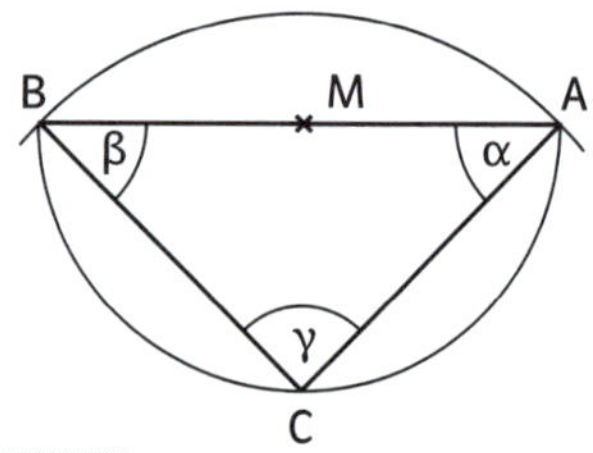

„Der Kreisbogen um C mit dem Radius $\overline{AC}$ zeigt mir, dass das Dreieck ABC

______

„Der Halbkreis um M sagt mir, dass das Dreieck ABC ______

„Deshalb gilt für die Größe der Winkel: ______

4 Betrachte die Zeichnung.

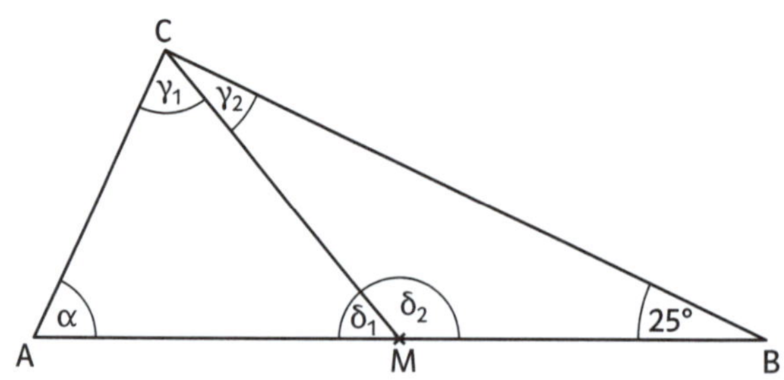

a) Das Dreieck ABC wird durch die Linie AM in zwei gleichschenklige Dreiecke geteilt. Begründe.

______

______

______

______

b) Berechne die Weiten der bezeichneten Winkel. Gib die verwendeten Sätze an.

α = ______

γ_1 = ______

δ_1 = ______

δ_2 = ______

γ_2 = ______

○ **1** Miss den angegebenen Winkel α und trage seine Winkelweite ein. Markiere den Scheitelwinkel (Sch), Nebenwinkel (N), Stufenwinkel (StW) und den Wechselwinkel (W) zu dem angegebenen Winkel. Gib alle anderen Winkelweiten an.

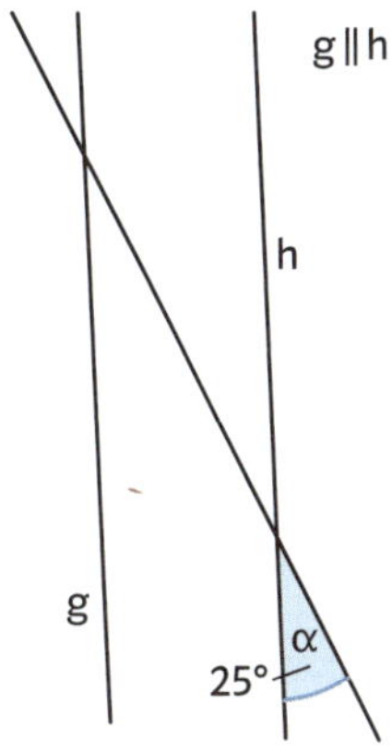

Sch = ______

N = ______

StW = ______

W = ______

○ **2** Bestimme alle fehlenden Winkel. Je zwei Geraden sind parallel zueinander.

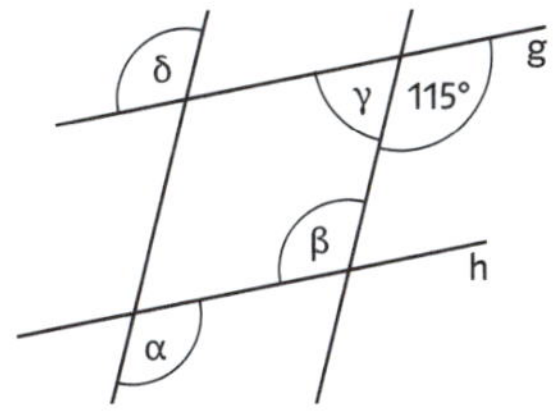

α = ______ β = ______

γ = ______ δ = ______

○ **3** Konstruiere den Inkreis des Dreiecks und miss seinen Radius: s ≈ ______ cm.

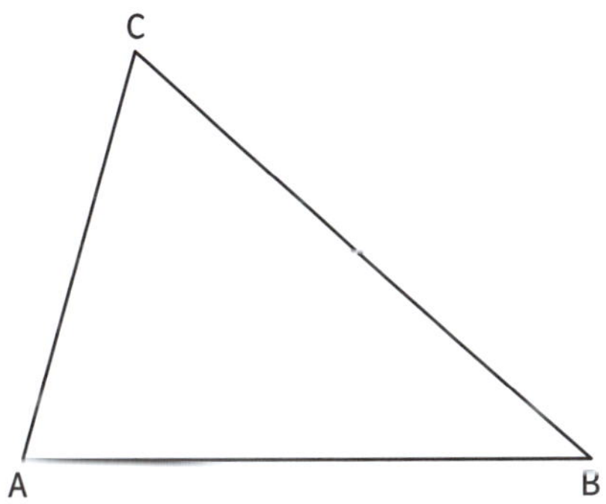

○ **4** Finde einen möglichst kleinen Kreis, der das Flugzeug umschließt. [T1]

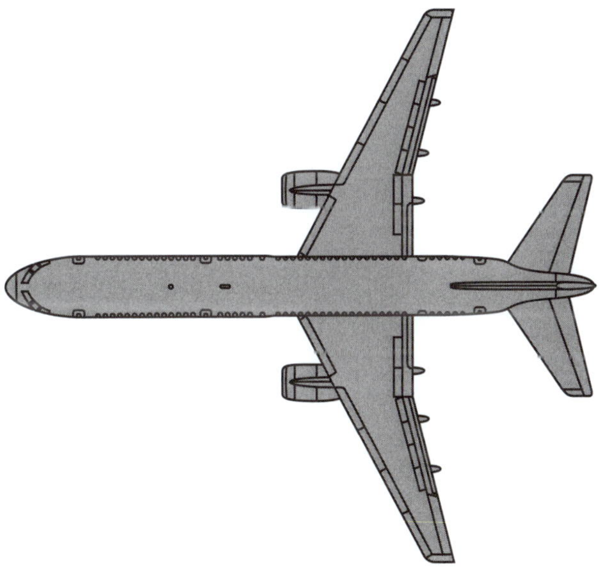

○ **5** Berechne die Weite der angegebenen Winkel [T2]. Notiere die verwendeten Sätze.

Satz	
______	α = ______
______	β = ______
______	γ = ______
______	δ = ______
______	ε = ______

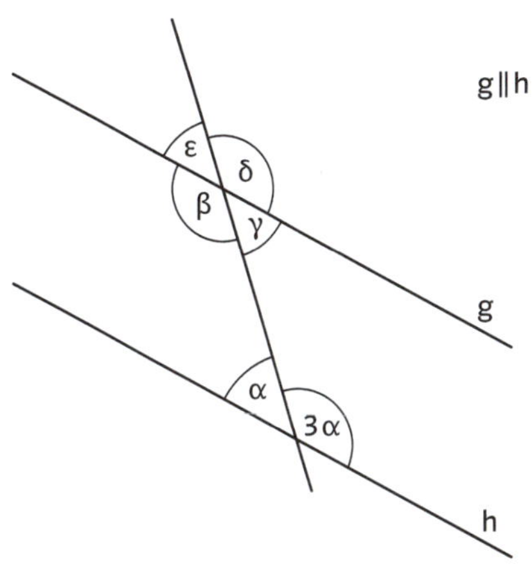

[T1] Denke an den Umkreis eines Dreiecks.

[T2] Berechne zunächst den Winkel α.

6 Bestimme alle fehlenden Winkelweiten.

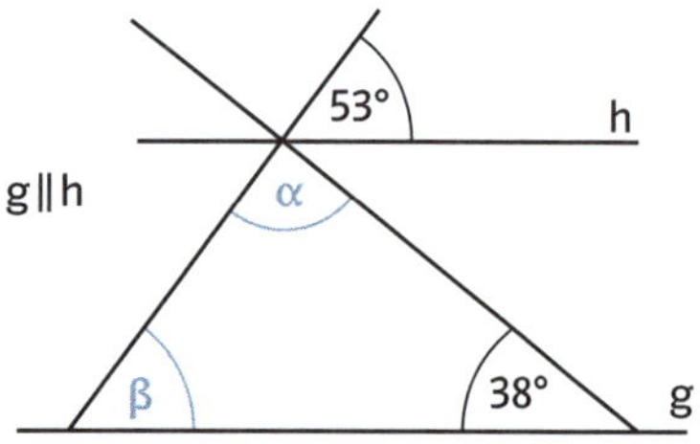

α = ____________ β = ____________

7 Bestimme die farbig markierten Winkel.

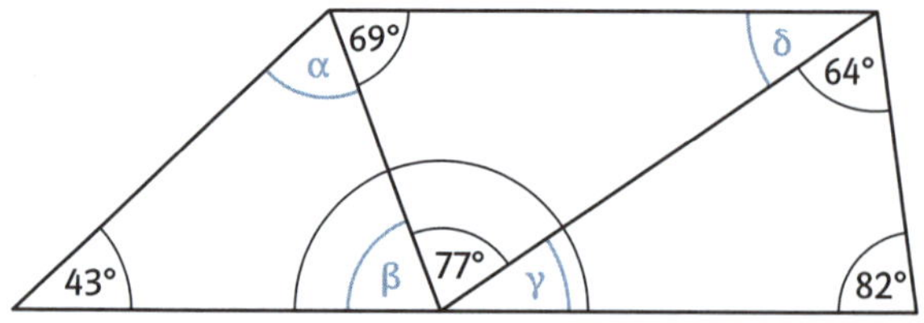

α = ____________ β = ____________

γ = ____________ δ = ____________

8 a) Finde den Mittelpunkt U des Kreises [T1].
b) Zeichne die Tangente t_1 an den Kreis durch den Punkt P.
c) Zeichne die Tangente t_2 an den Kreis durch den Punkt Q [T2].

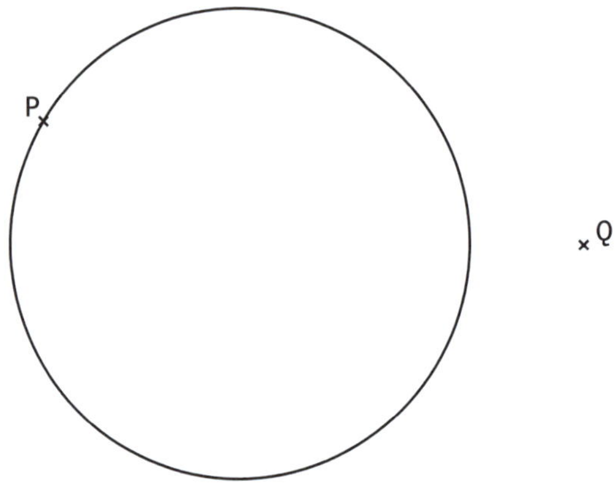

9 a) Zeichne das Dreieck ABC und konstruiere dabei die Punkte E und C. Die Strecke $\overline{AB}$ ist 4 cm lang. Berechne β und γ.

β = ____________

γ = ____________

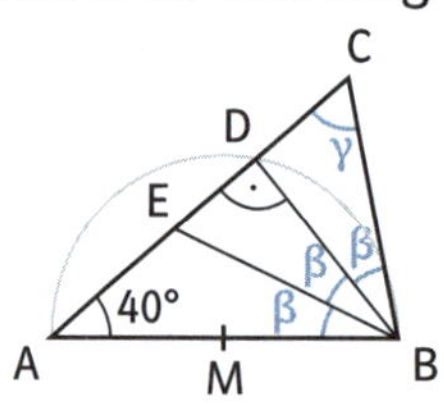

b) Berechne α. Konstruiere dann in Originalgröße.

α = ____________

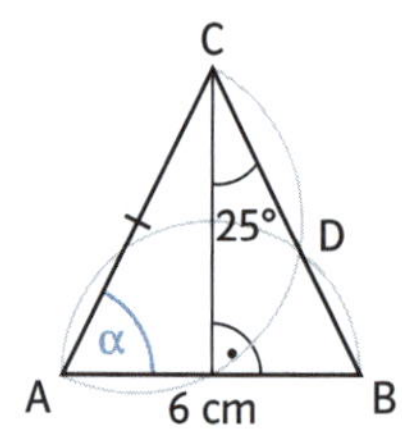

[T1] Zeichne ein Dreieck ABC ein, dessen Eckpunkte auf dem Kreis liegen. Konstruiere die Mittelsenkrechten.

[T2] Zeichne den Thaleskreis k ABC über $\overline{UQ}$. Der Schnittpunkt S beider Kreise liegt auf t_2.

Anteile vergleichen – Prozente

1 Fülle die Lücken in der Tabelle. Verbinde die Prozentangaben nacheinander im Bild.

Bruch	$\frac{3}{4}$					$\frac{37}{25}$		
Bruch mit Nenner 100			$\frac{40}{100}$				$\frac{125}{1000}$	
Dezimalzahl		0,9			1,7			
Prozent				35 %				168 %

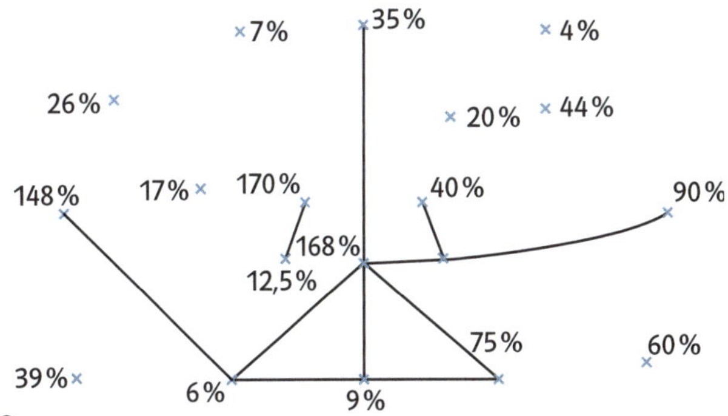

2 Suche zu jedem Kärtchen die passende Prozentzahl. Verbinde.

Ben trifft dreimal bei acht Versuchen.

Am Glücksrad gewinnt jeder Fünfte.

Von 40 Äpfeln sind 16 faul.

20 % **37,5 %** **36 %** **15 %** **40 %**

72 von 200 Kindern sind im Sportverein.

Tabea zieht 60 Lose. Sie hat 9 Gewinne.

3 In der Klasse 7a sind 3 von 20 bei den Streitschlichtern.
In der Klasse 7b sind es 4 von 25. Vergleiche.

7a: ______________ = ____ %

7b: ______________ = ____ %

Der Anteil der Streitschichter ist in Klasse ___ höher.

4 Gib den Anteil in Prozent an.

a) $\frac{18}{15}$ = ______________ = ____ %

b) $\frac{17}{68}$ = ______________ = ____ %

c) $\frac{30}{500}$ = ______________ = ____ %

d) $\frac{7}{40}$ = ______________ = ____ %

e) $\frac{5}{6}$ = ______________ %

f) $\frac{7}{12}$ = ______________ %

5 Die drei Geschwister Hanna, Tim und Amelie bekommen eine Taschengelderhöhung. Amelie, die Jüngste, beschwert sich: „Das ist gemein, ich bekomme schon am wenigsten Taschengeld und jetzt kriegen die beiden noch mehr dazu."

	Hanna	Tim	Amelie
Taschengeld vorher	25 €	20 €	12 €
absolute Erhöhung	5 €	4 €	3 €
Erhöhung in %			

a) Ergänze die Lücken in der Tabelle.
b) Die Mutter erklärt Amelie: „Das ist nicht gemein, denn ______________________

Prozentsatz berechnen

1 Färbe die Kästchen vor den Begriffen in drei verschiedenen Farben. Färbe die Textteile auf den Kärtchen, die dem Grundwert entsprechen, in der zugehörigen Farbe. Verfahre ebenso für die anderen Begriffe.

☐ Grundwert ☐ Prozentwert ☐ Prozentsatz

30 von 500 Befragten tragen eine Brille. Das sind 6 %.

Von 70 Kindern haben 40 %, also 28 Kinder, ein Longboard.

Svenja gibt 12 € von ihren 80 € Taschengeld aus. Das sind 15 %.

Peter erhält 8 % Rabatt. Er spart dadurch 2,40 € bei einer Rechnung von 30 €.

Etwa 60 % der 8 Mrd. Menschen, also 4,8 Mrd. Menschen, leben derzeit in Asien.

2 Berechne den Prozentsatz im Kopf.

a) 10 m von 50 m sind ____ % b) 90 € von 300 € sind ____ % c) 24 € von 60 € sind ____ %

d) 7,5 m^2 von 10 m^2 sind ____ % e) 25 m von 200 m sind ____ % f) 45 kg von 180 kg sind ____ %

3 Berechne den Prozentsatz schriftlich. Achte auf die Einheiten.

a) 56 m von 80 m b) 24 € von 32 € c) 37,5 € von 500 €

$\frac{56}{80} = \frac{7}{10} =$ ____

d) 2 g von 2 kg e) 70 ct von 2 € f) 150 g von 6 kg

4 Berechne den Prozentsatz der einzelnen Waren an der Gesamtzahl der verkauften Waren im Schulkiosk. Runde auf eine Nachkommastelle.

Ware	Brezeln	Brötchen	Muffins	Obst	Gesamt
Anzahl	75	69	105	53	
Prozentsatz					

5 Die Klasse 7a hat 15 Jungen und 10 Mädchen.

a) Wie hoch ist der Prozentsatz der Jungen?

$\frac{\square}{\square} = \frac{\square}{\square} =$ ____ %

Der Prozentsatz der Jungen beträgt ____ %.

b) Ein Junge kommt neu in die Klasse. Wie groß ist jetzt der Prozentsatz der Jungen?

c) Wie groß ist der Prozentsatz der Jungen, wenn statt des Jungen ein Mädchen in die Klasse kommt?

6 Wegen des Umbaus eines Hallenbades in ein Spaßbad, steigt der Eintrittspreis von 3,50 € auf 6 €. Um wie viel Prozent steigt der Eintrittspreis?

Moritz: GW = 6 €; PW = 3,50 €; p % = ?
Prozentsatz: $\frac{3{,}5}{6} \approx 0{,}583 = 58{,}3\,\%$
Der Eintrittspreis steigt um 58,3 %.

Luca: GW = 3,5 €; PW = 2,50 €; p % = ?
Prozentsatz: $\frac{2{,}5}{3{,}5} \approx 0{,}714 = 71{,}4\,\%$
Der Eintrittspreis steigt um 71,4 %.

Kreuze an: ☐ Moritz hat recht. ☐ Luca hat recht.

Begründe. ____

1 Gib die fehlenden Werte an.

a)

: 100	100 %	600 m	: 100
	1 %	m	
	9 %	m	

b)

	100 %	75 €	
	10 %	€	
	60 %	€	

c)

	100 %	480 kg	
	5 %	kg	
	15 %	kg	

2 Berechne die Prozentwerte im Kopf. [T1]

G (100 %)	10 %	1 %	5 %	12 %	25 %
50 €					
300 €					
560 €					

3 Was ist größer? Setze >, < oder = ein.

a) 20 % von 300 € ☐ 30 % von 200 €

300 · 0,2 = ______ ______

b) 60 % von 300 g ☐ 40 % von 500 g

______ ______

4 Berechne mit dem Taschenrechner.
Runde, wenn nötig, auf zwei Nachkommastellen.

	a)	b)	c)	d)
Grundwert	15 €	3,7 t	546 m	17,5 l
Prozentsatz	28 %	37,5 %	2,9 %	0,9 %
Prozentwert				

5 In Deutschland konnten 2015 etwa 9,4 % der Menschen nicht lesen und schreiben. Wie viele der ca. 79,8 Mio. Menschen waren Analphabeten?

______

Es gab 2015 etwa ______ Analphabeten in Deutschland.

6 Ordne den passenden Faktor zur Berechnung des Endpreises zu. Verbinde.

30 % Rabatt | **Erhöhung um 7 %** | **Ermäßigung um 19 %**

1,07 | **0,7** | **0,81** | **0,997** | **0,97** | **1,19**

Versicherungsbeitrag sinkt um 0,3 % | **3 % Skonto** | **Preis mit Mehrwertsteuer**

7 Frau Christ erhält eine Rechnung über 2895,67 € von ihrem Baumarkt. Da sie gleich bezahlen möchte, erhält sie 3 % Skonto. Wie viel muss sie bezahlen?

Frau Christ muss ______ € bezahlen.

8 Britta erstellt für die Firma Schuster eine Rechnung. Der Käufer erhält bei Bezahlung innerhalb von 10 Tagen 2 % Skonto. Vervollständige die Rechnung.

Menge	Einzelpreis	Gesamtpreis
1	19,50 €	
4	25,00 €	
8	34,25 €	
200	0,44 €	
Summe		
+ 19 % Mehrwertsteuer		+
Zwischensumme		
– 2 % Skonto		–
Rechnungssumme (innerhalb von 10 Tagen zahlen)		

9 Anlässlich der Aktion „Sie bekommen die Mehrwertsteuer geschenkt", möchte Tom ein neues Mobiltelefon, das vorher 499 € gekostet hat, kaufen. Was meinst du? Begründe.

Tom hat ☐ recht. ☐ nicht recht.

______

______

______

[T1] Nutze bereits berechnete Werte der Tabelle.

1 Berechne den Grundwert mit dem Dreisatz. Fülle die Lücken.

a)

:90	90 %	630 m	:90
	1 %	m	
	100 %	m	

b)

	110 %	5500 l	
	%	l	
	100 %	l	

c)

	35 %	700 kg	
	%	kg	
	100 %	kg	

2 Berechne den Grundwert im Kopf.

	Prozentwert	Prozentsatz	Grundwert
a)	80 €	20 %	
b)	12 kg	5 %	
c)	240 m	80 %	
d)	49 m²	7%	

3 Zu wie viel Prozent sind die Tanks gefüllt? Wie viel Liter fassen die Tanks? Beschrifte die Tanksäulen.

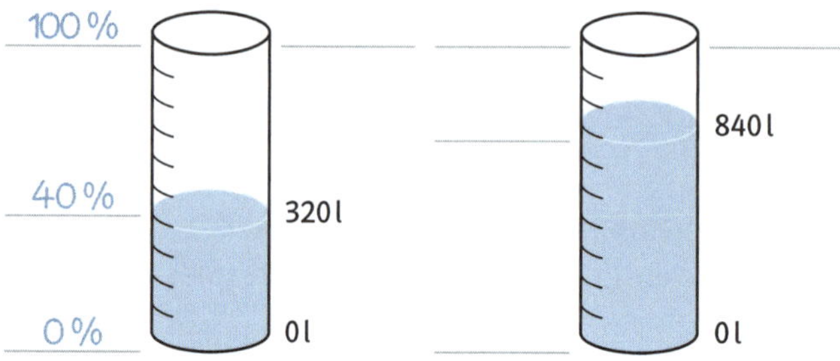

4 Ergänze die Figur auf 100 %. Es hilft, wenn du die Kästchen zählst.

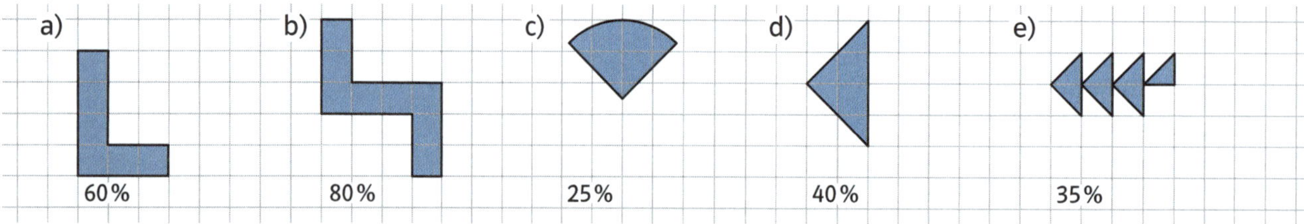

5 Familie Berg nach 15 km Wanderung:

Sie müssen noch ______ km laufen.

6 Ein Geschäft hat einige seiner Artikel reduziert. Berechne die fehlenden Angaben.

	alter Preis	Rabatt in %	Rabatt in €	neuer Preis
a)		30 %	27 €	
b)	59,90 €	20 %		
c)	19,95 €		4,95 €	
d)	29,90 €			20 €
e)			13,50 €	48,50 €
f)		25 %		96,75 €
g)		40 %		89,94 €

7

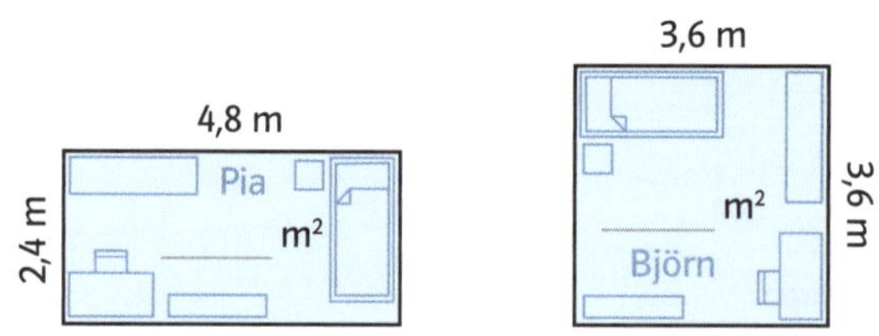

a) Berechne die Größe der beiden Zimmer.

b) Ergänze: Pias Zimmer ist um ______ % kleiner als Björns. Björns Zimmer ist um ______ % größer als Pias.

1 Trage die Begriffe der Zinsrechnung in die Spaltenköpfe ein. Berechne die fehlenden Werte.

	Anfang des Jahres			Ende des Jahres
a)	800 €	3 %		
b)			16 €	1016 €
c)		2 %	110 €	

100 % | 800 €

2 Ergänze die Lücken.

a) Levin legt 5000 € ein Jahr lang zu einem Zinssatz von 2 % an.
Berechne seinen Kontostand nach einem Jahr.
Nach einem Jahr hat Levin ______ € auf seinem Konto.

100 % → + % → %
€ → · 1,02 → €

b) Mia hat Geld zu 1,2 % angelegt. Nach einem Jahr hat sie 2530 € auf dem Konto. Wie hoch ist der angelegte Betrag?
Mia hat ______ € angelegt.

100 % ⇄ + % ⇄ %
€ ⇄ : 1, ⇄ €

c) Lina legt das Geld, das sie zu ihrer Konfirmation bekommen hat, zu 0,9 % Zinsen an. Nach einem Jahr hat sie 1463,05 € Guthaben.
Berechne den Betrag, den Mia angelegt hat.
Lina hat ______ € angelegt.

100 % ⇄ + % ⇄ %
€ ⇄ : ⇄ €

3 Christian legt 5000,00 € für vier Jahre an. Er muss sich zwischen zwei Sparformen entscheiden.
Um eine bessere Übersicht zu erhalten, stellt er die Wertentwicklung in Tabellen dar. Fülle sie aus.

a) Zinssatz: 2,5 %; die Zinsen werden mitverzinst

Jahr	Kapital Anfang des Jahres	Zinsen	Kapital Ende des Jahres
1	5000,00 €	125,00 €	5125,00 €
2			

Insgesamt wurden ______ € Zinsen erzielt,

das sind ______ % des Kapitals.

b) Zinssatz: 2,55 %; Zinsen werden jährlich ausgezahlt.

Jahr	Kapital Anfang des Jahres	Zinsen	Kapital Ende des Jahres
1	5000,00 €		
2	5000,00 €		

Insgesamt wurden ______ € Zinsen erzielt,

das sind ______ % des Kapitals.

4 Linus hat 1800 € gespart. Da er das Geld erst in 3 Jahren und 7 Monaten braucht, legt er den Betrag bei der Bank an. Im ersten Jahr erhält er einen Zinssatz von 0,5 %, im zweiten Jahr 1 % und ab dem dritten Jahr 1,5 %. Berechne die jährlichen Kontostände.

Ende des 1. Jahres: 1800 € · ______ = ______ €

Ende des 2. Jahres: ______

Ende des 3. Jahres: ______

Zinsen im 4. Jahr: ______

Endkapital: ______

1 a) Herr Krause möchte gerne ein neues Auto fahren. Er vereinbart einen endfälligen Kredit über 18 000 €. In den 8 Jahren bezahlt er jährlich nur die Zinsen bei einem Zinssatz von 3,5 %. Berechne die Zinsen.

Zinsen für ein Jahr: ______________ Zinsen für die 8 Jahre: ______________

b) Für die Rückzahlung des Kredits nach 8 Jahren muss Herr Krause monatlich denselben Betrag ansparen. Wie hoch ist dieser? Herr Krause spart ______ Jahre lang ____________ € monatlich.

c) Herr Krause bezahlt insgesamt ____________ € für das Auto.

Er hat also 8 Jahre lang eine monatliche Belastung von __________ €.

d) Frau Sommer finanziert ihren Sportwagen zu denselben Konditionen.

Sie bezahlt jährlich 1155 € Zinsen. Ihr Auto kostet __________ €.

2 Frau Kauf hat 300 € gespart. Sie möchte das restliche Geld für ein 1200 € teures Tablet finanzieren. Vergleiche die Angebote.

Angebot A
Laufzeit: 3 Jahre
Monatliche Rate: 30 €

Zinsen (gesamt): __________ €

Angebot B
36 monatliche Raten: 25 €
+ Zinsen: monatl. nur 0,5 %
auf den vollen Kreditbetrag

Zinsen (gesamt): __________ €

Angebot C
Jahreszinsen: 5,5 %
Rate am Jahresende: 300 €
Laufzeit: 3 Jahre [T1]

Zinsen (gesamt): __________ €

Fazit des Vergleichs: ______________________________

3 Für den Umbau seines Elternhauses nimmt Herr Fröhlich ein Darlehen in Höhe von 80 000 € zu einem Zinssatz von 2,3 % auf. Die jährliche Rate beträgt 7200 €. Fülle den Tilgungsplan aus.

	A	B	C	D	E	F
1	Jahr	Restschuld zum Jahresbeginn	Zinssatz in %	Zinsen	Tilgung (Rate – Zinsen)	Restschuld zum Jahresende
2	1	80 000,00 €	2,3	€	€	€
3	2					
4	3					
5	4					
6	5					

a) In den ersten fünf Jahren bezahlt Herr Fröhlich insgesamt __________ €. Davon sind __________ € Zinsen und __________ € Tilgung. Die Restschuld beträgt dann noch __________ €.

b) Herr Fröhlich notiert seinen Tilgungsplan in einem Tabellenkalkulationsprogramm. Dazu trägt er Formeln in die Zellen ein. Notiere auf den Kärtchen, in welcher Zelle die angegebene Formel jeweils stehen könnte.

= B3*C3/100 | ____ **= F2 |** ____ **= B3–E3 |** ____ **= B2*0,023 |** ____ **= 7200–D4 |** ____

[T1] Die Schulden werden im Verlauf der Jahre geringer.

Training

1 Je drei Kärtchen gehören zusammen. Kennzeichne sie.

jeder Achte	80 %	$\frac{2}{25}$	das $1\frac{1}{2}$-Fache	zwei von drei	150 %	$\frac{3}{4}$	1,5

$66,\overline{6}$ %	12,5 %	0,08	0,75	0,125	75 %	0,8	$0,\overline{6}$	8 %	$\frac{4}{5}$

2 Anna, Marie und Sofie gehen einkaufen. Anna gibt 30 € von ihren 50 € aus, Marie gibt 42 € von ihren 60 € aus. Sofie hat 40 € dabei und gibt davon 32 € aus. Ermittle die Anteile in Prozent.

Anna: ________ = ______ % Marie: ________ = ______ % Sofie: ________ = ______ %

Den höchsten Anteil ihres Geldes hat ________ ausgegeben.

3 Berechne die fehlenden Werte im Kopf.

	a)	b)	c)	d)	e)
Prozentwert	50 €	60 m		30 t	
Grundwert	1000 €		80 l		12 €
Prozentsatz		15 %	30 %	75 %	70 %

4 Für ein Konzert wurden 251 Karten im Vorverkauf und 294 Karten an der Abendkasse verkauft. 55 Karten wurden nicht verkauft. Berechne den Prozentsatz der verkauften Karten. Runde auf eine Dezimale.

Das Konzert ist zu ______ % ausverkauft.

5 Die Abbildung zeigt die Verteilung der Kosten eines T-Shirts.
a) Gib die Lohnkosten in Prozent an.
b) Die Herstellungskosten für ein T-Shirt betragen 5,07 €.

Dieses T-Shirt wird für ________________ = ________ € verkauft.

c) Berechne die Kosten für ein T-Shirt zu 19,99 €.

Transport: ________________ €; Lohnkosten: ________________ €

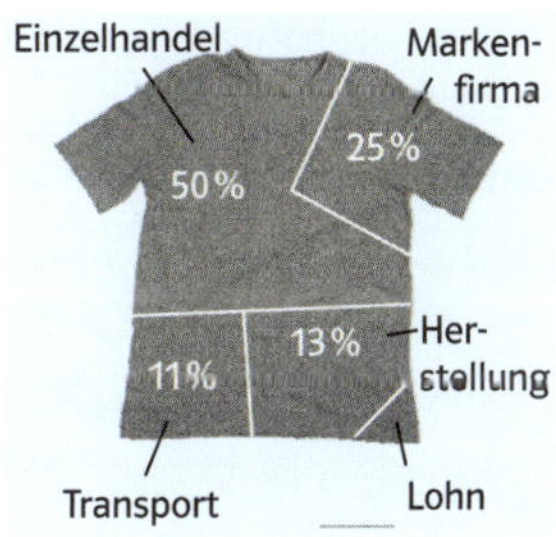

6 Berechne die fehlende Größe. Die Lösungszahlen befinden sich auf den Kärtchen.

a) Ein Fernsehgerät wird um 70 € reduziert. Das sind 11,2 %. Preis vorher: ______ €; Preis nachher: ______ €. Zu Weihnachten wird der Fernseher nochmal um 30 % reduziert. Er wird nun für ______ € verkauft. Insgesamt wird er um ______ % billiger verkauft.

b) Nach einem Rabatt von 40 % kostet ein Mobiltelefon noch 369 €. Preis vorher: ______ €.

c) Ein Auto kostet netto 18 000 €. Hinzu kommt die Mehrwertsteuer von 19 %. Verkaufspreis: ________ €. Bei Barzahlung gewährt der Händler 3 % Skonto. Neuer Preis: ________ €.

d) Jana hat 50 € und Nele hat 62,50 €. Nele besitzt also ______ % mehr Geld als Jana und Jana hat ______ % weniger Geld als Nele. [T1]

555	1,256	625	37,84	25
21 420	20 777,40	21 460		
615	1,259	388,5	20	

[T1] Überlege dir, was jeweils der Grundwert (100 %) ist.

7 Berechne die fehlenden Werte.

	Anfangs-kapital	Zeitraum	Zinssatz	Zinsen	End-kapital
a)	500 €	1 Jahr	1,8 %		
b)		1 Jahr		75 €	3075 €
c)		1 Jahr	0,75 %	60 €	
d)	3000 €	2 Monate	2,2 %		
e)	200 €	3 Jahre	1,5 %		
f)		5 Jahre	2 %		4968,36 €

8 Herr Kurz möchte sein Dach neu eindecken lassen.
a) Firma Hölzer bietet 24 000 € zuzüglich Mehrwertsteuer an. Herr Kurz kann noch 5 % Rabatt aushandeln. Würdest du Herrn Hölzers Angebot rechts annehmen? Kreuze an und begründe. ☐ Ja ☐ Nein

b) Zur Finanzierung vereinbart er einen Kredit über 24 000 € zu einem Zinssatz von 1,95 % mit der Bank. In den ersten drei Jahren zahlt er nur die Zinsen. Ende des 4., 5. und 6. Jahres zahlt er 8000 € und die für dieses Jahr angefallenen Zinsen zurück. Herr Hölzer hat eine Finanzplanung gemacht. Dabei sind ihm Fehler unterlaufen. Finde und korrigiere sie.

Zinsen für die ersten drei Jahre: 24 000 € · 0,0195 = 468 €
Zahlungen im 4. Jahr: 8000 € + (16 000 € · 0,0195) = 8312 €
Zahlungen im 5. Jahr: 8000 € + (8000 € · 0,0195) = 8156 €
Zahlungen im 6. Jahr: 8000 € · 0,0195 = 156 €

Insgesamt hat Herr Kurz ________ € Zinsen bezahlt. Das sind ________ % der Finanzierungssumme.

9 Fülle den Tilgungsplan für einen Zinssatz von 2 % aus.

Die Restschuld am Ende des 2. Jahres beträgt ________ €. Aus den Zinsen im 2. Jahr erhält man die Restschuld zu Beginn des 2. Jahres mit ________ €. [T1] Die Tilgung im 2. Jahr beträgt dann ________ €. Daraus ergibt sich eine jährlich zu zahlende Rate von ________ €. [T2]
Die Zinsen im 1. Jahr betragen ________ € und die Darlehenssumme ergibt sich dann mit ________ €. Nach insgesamt ____ Jahren ist das Darlehen abgezahlt.

Jahr	Restschuld am Jahresanfang	Zinsen	Tilgung	Restschuld am Jahresende
1			5100 €	
2		798 €		
3	34 698 €			

[T1] Die Zinsen entsprechen 2 % der Restschuld am Jahresanfang. [T2] Zinsen + Tilgung = Rate

Mittelwert und Median

1 Fülle die Lücken.

Zahlenliste	11; 3; 7	7; 3; 5; 1	19; 10; 16; 10; 20	−3; 5; 2; 3; −1; 6
geordnete Liste	3; 7; 11			
Summe	3 + 7 + 11 =			
Mittelwert	21 : =			
Median				

2 Berechne den Mittelwert und den Median. Wandle, falls notwendig, zunächst in die geeignete Einheit um.

a) 36 ct | 1,24 € | 2 € | 60 ct

Mittelwert: ______

Median: ______

b) 1,250 km | 550 m | 350 m | 0,250 km

Mittelwert: ______

Median: ______

3 Der Mittelwert der Zahlen ist angegeben. Leider ist eine Zahl verloren gegangen. Wie muss sie heißen? Bestimme auch den Median der Liste.

a) Mittelwert: 18 | 14 | 12 | 22 | 20 | [T1] | ____ | Median: ______

b) Mittelwert: 5 | −12 | 17 | −4 | 25 | 5 | ____ | Median: ______

4 Hier siehst du eine geordnete Liste von Daten.

1	1	3	4	4	6	7	7	8	9

a) Mittelwert: ______ Median: ______

b) Welche der Zahlen auf den Kärtchen kannst du der Liste zufügen, sodass
- der Mittelwert 6 beträgt? ______
- der Mittelwert 30 beträgt? ______
- der Median 6 wird? ______
- der Median 4 wird? ______

Kärtchen: 2 | 4 | 280 | 7 | 9 | 16

5 a) Drei Zahlen haben den Mittelwert 4, drei weitere Zahlen haben den Mittelwert 6. Welchen Mittelwert haben alle sechs Zahlen? Begründe. [T2] ______

b) Drei Zahlen haben den Mittelwert 4 und fünf weitere haben den Mittelwert 8. Welchen Mittelwert haben alle acht Zahlen? Begründe. [T3] ______

c) Fünf Zahlen haben den Mittelwert 90. Drei dieser Zahlen haben den Mittelwert 100. Welchen Mittelwert haben die restlichen beiden Zahlen? Begründe. ______

[T1] Die Summe der Zahlen muss 5 · 18 = 90 ergeben.
[T2] Du kannst Zahlenbeispiele suchen.
[T3] Überlege zuerst die Summe der drei und der fünf Werte.

Boxplots (1)

1 Tom und Gitta haben über einen längeren Zeitraum gemessen, wie lange sie für die Mathematik-Hausaufgaben gebraucht haben. Die Ergebnisse haben sie in Boxplots dargestellt.

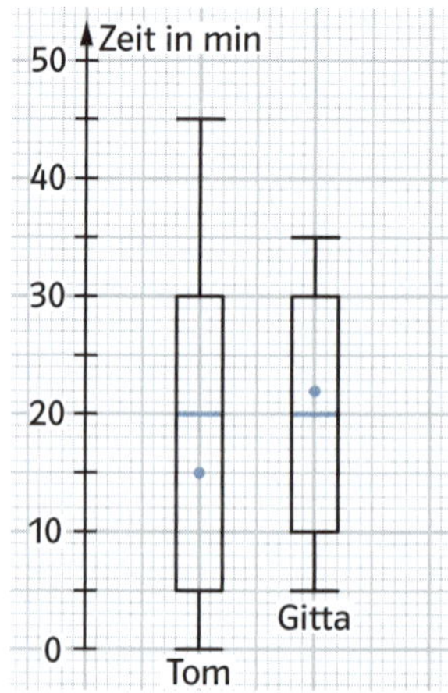

a) Lies die Kennwerte ab und notiere sie in der Tabelle.

	Median	Mittelwert	unteres Quartil	oberes Quartil	Quartilsabstand	Minimum	Maximum
Tom							
Gitta							

b) Woran erkennt man, dass
- Gitta durchschnittlich mehr gearbeitet hat als Tom?
- Tom mindestens einmal nichts gemacht hat?
- Tom an einem Tag mehr gearbeitet hat als Gitta?
- Gitta gleichmäßiger gearbeitet hat?
- Gitta in etwa einem Viertel aller Fälle weniger als 10 Minuten gearbeitet hat?

2 a) Kennzeichne in den geordneten Listen Minimum und Maximum, den Median und die Quartile jeweils in einer anderen Farbe.
b) Bestimme jeweils den Mittelwert der Datenreihe.

A: 1; 1; 2; 2; 3; 4; 4; 4; 7; 7; 8; 8; 9; 9; 9; 10; 14

Mittelwert:

B: 0; 0; 1; 2; 3; 3; 3; 5; 6; 8; 8; 8; 8; 9; 9; 10; 11; 14

Mittelwert:

c) Ordne den Datenreihen den passenden Boxplot zu und trage den Mittelwert ein.

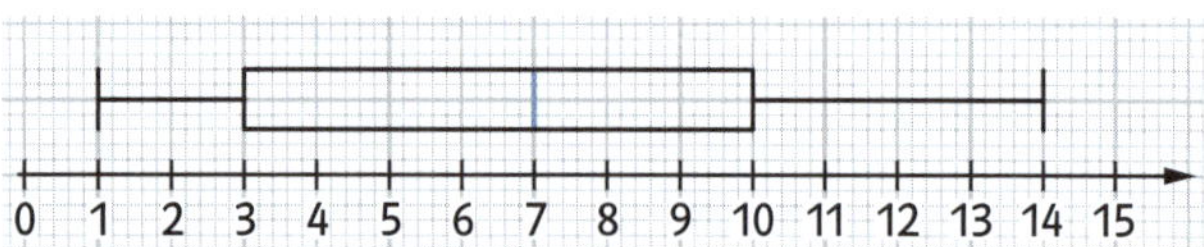

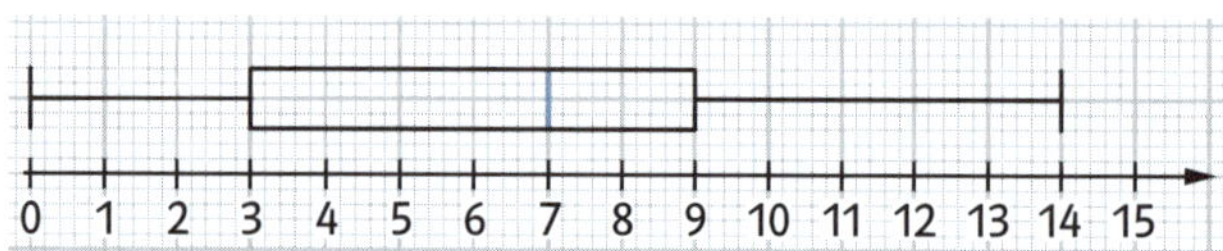

3 Ein Speerwerfer wertet seine Trainingswürfe aus. Zeichne den Boxplot.

Median	Mittelwert	unteres Quartil	oberes Quartil	Minimum	Maximum
75 m	74 m	67 m	80 m	59 m	89 m

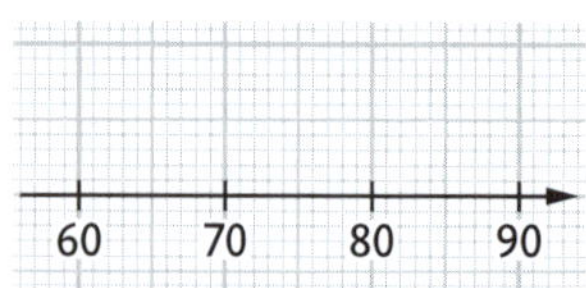

4 Ergänze die Tabelle. Beim Zeichnen der Boxplots sind Fehler gemacht worden. Zeichne die richtigen Boxplots über die fehlerhaften.

	Median	Mittelwert	unteres Quartil	oberes Quartil	Quartilsabstand	Minimum	Maximum
a)	27	30	25		10	15	42
b)	27	30		35	15	15	42
c)	30	27	20		15	15	42
d)	27	30		35	10	15	50

a)
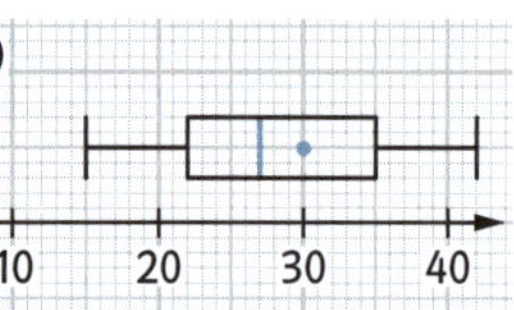

b)
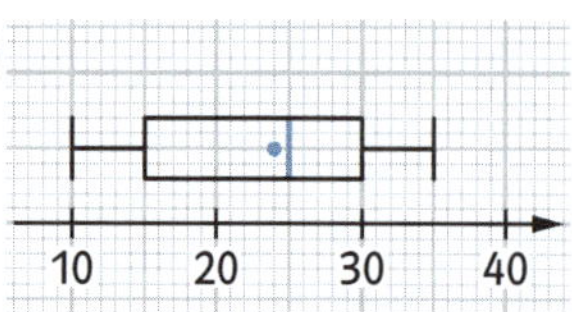

c)
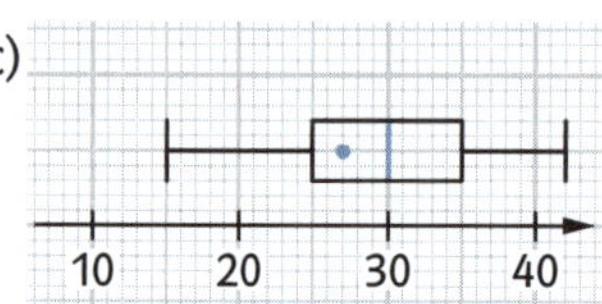

d)
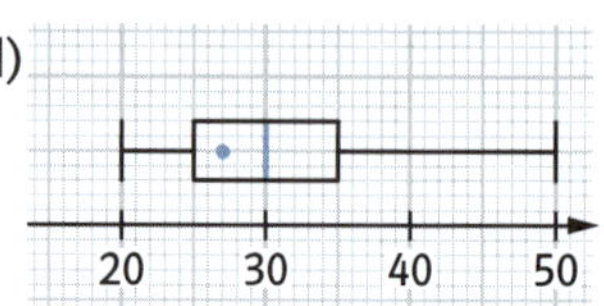

Boxplots (2)

5 Bei einer Untersuchung wurden Mädchen und Jungen befragt: „Wie viele Stunden pro Woche treibst du Sport?" Unten siehst du die geordneten Listen.

Mädchen	0	0	0	1	1	1	2	2	3	3	3	3	3	4	4	4	4	5	5	6	9	
Jungen	0	0	1	1	2	3	3	3	4	4	5	5	5	6	6	6	7	7	9	10	11	12

a) Insgesamt wurden ______ Mädchen und ______ Jungen befragt.

b) Teile die beiden geordneten Listen in Quartile ein. Berechne die Mittelwerte und ergänze dann folgende Tabelle.

	Summe	Median	Mittelwert	unteres Quartil	oberes Quartil	Minimum	Maximum
Mädchen							
Jungen							

c) Stelle jeweils den Boxplot für die Mädchen und die Jungen dar.

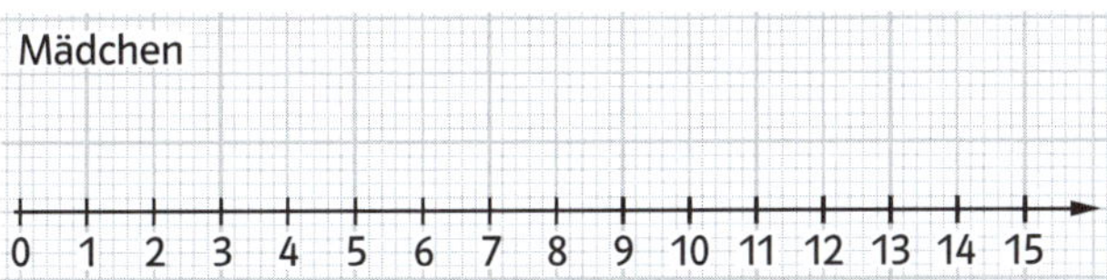

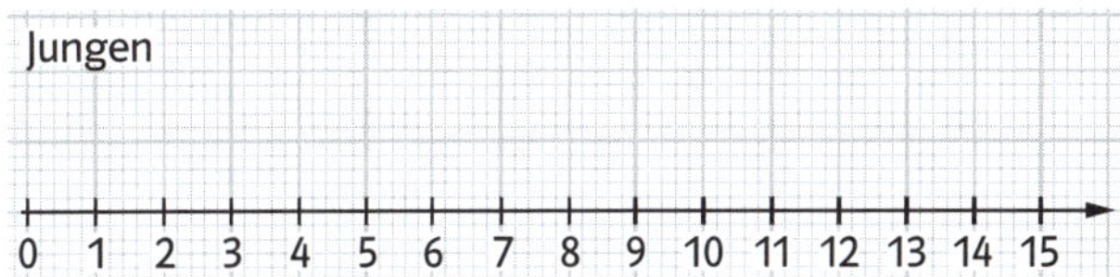

d) Die Klasse bekommt eine neue Mitschülerin.
Nun sieht der Boxplot der Mädchen so aus:

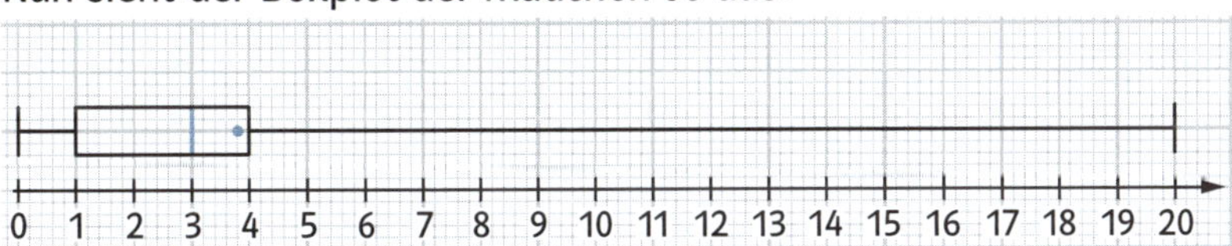

Beschreibe die Änderung im Boxplot der Mädchen.

____

____

6 Schülerinnen und Schüler wurden befragt, wie viele Stunden pro Monat sie am Computer spielen.

2	13	3	14	4	20	5	27	7	28
8	48	8	56	9	10	0	11	4	23

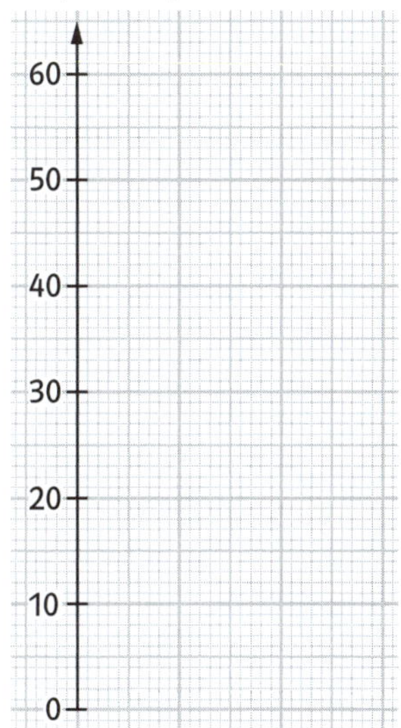

a) Erstelle erst eine geordnete Liste.

b) Bestimme die Kennwerte der Liste.

Median	Mittelwert	unteres Quartil	oberes Quartil	Minimum	Maximum

c) Zeichne den Boxplot.

d) Kreuze die Aussagen an, die auf die Daten zutreffen.

- ☐ Von den Befragten spielen mindestens 25 % nicht mehr als vier Stunden im Monat am Computer.
- ☐ Mindestens 50 % der Befragten spielen höchstens 9,5 Stunden pro Monat Computerspiele.
- ☐ Die Daten im unteren Bereich liegen weiter auseinander als im oberen Bereich.
- ☐ Es gibt keine Ausreißer.
- ☐ 25 % aller Befragten spielen mehr als 20 Stunden im Monat.

1 Frau Fröhlich notiert, wie lange sie morgens auf ihrem Weg zur Arbeit unterwegs ist.

a) geordnete Liste: ______

b) Mittelwert: ______

c) Median: ______

d) Wie verändern sich Mittelwert und Median, wenn Frau Fröhlich an einem weiteren Tag 55 Minuten braucht?

Mittelwert: ______ Median: ______

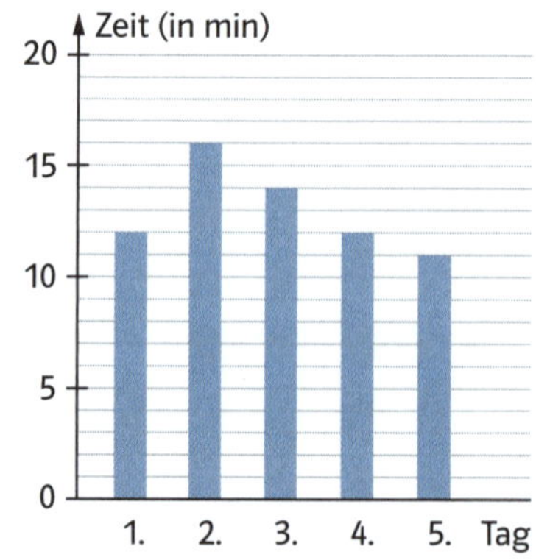

2 Leseratte Tina hat sechs Tage lang gemessen, wie viel Zeit sie an den einzelnen Tagen mit ihren Büchern verbracht hat: 1 h 6 min; 2 h 30 min; 1 h 20 min; 1 h 12 min; 4 h 15 min; 1 h 40 min.

a) geordnete Liste: ______

b) Das Minimum ist ______, das Maximum ist ______, der Median lautet ______,

der Mittelwert beträgt ______ : ______ = ______.

Das untere Quartil liegt bei ______,

das obere Quartil bei ______.

c) Stelle die Ergebnisse in einem Boxplot dar.

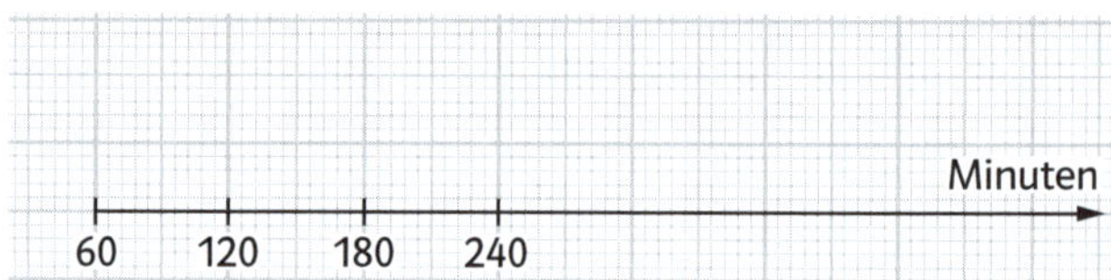

3 Der Mittelwert der Zahlen soll 10 betragen. Wie muss die fehlende Zahl heißen?

a) 4; 2; 12; 10; ___ b) 8; 15; 6; 11; 12; 18; ___ c) 13; −5; 12; 8; 22; 5; ___ d) 6,5; 21; 10,5; 8,5; ___

4 Eine Bürgerinitiative kämpft für besseren Lärmschutz an der Stadtautobahn. Dazu wertet sie an verschiedenen Standorten (E, F, G, H) Messreihen aus.

a) Ordne den Boxplots die passenden Ergebnisse zu.

b) Kann die Bürgerinitiative mit diesem Ergebnis argumentieren?

______

______

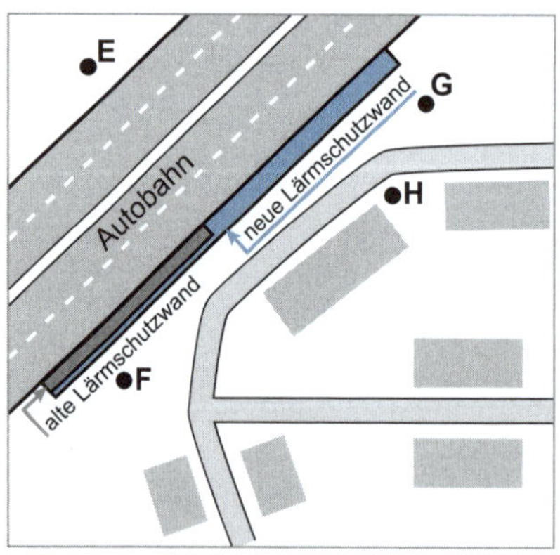

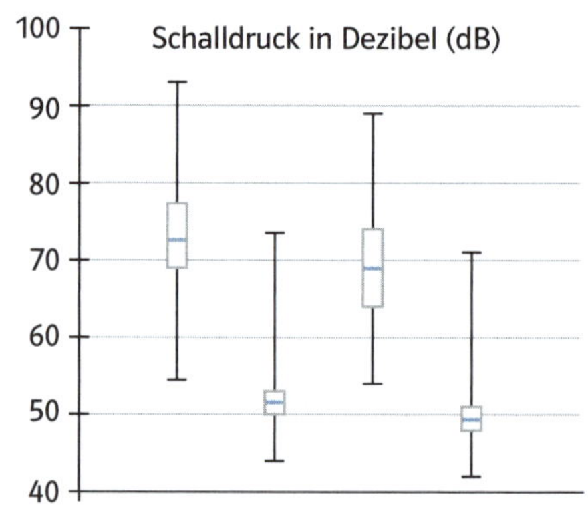

Messstelle: ___ ___ ___ ___

5 Die Kinder einer 7. Klasse wurden befragt, wie viele Stunden in der Woche sie in ihrer neuen Lektüre gelesen haben. Das Ergebnis zeigt der unvollständige Boxplot:

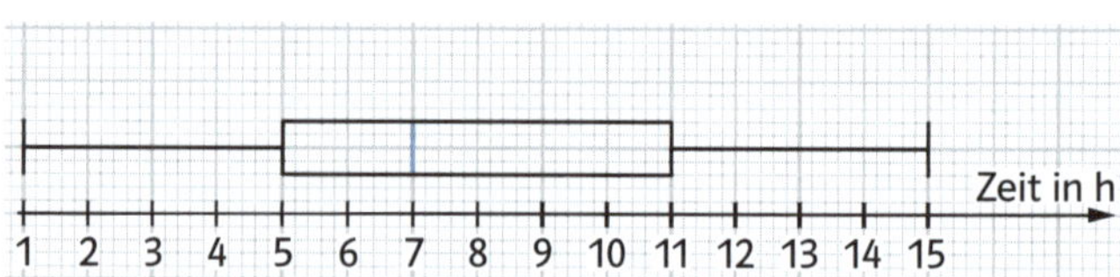

Tino überlegt, welche Daten diesen Boxplot ergeben haben könnten. Er behauptet, er habe eine Datenreihe mit einem Mittelwert von über 8,55 Stunden gefunden. Wie sieht seine Verteilung aus? [T1]

Schüler	1	2	3	4	5	6	7	8	9	10	11	12	13	14	15	16	17	18	19	20	21
Zeit in h					4												12				

______

[T1] Trage alle festen Werte, die du dem Boxplot entnehmen kannst, ein.